本书受到中华女子学院学术著作出版专项经费资助出版

高校社科文库
University Social Science Series

教育部高等学校
社会科学发展研究中心

汇集高校哲学社会科学优秀原创学术成果

搭建高校哲学社会科学学术著作出版平台

探索高校哲学社会科学专著出版的新模式

扩大高校哲学社会科学科研成果的影响力

李炯华／著

工业旅游理论与实践
Theory and Practice of Industrial Tourism

光明日报出版社

图书在版编目（CIP）数据

工业旅游理论与实践 / 李炯华著 . -- 北京：光明日报出版社，
2010.4（2024.6重印）

（高校社科文库）

ISBN 978 - 7 - 5112 - 0695 - 4

Ⅰ.①工… Ⅱ.①李… Ⅲ.①工业—旅游资源—研究
Ⅳ.①F590.7

中国版本图书馆 CIP 数据核字（2010）第 057896 号

工业旅游理论与实践

GONGYE LÜYOU LILUN YU SHIJIAN

著　　者：李炯华

责任编辑：田　苗　　　　　　　责任校对：王其维　尚瑞雪
封面设计：小宝工作室　　　　　责任印制：曹　净

出版发行：光明日报出版社
地　　址：北京市西城区永安路 106 号，100050
电　　话：010-63169890（咨询），010-63131930（邮购）
传　　真：010-63131930
网　　址：http：//book. gmw. cn
E - mail：gmrbcbs@ gmw. cn
法律顾问：北京市兰台律师事务所龚柳方律师

印　　刷：三河市华东印刷有限公司
装　　订：三河市华东印刷有限公司
本书如有破损、缺页、装订错误，请与本社联系调换，电话：010-63131930

开　　本：165mm×230mm
字　　数：280 千字　　　　　　　印　　张：16
版　　次：2010 年 4 月第 1 版　　印　　次：2024 年 6 月第 3 次印刷
书　　号：ISBN 978 - 7 - 5112 - 0695 - 4 - 01
定　　价：69.00 元

CONTENTS 目 录

第一章

绪 论

第一节 选题背景及研究意义

一、选题背景

工业旅游作为工业企业转变自身单一产业结构向多元产业发展的一种重要途径和旅游开发新业态，从诞生之日起就备受各方关注，有着广阔的发展前景。随着旅游业的持续发展，人们已经不满足于传统的旅游方式和旅游资源，而是去寻找一些新奇的旅游方式和旅游地点，其中重要的一项便是把大多数城市的主导产业——工业作为旅游开发对象之一，工业旅游就是这一背景下的一种选择。工业旅游作为一种新兴的旅游项目正在蓬勃兴起。从世界范围看，工业旅游的发展史不足50年，我国工业旅游起步于上个世纪末，但是其发展势头却不容轻视。1997年以来，一些企业相继开始推出了具有一定影响力的工业旅游产品，并逐渐形成以上海宝钢、海尔工业园、三峡工程等为代表的一批优秀工业旅游项目。2001年初，国家旅游局开展全国工农业旅游示范点候选单位推荐评选活动，正式倡导开展工农业旅游，并得到了各地旅游部门的高度重视和越来越多的工业企业的积极响应。2004年7月，国家旅游局命名首钢总公司等单位为首批"全国工业旅游示范点"，标志着中国工业旅游已开始进入了快速发展的历史阶段。

积极发展工业旅游，可以进一步拓展旅游业发展领域，完善旅游产品结构，带动地区旅游经济的发展，有助于扩大旅游者的选择范围，满足旅游者的求知欲和购物需求，促进科学技术知识的普及和国民素质的提高，有助于增强企业的环保意识，优化企业资源配置，提升企业管理水平，树立良好的企业和产品形象，推广优势企业的管理经验。

二、研究意义

工业旅游已越来越引起人们的关注，并逐渐成为旅游业发展新的增长点。作为一种特色专项旅游，虽然在我国尚处于起步阶段，但已呈现出加速发展的趋势，具有巨大发展潜力。工业旅游发展的实践，也为工业旅游研究提供了广阔的舞台。

同工业旅游的蓬勃发展势头相比，工业旅游研究则明显滞后，多为介绍工业旅游开展情况的现象描述和表层研究，一些文章带有强烈的新闻报道色彩。从现有文献看，对工业旅游的概念和内涵仍在进行热烈的讨论，尚没有公认的科学定义。对工业旅游开发的研究往往只限于表面现象的探讨或只是某一方面的分析，工业旅游开发的理论研究尚不成熟或缺乏完整性。究其原因，主要与工业旅游所处发展阶段有关。目前我国工业旅游开发尚处于成长期的初期，存在诸多问题，如：工业旅游的市场还未形成；开展工业旅游的企业总体数量少，且各自为政，缺少经验交流；工业旅游研究所需的相关数据、资料缺乏；工业旅游的效益与企业主营业务收入相比不显著等。工业旅游活动自身的薄弱在一定程度上增加了工业旅游研究的难度，限制了工业旅游研究的深度，并直接影响到研究成果的普适性与针对性。

总之，工业旅游的相关研究成果较为零散，缺乏系统性、理论性的综合研究，工业旅游理论研究的滞后严重影响了其实践的有效开展。工业旅游开发研究具有明显的学科交叉特点，涉及到旅游、经济、企业管理、企业文化等不同方面。本书十分注意吸收不同学科的研究方法和研究成果，力图从多学科多视角对工业旅游发展问题进行较为系统和理论层面的分析、归纳和总结。在理论上，尝试构建比较系统的理论研究体系，丰富国内外在这一研究领域的成果，以期对工业旅游理论研究的系统性和完整性能起到一定的推动作用；在实践上，为蓬勃兴起的工业旅游实践和经营管理提供理论依据和决策参考，促进工业旅游的健康、有序发展。

第二节　国内外研究述评

目前国内外关于工业旅游开发的研究主要集中在以下几个方面：

一、针对老工业区的工业旅游研究

Yoel Mansfeld 详细讨论了衰退中的老工业城市"工业景观"对旅游发展

的积极影响，分析这类城市通过工业旅游开发促使城市复兴的可能性，并以以色列海法市的两个工业区为例进行实证研究，揭示和评估这一思路的实施效果；Peter Hall 则研究了欧洲老工业区的传统制造业向其他产业转变过程中，工业旅游对城市发展的作用；刘炎、杨絮飞对我国东北老工业基地，范英杰、谷松对哈尔滨市，唐顺英对长春市，王伟伟、哈娜对沈阳市，余志祥、熊伟对重庆市也都做了相关研究。

二、工业遗产旅游研究

Charles H. Strauss and Bruce E. Lord 研究了美国不同历史时期工业遗产旅游的经济影响；Miles K. Oglethorpe 认为苏格兰过去的工业遗产应该更深入地用于发展旅游业，并且通过研究表明公众对工业遗产的兴趣已经有积极关注的信号；J. Arwel Edwards 分析了一般和特定地区工业遗址旅游的发展潜力，认为工业遗址的旅游吸引物属于遗产旅游的范畴；Alison Caffyn and Jane Lutz 研究了在多种族城市里的工业遗产旅游开发问题；Richard C. and Prentice Stephen 则以工业遗产公园为例研究旅游体验；朱利青对德国鲁尔区工业遗产旅游发展历程做了研究，认为目前鲁尔区的工业遗产旅游开发已实现了由零星景点的开发到区域的整体战略开发。

三、矿业旅游研究

Michael Pretes 研究了玻利维亚的矿业旅游，并与世界其他地区进行对比分析；David Harrison 以斯威士兰和南非为例研究了矿业旅游及其产生的影响；王建兰详细分析了江苏省金坛市旅游开发和矿业开发的现状，针对目前存在的旅游业发展和矿业开发间的矛盾，研究如何促进矿业和旅游开发协调发展；郭青霞、贺斌、白中科也以山西平朔矿为例研究大型矿区工业旅游与生态旅游的融合发展。

四、工业旅游影响研究

Andrew Bradley、Tim Hall 和 Margaret Harrison 研究了工业旅游对工业城市的城市形象、城市发展和城市营销的影响；Charles H. Strauss 和 Bruce E. Lord 研究了工业旅游的经济影响；Nae - Wen Kuo、Teng - Yuan Hsiao and Chun - Fa Lan 则从工业生态学的角度，以台湾为例研究了旅游发展对环境的影响及管理；陈万蓉、严华也研究了工业旅游对上海的都市旅游产业、城市经济发展、产业结构调整和促进其他产业发展的影响。

五、工业旅游发展战略研究

彭新沙认为，在我国进入全面建设小康社会、新型工业化和城市化加速发展的背景下，工业旅游已经呈现出加速发展的趋势，具有巨大发展潜力和光明前景，并提出了我国工业旅游发展战略；孙爱丽，朱海森也分析了我国工业旅游开发的现状并提出发展战略；陈文君在研究广州工业旅游发展战略时，认为应着重从工业旅游的景观特色营建和旅游产品优化两个方面入手，让工业旅游这一新生事物长盛不衰，魅力永存；董藩、陈瑛娜对山东和辽宁的工业旅游发展战略进行了对比分析，提出辽宁应借鉴山东的工业旅游发展经验，并将工业旅游与常规旅游结合起来，以形成良好的互动关系。

六、工业博物馆研究

Alison J. Beeho 和 Richard C. Prentice 评价了旅游者参观工业博物馆所获得的体验和益处，并以英国铁桥峡谷工业博物馆为例进行实证分析；J. B. Knight 则研究了美国宾夕法尼亚州的工业博物馆及其科普教育功能；居伊·勒韦尔对德国施佩耶工业博物馆，莫里斯对美国国家采矿名人堂和博物馆也都做了相关研究。

七、企业开展工业旅游的作用研究

Geoff McBoyle 以苏格兰威士忌酒厂为例，研究了开展工业旅游对企业环境改善的作用。魏建新、吴汉军以武汉钢铁公司为例，分析了钢铁企业开展工业旅游对提升企业形象、促进生产管理水平提高和带动相关产业发展的作用；戴道平提出了开展工业旅游对增强企业活力的五个方面作用；付江则强调了工业旅游是煤炭企业多种经营新的经济增长点。

八、工业旅游市场方面的研究

Bill Bramwell 和 Liz Rawding 研究了工业旅游市场形象问题，并以英国伯明翰、曼彻斯特、设菲尔德、布拉德福等工业城市为例，进行实证分析；Giuli Liebman Parrinello 研究了工业旅游的旅游动机和期望；戴道平详细分析了工业旅游产品的学生市场；马文斌等则从旅游者行为的社会心理，特别是旅游者的动机出发，对工业旅游的游客类型进行了划分；Bill Bramwell 和 Liz Rawding 还以伯明翰、曼彻斯特等城市为例，专门研究了工业旅游市场组织问题。

国内外已有的相关研究成果为本书的研究奠定了一定基础，提供了可借鉴的研究视角。但是，在以往研究中对工业旅游缺乏全面、系统的分析，本书将丰富国内外在这一研究领域的成果。

第三节 研究方法

1. 文献综合研究和实地考察相结合，通过多种途径查阅各类文献资料进行综合分析，并与旅游学的基本研究方法实地考察相结合。

2. 多学科多视角综合研究，主要应用到旅游学、经济地理学、区域经济学、产业经济学、企业管理学、企业文化学等学科的理论和方法。

3. 将区域旅游开发的昂谱（RMP）分析模式应用到工业旅游研究中，对工业旅游开发进行综合分析。

第四节 本书内容的框架体系

本书以工业旅游开发中的关键问题为主线，以旅游学、企业管理学、区域经济学等学科的基础理论为指导，在综合分析国内外相关研究成果和对有条件开展工业旅游的企业进行实地考察的基础上，对工业旅游进行理论研究与实证分析。

本书内容的结构体系共分九部分：

第一章：绪论。阐明本书的选题背景和研究意义，综述国内外工业旅游相关研究成果，说明本书的研究方法以及内容框架体系。

第二章：工业旅游概述。重新界定工业旅游的内涵，系统归纳工业旅游的特征和功能，分析工业旅游与传统旅游方式的不同点。

第三章：工业旅游的理论基础。简介工业旅游的相关基础理论及其指导意义，包括：旅游系统理论、旅游区位理论、企业成长理论、循环经济理论、旅游地生命周期理论、工业生态学理论、产业结构演进理论、旅游市场学理论、旅游文化学理论和景观生态学理论。

第四章：工业旅游发展的驱动机制。阐述工业旅游的起因和发展历程，构建工业旅游发展的动力系统，详细分析动力系统的四个子系统：推力系统、引力系统、支持系统和中介系统，在此基础上构建工业旅游发展的驱动机制模型，探讨工业旅游发展驱动机制的应用和优化。

第五章：工业旅游的效应分析。综合分析工业旅游的开展，对工业企业、旅游业、区域（或城市）、社会和旅游者等方面产生的效应。

第六章：工业旅游的发展条件和开发模式。从旅游活动的构成要素和工业旅游发展的相关因素两个方面，分析工业旅游的发展条件；探讨现阶段我国开展工业旅游项目企业的基本特征，并阐明适合开展工业旅游的企业；分别以开发主体和旅游产品分类，分析和总结工业旅游开发模式。

第七章：工业旅游的昂谱（RMP）分析。应用区域旅游开发的昂谱（RMP）分析模式，对工业旅游进行 R 性分析和 M 性分析，以此为基础进行 P 性分析，进而提出工业旅游开发的原则。

第八章：我国工业旅游发展研究。阐述我国工业旅游的发展背景，分析我国工业旅游发展现状，探讨我国工业旅游的空间结构特征，提出我国工业旅游发展战略与前景。

第九章：以新疆盐湖城工业旅游项目、山东乳山金洲矿业集团工业旅游项目和独山子石化工业旅游项目为例，对工业旅游进行实证研究。

第二章

工业旅游概述

第一节 工业旅游的界定

科学界定工业旅游的概念是研究工业旅游开发问题的逻辑起点和理论前提。工业旅游的科学定义至今尚无人确定，由于人们研究的目的和角度不同，各种文献众说纷纭。笔者首先从三个有代表性的角度（词典、官方、学者）检索关于工业旅游概念界定的研究成果，以便于我们全面了解和清晰把握业已存在的各种工业旅游概念的构成要素及基本特点，同时也为下文相关问题研究的展开奠定基础。

一、众说纷纭的工业旅游概念

（一）词典的定义

词典的定义是相对最具普适性的，也往往是人们所通常理解的意思。笔者从以下词典中试图查找工业旅游（Industrial Tourism）的定义：辞海、现代汉语词典、语言大典、台港澳大辞典、中国大百科全书、世界知识大辞典、全新多用当代英汉双解大辞典、汉日常用辞典、新汉日辞典、The English – Chinese Dictionary（英汉大词典）、The English – Chinese Word – Ocean Dictionary（英汉辞海）、Concise Encyclopaedia Britannica（简明不列颠百科全书）、Illustrated Encyclopaedia of Science and Technology（大英科技百科全书）、The English – Chinese Dictionary of Science and Technology（英汉科技大词典）、Comprehensive English – Chinese Dictionary of Science and Technology（英汉综合科技词汇）、The Chinese – English Word – Ocean（汉英大辞海）、A Dictionary of English Collocations（英语搭配大辞典）、An English – Chinese Dictionary of Proper Names（英汉人物、地名、事件词典）、The English – Chinese Technology and Science

Dictionary（英汉技术科学词典）、The New Columbia Encyclopaedia（新哥伦比亚百科全书）、The All – Inclusive English – Chinese Dictionary of Science and Technology Terms（英汉科技词典）、A Concise Chinese – English Encyclopedic Dictionary（汉英简明百科辞典）、A New Complete English – Chinese Dictionary（新英汉完全词典）、Far East English – Chinese Dictionary（远东英汉大辞典）、The Merriam Webster Dictionary（韦氏词典）、Oxford Advanced Learners English – Chinese Dictionary（牛津高阶英汉双解辞典）、Longman Active Study English – Chinese Dictionary（朗文英汉双解活用辞典）、21st Century English – Chinese Dictionary（21 世纪英汉词典）。

在以上 28 种版本的词典中，工业旅游（Industrial Tourism）这一词条或其定义均未见收录。

（二）官方的定义

官方的定义往往是最具权威性与实用性的，是对工业旅游进行认定的标准性概念。

国家旅游局（2003）在发布的《全国农业旅游示范点、工业旅游示范点检查标准（试行）》中曾对"工业旅游点"有一定义："工业旅游点是指以工业生产过程、工厂风貌、工人工作生活场景为主要旅游吸引物的旅游点。"

（三）专家学者的定义

专家学者对工业旅游的定义往往是最具学术性的，具有不同程度的参考和咨询价值。

1. 从旅游目的角度定义：赵青（1999）的定义是"所谓'工业旅游'，就是人们对工业景观、生产流水线、工艺流程及劳动场面的参观、学习，加深认识了解的过程。"；张志军（2002）也指出"工业旅游是工业生产与旅游相结合的新型旅游形式，是游客通过参观工业生产的过程获得一种新的感受的过程。"

2. 从旅游活动内容定义：邓海云（2000）的定义是，"工业旅游是旅游发展到一定阶段后所产生的一种新的旅游方式，它以工业企业的厂区、生产线、生产工具、劳动对象和产品等为主要吸引物，活动范围一般限于工业企业之内。"（注：笔者认为"（工业旅游的）活动范围一般限于工业企业之内"这一提法的含义过于狭隘，值得商榷。）

3. 从旅游客体角度定义：王宁（2004）认为"工业旅游是以现有的工厂、企业、公司及在建工程等工业场所作为旅游客体的一种专项旅游。"；佟春光

（2001）的定义为，"所谓工业旅游，就是以工业企业环境、工业生产场景为主要游览对象的特色旅游。"

4. 从旅游供给角度定义：戴道平（2002）的定义是："所谓工业旅游，从旅游供给的角度来看就是以工业企业的建筑环境、设备设施、生产或工艺流程、企业文化与管理等作为旅游吸引物，经过设计包装推向市场，来满足游人的求知、求新、求奇等旅游需求，从而实现企业的经济、社会、管理等目标的一种专项旅游活动。"

5. 从旅游过程角度定义：阎友兵和裴泽生（1997）认为，"工业旅游就是指人们通过有组织地参观工业、科技、手工业、服务业等各类企业，了解到某些产品的生产制作过程，并能从厂家以低于市场价的价格购买产品。"

6. 从旅游业角度定义：姚宏（1999）将工业旅游定义为"工业旅游是以现有的工厂、企业、公司及在建工程等工业场所作为旅游客体的一种专项旅游。通过让游客了解工业生产与工程操作等全过程，获取科学知识，满足旅游者精神需求和行、吃、住、游等基本旅游享受，能提供集求知、购物、观光等多方面为一体的综合型旅游产品。"

7. 从旅游吸引物角度定义：曲薇薇和黄安民（2003）认为"工业旅游凭借现有的工厂、企业、公司的经营场所，以工业企业的技术、生产设施、动态的生产流程、科学的管理体系以及独特的工业建筑艺术为旅游吸引物，是一种专项旅游形式。"；何振波（2001）的定义是："工业旅游是以工业企业先进的技术装备和生产设施、动态的生产流程、科学的管理体系以及独特的工业建筑艺术为吸引物，以增长知识、开拓眼界、扩大阅历为目的，融观赏、考察、学习、参与、购物于一体的一种专项旅游形式。"；刘翠梅（2003）认为"工业旅游是以工厂生产过程、工厂风貌、工人生活场景、工业企业文化等工业相关因素为吸引物的旅游体验活动。"

二、本书的观点

上述"工业旅游"的定义从不同角度把握了工业旅游的某些特征和内涵，但都不够全面。对工业旅游的内容和方式并不存在认识上的根本分歧，对工业旅游是一种专项旅游、特色旅游已经形成共识。但因研究视角的差异，对工业旅游的定义尚未形成统一、明确的看法。对专项旅游界定的关键是要突出其资源特征和活动本身的意义。笔者经过综合分析，试对工业旅游的涵义概括为以下三个方面：（1）工业旅游是产业旅游的一个重要分支，是现代生产力不断发展的产物，是旅游发展到一定阶段后，旅游业与工业交叉形成的新型旅游形式。（2）它以工业生产场景、科研与产品、历史与文物、企业文化和管理经验等工业资源为吸引物，经过设计包装推向旅游市场，突出工业资源的吸引力，将其转化为旅游资源。（3）它是融工业生产、观光、参与、体验、娱乐等为一体，来满足游人的求知、求新、求奇等旅游需求，从而实现企业自身的经济、社会、管理等目标的一种专项旅游活动。

第二节 工业旅游的特征

工业旅游作为一种专项旅游方式，除具有一般旅游方式的基本特征之外，还有其特定的性质，深刻认识和把握工业旅游的这些特征是成功开发工业旅游的基础。要使工业旅游从一开始得到规范健康的发展，不走或少走弯路，首先要对工业旅游的基本特征有个科学的认识。

一、丰富的知识性

工业企业是人类文明进步的结晶，是科学、技术、管理等智力成果转化为现实生产力和财富的集中体现者和承担者。和一般观光旅游相比，工业旅游的一个突出特点是知识性较强，表现在以下两点。第一，技术性强。现代工业旅游企业往往是些高科技企业以及传统工艺类型的知名品牌企业，一般技术含量较高。第二，专业性强。这是企业特点决定的，一般来说，举办工业旅游的企业都是本行业内的佼佼者，这些企业在本行业内往往经营特定的产品，应用的技术专业性较强。这一特点决定了企业往往只会引起社会上特定相关群体的兴趣和关注，难以引起普通大众的共鸣，市场面较窄。这些都充分说明工业旅游区别于其他旅游项目的最大特点就是知识性强、科技含量高。

工业旅游的知识性特征，一面能够满足旅游者"求新、求知、求奇"的心理需求，因而具有吸引力。但是，由于工业旅游产品往往专业性强、技术含量高又难以真正引起广大旅游者的共鸣，使得旅游市场难以向广度、深度开发。如何解决这一对矛盾，趋利避害，使工业旅游的知识性价值为普通旅游者所认识，这是旅游解说、宣传要解决的课题。它在很大程度上取决于相关旅游经营人员，尤其是导游解说人员的专业知识和讲解艺术的完善结合程度。

二、强烈的依附性

旅游资源的不可转移性决定了旅游消费只能在旅游目的地进行，工业旅游在这一点上体现的尤为明显。工业旅游除像其他旅游项目一样需要依赖交通、通讯等基础设施外，更需依附于工业企业及其周边环境作为其旅游吸引物。工业企业本身因素对工业旅游开展的可能性和程度至关重要。如工业企业科技含量的高低，生产设施的先进程度，生产流程的复杂程度和企业自然人文环境等决定了工业旅游的观赏性和吸引力；工业旅游的活动形式取决于工业生产的要求。可见，工业旅游的依附性非常强。

工业旅游的依附性特征主要体现在：第一，企业是否开展旅游活动取决于企业管理层对工业旅游价值的认识和态度。如果企业管理者认为游客的参观会影响正常的生产经营活动，而且经济、社会意义不大，自然会对工业旅游持否定态度。第二，企业是否适合开发工业旅游取决于企业的性质和主业务的特色性。从国内外工业旅游的实践来看，企业主业务具有神秘性、特色鲜明，或与人们的日常生活紧密相关以及著名大企业一般具有较强的吸引力和观赏性，这些企业适合开发工业旅游。第三，工业旅游的活动必须以不影响企业正常的经营为前提。工业旅游活动的设计安排要依赖于企业的生产活动的需要和形式，不能涉及企业的技术和商业机密。第四，工业旅游的吸引力和生命力往往并不在于工业旅游其本身，它严重依赖于企业的主业经营状况。一个工业企业主业经营得越有特色、影响力越大、知名度越高，这样的工业企业开办工业旅游活动成功的概率就大，推出的工业旅游就越有魅力和市场。

正是由于工业旅游依附性强，这就要求有关方面在开发工业旅游项目时，除了要分析项目的市场吸引力外，还必须考虑企业对工业旅游活动所引发的问题可能做出的反应。譬如，如何保护企业的商业秘密，旅游线路设计中企业相关部协调的难度，旅游活动对原企业文化的冲击，旅游效益的合理分配以及工业旅游的宣传作用对企业现存问题可能造成的扩大化效应等等。这些问题出现的范围、程度以及企业对待这些问题的态度和采取的做法将直接决定工业旅游活动开展的程度。

三、效益多重性

工业旅游的开展使得工业企业、旅游业、游客和地方经济多方受益，形成多赢的局面。首先，对工业企业来说，不仅得到门票收入、餐饮服务收入、直销产品利润等收入，而且宣传了企业品牌，提高了知名度，树立了良好的企业形象。在这一过程中，企业也能够了解消费者的需求和市场动向，适时推出适销对路的产品。第二，对旅游业来说，工业旅游是我国旅游产品体系完善过程中的必然结果，为旅游产品的丰富与发展拓宽了思路，也部分缓解了旅游产品的供应与需求之间的矛盾。第三，对游客来说，工业旅游满足了游客观光、采购、求知等多方面的需求。第四，对地方经济来说，工业旅游为各地产业结构调整做出了贡献，促进了地方经济的发展。较之一般观光旅游产品，工业旅游给主办企业和旅游者均会带来多重效益，供需双方的利益均沾正是工业旅游存在的经济基础。就工业企业而言，经营工业旅游不仅可以得到直接的经济效益，也可以获得可观的无形收益。其直接的经济效益表现为：门票收入，向旅游者提供餐饮等服务收入，直销产品的收入等。而企业的间接收益主要有：树立企业形象，免费广告效应；通过和各类游客的直接互动交流，有利于了解现实的和潜在的顾客需求，掌握市场动向，为企业培养现实顾客和潜在顾客的机会。此外，游客到企业参观使企业处于社会公众的近距离"审视"状态下，有利于增强员工的责任感，从而提高工作效率。而对旅游者的收益来说，最突出表现在丰富知识和接受教育上。技术密集型高科技企业给游客的不仅是乐趣、新奇，而且可以激发青少年对科学的兴趣，帮助青年人把握未来的科技发展方向，展望自己人生的未来。

四、工业旅游的重游率低

工业旅游与众多专项旅游方式相比，有一特点我们应注意到：工业旅游和追求获得享受、放松身心、恢复精力为目的的度假旅游产品不同，很少有回头客。由于工业企业自身的性质所决定，工业企业的可看对象往往变化不大，加之受制于安全等因素的影响，工业旅游一般也缺乏旅游产品通常所具有的参与性和娱乐性，主要是工业企业的神秘感和人们的求知心理促使人们到工业企业旅游。此外，工业旅游作为企业的附属产品，企业往往没有动力去进行旅游活动项目的创新，一旦游客参观结束，求知、求奇的愿望得到满足后，很难对其再产生强烈的重游动机。所以，工业旅游的重游率较低。

工业旅游重游率低的特点客观上对主办工业旅游活动的企业的特色性和知名度都有较高的要求。因为，企业特色越鲜明，在一定范围内可以对更多的人产生吸引力；企业的知名度越高，可以吸引更广的范围内的游客。否则企业没有足够的旅游市场来支撑工业旅游项目的持续经营。如何克服这一不利因素，对于工业旅游的开发者来说，不断进行项目创新、大力开拓客源市场是一个关键问题。

五、对企业资质要求高

虽然工业旅游的成功开发有赖于正确的开发理念、精心设计的开发方案以及符合市场需求的专业化运作等因素，但这一切的前提是工业企业具备工业旅游开发的资质。从旅游资源开发的角度看，工业旅游对企业资质的要求包括两方面，其一，企业在技术、规模、产品质量、管理水平等行业资质标准上具有优势；其二，旅游者对企业的旅游倾向力较强。这二者互为补充，缺一不可。但比较而言，行业资质优势只是工业企业开发旅游项目应具备的基本条件，旅游者对企业的旅游倾向力才是决定工业旅游开发的重要依据。换言之，企业不但要拥有行业内的资质优势，同时还必须具有将此优势转化为社会影响力的条件和能力。

第三节　工业旅游的功能

工业旅游作为一种专项旅游活动，其功能有其自身的特点，并具有深刻的社会效益、经济效益和环境效益。工业旅游的功能主要有：

一、科普教育功能

工业旅游者通过近距离地观看生产工艺流程，甚至能进行实际动手操作，大大加深对工业产品的认识，获取科学知识、开阔视野，从中获得有益的信息和启迪。

二、宣传广告功能

开展工业旅游，可扩大企业的信息量，增强企业的美誉度和知名度，产生某种无形的辐射力，不知不觉起到某种宣传广告作用。

三、带动相关产业发展

开展工业旅游后，游客要进行观光、购物及与此相连的衣食住行等各种消费活动，这就带动了交通业、宾馆、餐饮业等相关产业的发展。另外，开展工业旅游和发展旅游产业还有助于企业人员分流，解决部分职工的就业问题。工业企业经营第二产业的同时，在统筹组织高效配合情况下，开展工业旅游活动可以取得双赢的效果。

四、工业旅游推动文化建设

旅游产品提供给旅游者消费的精神要素往往优于物质要素。不少有名的企业常与某些国际国内的名人有关，与国计民生有关，与某些重大历史故事有关。中国及各地区工业的发展史往往集中显现在这些著名企业的兴衰上。发展工业旅游有利于弘扬企业文化，推动精神文明建设。

五、工业旅游促进旅游产品结构优化

目前我国的旅游产业正处于优化调整期，这对旅游产品的结构提出更全面、更高级化的要求。尤其在当前旅游需求趋于多元化的前提下，必须开发出具有丰富文化内涵的旅游产品，建立复合式、多重式的产品结构。发展工业旅游在这个历史背景下应该说是一个非常有益的尝试。

六、工业旅游推动生态环境优化

企业开展工业旅游项目往往更加注重厂区及其周边的生态环境建设，许多现代工业花园化已成为现实，尤其是先进的设备、精湛的技术、科学的工艺流程及壮观的场面，融合了社会美、艺术美、自然美。可见，发展工业旅游能收到很好的综合效益。

第四节　工业旅游与传统旅游方式的不同点

从以上讨论中我们不难看出，工业旅游是社会进步和科学技术发展的产物。没有科技发展，工业旅游也就失去了其意义。因此，具有鲜明的科技时代性是工业旅游的最大特点。工业旅游与传统旅游方式的不同主要有以下几个方面：

一、旅游对象和场所不同

传统旅游对象是自然景观或人造景观，其场所是大自然或人造景地。而工业旅游的对象为生产过程及产品，其场所为工业企业。如果说传统旅游中，人们欣赏的是感官上的美，那么工业旅游中，人们欣赏的更多的则是智慧上的美；如果说传统旅游反映的是人与自然的关系，那么工业旅游反映的则是人与科技的关系。

二、旅游目的不同

传统意义上的旅游目的是在工作之余调节身心、陶冶性情、修养精神，获得美的感受。而在当今以知识经济为主的社会中，工业旅游是为了在达到以上目的的同时获取信息，得到知识上的进步。游客在工业旅游过程中对科技的感受可以激发自己的学习欲求和创新热情。

三、对经济的作用方式不同

传统旅游方式通过收取门票，服务费和带动餐饮业、零售业、娱乐业等相关部门直接给国家带来当期收入。工业旅游也可以给工业企业和国家带来直接收入，但这并不是它作用于经济的主要方式。它的经济作用方式是间接的，体现在两个方面。对工业企业而言，工业旅游对其起到了广告宣传的作用，企业通过这种形式使企业形象和产品形象深入人心；对国家而言，工业旅游可以起到巨大的潜在推动作用。工业旅游主要是对科技的感受，这种感受对游客尤其对青少年是一种精神激励，激励他们的探索精神和创新精神。在这些精神的促使下，知识转化为生产力，其价值是无法估量的。

第三章

工业旅游的理论基础

第一节　旅游系统理论

　　系统理论为旅游规划提供了方法论基础。系统论认为，系统是由一组相互依存、相互作用和相互转化的客观事物所构成的一定目标和特定功能的整体。系统论的基本思想是：要把研究或处理的对象看成一个有一定层次、顺序的系统，从整体上考虑问题。特别注重各子系统、要素之间的有机联系，以及系统与外部环境之间的相互联系和相互制约关系。著名旅游学家、《旅游研究纪事》杂志主编 Jafari 曾指出，"为理解旅游业，有必要将其作为一个整体或作为一个系统来研究"。美国学者 Mill 和 Morrison 认为，旅游是由旅游市场、旅行、目的地和市场营销四个部分相互作用组成的系统，由旅游购买、需求特点、旅游营销和抵达市场等行为将四部分连接为整体，需求和供给是将旅游系统组成在一起的纽带。系统论为我们正确认识旅游系统提供了科学的理论和方法，系统论的基本观点构成了旅游系统研究的理论依据。

　　从旅游系统论的角度，工业旅游系统包括四个组成成分，即客源市场需求系统、旅游目的地供给系统（包括目的地吸引物系统、设施系统和服务系统）、支持系统和出游系统。这些要素相互关联、彼此制约，形成一个有机的工业旅游系统。因此，为了使工业旅游可持续地发展下去，有必要把工业旅游开发当作一个系统来研究，使工业旅游得到和谐、健康、有序的发展。系统理论为工业旅游规划开发提供了认识论和方法论基础，具体的指导作用表现在：①规划的要素。工业旅游景区系统的诸要素是相互联系、相互制约、相互影响的，规划设计时不仅要考虑景区内各组成要素之间的关联、还要注意到景点设施和工人工作环境之间的关系，规划时偏颇一些要素而忽视另外一些要素是不可取的，要整体考虑，综合规划，才能使旅游朝着预定的方向协调发展，工业旅游规划的目的是在景区良性发展和工业企业知名度提高之间获得最佳效益；工业遗产旅游点和单纯的工业旅游景区是在经济、社会、环境三个方面追求最佳的效益。如果规划强调某一方面，也许这方面的效益是最佳的，但整体效益未必最佳。②规划的程序与编制。工业旅游规划开发是一个分析和决策的过程，要求规划的程序是一个系统程序，系统分析和系统综合是旅游规划中基本的研究方法。系统分析是对各个子系统以及各个要素特性的分析；系统综合则是对各要素之间以及同一组织水平的子系统之间关系的研究。③旅游规划制订与实施的反馈作用。旅游系统具有检测、反馈机制，反馈机制是工业旅游及其开发研究规划能够按预期目标实施的保证。通过反馈，一方面可修正原来为达到某个目标所采取的策略、行动，发现新问题、拿出新对策；另一方面，旅游规划又不能过于频繁的变动，它必须具有相对稳定性和比较清晰的阶段性，要根据规划的范围和层次给定不同的期限，定期对照旅游系统规划的经济、社会、环境等规划指标，以反馈规划的实施情况。工业旅游作为一个新兴的旅游项目，其优劣及如何进行规划设计等等很多方面都需要一定的时间在具体的景点中进行检验，所以建立反馈机制对于景区的良性发展和学者对工业旅游的研究都是十分必要的。

第二节　旅游区位理论

区位理论（Theory of Location）是研究经济行为的空间选择及空间内经济活动的组合理论。简单地说就是研究经济活动最优的空间理论，即研究经济行为与空间关系问题的理论。旅游区位理论是研究旅游客源地、目的地和旅游交通的空间格局、地域组织形式的相互关系及旅游场所位置与经济效益关系的理论。这一理论20世纪30年代始于西方，内容侧重影响旅游场所因素的分析。中心地学说的创始人克里斯泰勒（W. Christaller）研究了城市中心地和其周边旅游地的配置关系，认为"旅游必然会使边远区受惠，这种经济现象避开中心地，并避免工业的集中。"他把影响旅游活动的场所因素归为：气候、风景、体育运动、海岸、温泉和疗养地、艺术、古迹和古城、历史纪念碑和具有历史意义的地方、民间传说和节日庆典、文化节日、经济机构、交通中心和中心地等12类。他的旅游区位研究采用经验和行为研究方法，故未建立起一个理想的中心地模式。德国地理学家鲁彼特（K. Ruppert）和麦伊尔（J. Maier）在《旅游移动的地理区位》一书中，从旅游地与旅游市场间的距离关系来探讨旅游地的区位、规模和形态。许多西方地理学家还提出过类似"杜能环"的旅游空间模式，如美国旅游学家罗伯特·麦金托什从旅游业利润的地域范围出发，提出旅游推销的区域重点层次是位于旅游区周围的最大利润带。齐瓦丁·乔威塞克（南斯拉夫）提出了中心地的腹地模式；狄西和里格斯（美国）提出旅游吸引周围的同心影响带模式。由于旅游活动的空间组织是在多种因素（如资源、地理、经济、政治和宗教等）相互作用下进行的，不可能将某一因素看成是决定因素，故旅游区位理论不能机械地套用其它区位理论。

旅游区位理论对工业旅游的指导意义表现在：工业旅游开发的区位选择，工业旅游的空间组织与开发布局，工业旅游资源的合理配置，寻找区位优势和集聚规模效应，工业旅游场所选择与规模、结构确定，工业旅游交通与线路设计，工业旅游开发的区域分析和发展战略等。具体的指导作用如下：①工业旅游场所选择与规模、结构确定：通过考虑一些相关的区位因子，选择最佳的旅游设施和观景点的场所。每一种旅游设施的服务性质不同，其场所选择的目标和方法也不同，确定的场所的规模和结构不同，所考虑的因素也不同。工业旅游设施场所的选择，一是为了方便游客，为游客服务；二为了保护旅游资源，以及提高土地的利用效率；三为了游客安全和不干扰工业企业正常的生产活动。②寻求区位优势：对某一工业旅游景点自然、资源、交通、市场、人力、集聚、经济、社会等区位因子的分析，可探求与寻求旅游资源优势有相联系之处，进而分析景区的整体优势，这些对工业旅游的开发布局非常重要。③旅游线路设计：线路设计包括景区内游线设计和区际交通线路设计。在游线设计方面，为解决单纯的工厂参观游客逗留时间短的问题，需要丰富旅游产品并对各个旅游产品进行有效的串联，旅游线路的设计十分重要。对于开发者来说，线路设计与建设旨在增强可进入性；对于经营者来说，是希望设计的线路容易销售；对于旅游者来说，则要求旅游线路方便、快捷。工业旅游点的线路规划即游览线路规划，需要考虑的因素包括安全、便捷、路过更多的景点等。对于区际交通线路设计，要处理好各景区之间的联系和景区的可达性问题。

第三节　企业成长理论

企业成长理论起源于对大规模生产规律的研究，并广泛涉及企业行为、企业成长、组织结构以及管理等基本内涵。该理论创始人是英国人 Edith T. Penrose，她于 1959 年发表的《The Theory of the Growth of the Firm》一书认为：企业成长理念的内核可以非常简单地加以表述，即企业是建立在一个管理性框架内的各类资源的集合体，企业的成长则"主要取决于能否更为有效地利用现有资源"。从资源有效利用的角度看，"企业的成长无非是不断挖掘未利用资源的过程，大企业不过是不断挖掘未利用资源而自然成长的结果而已。"因此，企业的成长性，简而言之，就是企业具有不断挖掘未利用资源而持续实现潜在的价值生产能力，是人们依据企业的现有发展状况和其他内外部客观因素所做出的对该企业的一种未来发展预期。企业成长的源泉在于充分利用现有的未利用资源。现有未利用资源不仅来自企业内部，更重要的是来源于企业新吸纳的社会资源和市场份额。一旦企业更完全充分地利用了现有资源，企业便获得了成长，同时也就进入了新的成长周期。而新的成长周期又会为企业带来新的未利用资源。因此，从成长角度而言，企业未利用资源是无限的。企业挖掘未利用资源的过程也是无限的，因而企业的成长同样是无限的。任一特定企业不论其目前规模大小、实力如何，只要在一定条件下，能够以较其他企业低的平均费用向市场推出追加商品，就可以证明它实现了全部或部分未利用资源的有效配置，也就可以说其存在成长性。许多中小企业虽然不存在规模经济，但发展迅速，其原因就在于此。反之，任一特定企业一旦减缓或终止了扩张与创新，就会最终丧失成长性，呈现出非成长性特征。

根据企业成长理论的基本原理，我们可以将企业划分为成长型企业和非成长型企业两大类。所谓成长型企业，是指那些在一定时期（一般考察时限为3~5年）内，具有持续挖掘未利用资源能力，不同程度地呈现整体扩张态势，未来发展预期良好的企业。所谓非成长型企业，是指那些在一定时期内未能有效利用资源，企业整体发展弱化或呈现整体萎缩态势，未来发展预期不明或总体看淡的企业。成长性是企业发育的客观标志。只有当企业在未来生产能力、资产规模、市场份额以及利润保有等等各方面均保持某种程度的整体增长状态时，才能被认为具有成长性。如果一个企业仅是销售额或利润出现了增长，而生产能力、资产规模等其他方面并未发生相应增长，则并不能构成严格意义上的成长型企业。判定企业成长状况的最重要指标是企业的成长速度。企业成长速度是指在现存生命期内企业的年平均增长速度。但是，影响与决定企业成长速度的因素相当广泛，不仅包括资金实力、经营效率、人员素质以及技术装备、企业经营战略等生产组织要素，而且涉及市场营销、资源筹集、研究开发、控制协调等各种管理能力要素，还会广泛涉及知识产权、专有技术、商标商誉以及企业文化、信息资源、社会关系网络等"无形资产"，甚至企业地理位置、市场机遇、领导人个人魅力等诸多极易被人们忽视的因素。显然，逐一考察这些因素既不现实，也确无必要。现实的选择是从这些因素中选择出一些具有代表性的典型因素进行综合评估，测算企业一定时期内的成长指数，并以此考察企业的成长状况。

企业成长理论对工业旅游开发的指导意义在于，工业企业通过对工业旅游资源的有效利用和合理开发，将企业的价值理念和品牌文化传递给社会和广大消费者，并使得企业不断成长。

第四节　循环经济理论

循环经济理论在 20 世纪 60 年代萌芽之后，经过半个世纪的探索和实践，基本形成了完整的理论体系。所谓循环经济，就是以资源的高效利用为目标，以"减量化、再利用、资源化"为原则，以物质闭路循环和能量梯次使用为特征，按照自然生态物质循环和能量流动方式运行的经济模式，其基本特征是各种经济要素在经济运行中按照闭路反馈式循环方式运行，运动中的物质能量梯次使用，逐步减少，溢出的能量形成新的能源。循环经济遵循 3R 原则，即：减量化原则，就是在生产和服务进程中，尽可能地减少资源消耗和废弃物的排放，最大限度地提高资源的利用率；再利用原则，就是产品多次使用或修复、翻新或再制造使用，延长产品使用期；资源化原则，就是最大限度地将生产和消费中的废弃物转化为资源。在 3R 原则的规制下循环经济运动表现出五种规律性：自然生态式的闭路反馈循环规律；能量梯次使用和转化规律；废弃物向新资源转化规律；循环价值递增规律；循环效应延展规律等。循环经济按照"资源—产品—废弃物—再生资源"运行模式进行闭路反馈式循环运动，构成循环经济运行程序链。在这种链式循环中传递着物质、能量和信息，形成物质流、能量流和信息流三种形式的运动。循环经济在企业、区域和社会三个层面上的运动就形成了循环经济的整体形态。

循环经济的发展目标是把经济效益、社会效益和环境效益三者统一，通过"低消耗、低排放、高效应"途径构建资源节约型和环境友好型社会，最终实现经济的可持续发展。将这一理论应用于工业旅游景区的规划和管理，则成为工业旅游的理论指导。

第五节　旅游地生命周期理论

1980 年，加拿大地理学家 Butler 在《加拿大地理学家》中首次提出旅游地生命周期理论，即 DLC 理论（Destination Life Cycle）（Butler. R. W. 1980）。该理论认为旅游地开发是随着时间变化不断演变的，把旅游地的发展过程分为探索（exploration）、起步（involvement）、发展（development）、稳固（consolidation）、停滞（stagnation）、衰落（decline）或复兴（rejuvenation）六个阶段。" Butler 还引入了一条"S"型曲线来表述旅游地生命周期的 6 个阶段。以旅游者数量作为衡量标准，旅游容量作为分界线，提供了一种定量研究旅游地发展规律及各阶段特征的方法。在国内各种类型的旅游地开发与规划研究中，DLC 理论被广泛的应用，并与各旅游地具体案例相结合。通过分析旅游地周期内不同阶段的特征，预测其发展方向和发展中可能出现的问题，进行人为的调节与控制，促进旅游地生命周期延长，以获得最大限度的经济、社会、环境效益。通过研究影响旅游地生命周期的动力因子，延长各种类型的旅游地生命周期已成为国内 DLC 理论研究的热点问题。

在不同生命周期内，旅游区所面临的具体情况和市场特征是不一样的，市场调查的内容应该相应的有所偏重，有所选择。旅游地生命周期理论为我们提供了研究旅游地演化过程的理论框架。应用这个理论框架去分析各种不同工业旅游地的具体生命周期特点及规律，剖析形成这些具体的生命周期特点和规律的内在因素，可以有效地指导工业旅游的开发、规划和管理。结合旅游地生命周期理论研究工业旅游产品发展，分析其各阶段主要特征，根据产品的特征变化，采取不同的营销策略。一个工业旅游景点如果处在巩固阶段及其以前的阶段，其开发重点应放在旅游资源的开发、设施的建设和宣传促销上；如果处在成熟阶段及以后的阶段，其开发重点应放在开发新的旅游资源、增加新的具有吸引力的旅游项目上，作好旅游宣传促销，促使旅游地复苏。

第六节　工业生态学理论

工业生态学（Industrial Ecology）的核心是建立生态工业系统。它是依据生态经济学原理，运用生态、经济规律和系统工程的方法加以经营和管理，以资源节约、产品对生态环境损害减轻和废弃物多层次利用为特征的一种工业发展模式。在一个生态工业园区内，各企业进行合作，以使资源得到最优化利用。工业生态学将生态学理论应用于工业领域，寻找工业物质优化循环的理论及方法，通过研究工业行为与环境的相互关系，为人类提供了一种全新的环境管理模式。它以新的眼光来看待经济的发展，把整个工业系统作为生态系统中的一个特殊形式来看待。工业生态学是为综合解决工业发展过程中各种环境问题所采取的一种系统化、一体化的理论工具体系。运用工业生态学的理论与方法，可将工业旅游开发与生态工业园规划建设相结合，为我国提供了一条转变生产方式，实现资源节约、环境保护，使经济增长与资源环境相协调的重要而有效的途径。

工业生态学的基本理论和思想用来规划和运行工业旅游项目，可带来环境和经济效益。在建设目标上强调生态环境保护，营造和谐的自然生态系统及工业旅游资源的永续利用，谋求经济与环境的效益统一，实现人类社会的可持续发展。

第七节 产业结构演进理论

英国经济学家克拉克在《经济进步的条件》一书中，搜集和整理了二十几个国家总产出和各部门劳动力的时间数据，通过统计分析揭示了经济进步过程中产业部门结构变化的一般规律，验证了总量增长与结构变动的历史关系。具体是：随着人均国民收入水平的提高，劳动力首先由第一产业向第二产业转移，人均国民收入水平进一步提高时劳动力便向第三产业转移。产业旅游的强大势力汇入全球经济发展潮流是必然的。随着旅游业的多元化发展，工业、农业、机械制造业、高科技产业等等，这些本来与青山碧水、悠闲潇洒的旅游似乎不可能联系在一起的行业，也终于和旅游产业走到了一起。

通过对产业结构演进理论的分析，说明工业旅游的出现是产业结构演进的具体体现之一。工业旅游的开展是二、三产业的结合，标志着企业经济新的增长方式，即从过去的单一经营转向综合经营，本属于第二产业的工业向第三产业的旅游业演进，这就需要对我国现有的产业结构进行调整。我国现在还处于工业化中期阶段，工业结构升级缓慢，这就需要对现有的产业结构进行调整。一方面，加快工业化进程；另一方面，积极发展高新技术产业，推进信息化，以信息化带动工业化，使我国产业结构向高级化方向迈进。要利用信息化加强对传统工业的改造，促使传统产业实现升级。这样才能符合产业结构演进规律的要求，为生产力的发展提供广阔的空间。

第八节　旅游市场学理论

旅游客源是旅游业赖以生存和发展的前提条件，特别是随着世界旅游业的迅猛发展，旅游业的竞争越来越激烈，争夺客源、抢占客源市场已成为市场竞争的焦点，稳定地占有一定数量和质量的旅游客源市场是保证旅游业发展的关键。旅游市场学理论主要研究旅游市场类型、旅游消费行为、旅游市场调查与预测、旅游市场营销策略、旅游市场营销决策、旅游市场开发、旅游市场价格机制、旅游市场促销、旅游市场营销管理等方面的内容。工业旅游产品只有满足目标市场的需求，只有用自己的企业实力引导新的多样化的旅游动机，拓展旅游市场，挖掘更广的市场潜力，才能够在日益激烈的市场竞争中处于优势。要求在开发时首先对目标市场的需求特征有准确的把握，而目标市场的确定及其需求特征分析首先要以正确的旅游市场细分为前提，在选择旅游目标市场时还要以目标市场选择模型为指导。

运用旅游市场学的理论与方法，可以使工业旅游开发立足市场，合理开发资源，优化旅游产品结构和项目，体现工业旅游开发的经济性与市场性，达到工业旅游开发的合理化和最优化。根据旅游市场学市场细分理论，工业旅游市场细分首先按地理因素的差异，将客源市场细分为国内旅游市场、港澳台旅游市场、国际旅游市场。其中国际旅游市场又可以进一步细化为：美国旅游市场、日本旅游市场、韩国旅游市场等等。对每个客源市场根据旅游消费行为的不同，进一步细分为观光旅游市场、会议商务旅游市场、奖励旅游市场、度假旅游市场、探亲访友旅游市场、体育旅游市场、文化艺术旅游市场等。工业旅游开发区主要客源市场为文化艺术旅游市场、观光旅游市场、科学考察旅游市场、度假旅游市场等。

第九节　旅游文化学理论

旅游文化是"通过旅游这一特殊的生活方式，满足旅游者求新、求知、求乐、求美的欲望而形成的综合性现代文化现象。或者说是通过对异国异地的文化的消费而形成的现代特殊生活方式。"具体包括旅游景观文化、旅游资源文化和旅游消费行为文化等。

工业旅游开发要按照步骤挖掘开发区的景观文化、企业文化和旅游消费行为文化等内涵。同时，不同文化背景的旅游者在旅游消费动机的强弱及类型、目的地的选择、旅游消费支出结构、旅游消费习俗等方面都具有明显的差异。受当今文化变迁的影响，当今旅游消费行为的演变正朝着年龄结构年轻化，旅游需求多样化，旅游者参与意识增强，文化动机、回归自然动机强化，旅行方式多样化的方向发展。在工业旅游开发过程中，还应当根据旅游者的消费行为特征，开发多样化、参与性强的旅游产品。文化是影响旅游者消费行为的根本因素，因此，工业旅游开发区还可以通过文化的手段如进行开发区特殊文化的宣传等，激发旅游者的旅游动机，影响旅游者的旅游决策，并引导旅游者在开发区内的旅游消费。最后要注重旅游地的文化保护，旅游活动对旅游地文化既有积极影响，又有消极的影响，它可能使旅游地历史文化遗产遭受破坏，使本土文化舞台化、商品化、庸俗化，文化特色减弱，造成或加剧接待地的社会问题等。旅游地文化的同化及变异问题是所有旅游地尤其是文化型旅游区所要解决的重要问题。因此，工业旅游开发区在旅游发展中也应当注重文化的保护，以求文化与开发区的共同的长足发展。

第十节　景观生态学原理

景观生态学原理包含了生态学的思想和原则，同时重视考虑时空上的特色，这与规划是在具体区域上进行，同时又考虑与生态平衡不谋而合，因而景观生态学可以成为工业旅游景区规划、设计、管理的科学基础之一。景观生态学将景观空间结构抽象成三种基本单元斑块、廊道和基质，从而形成了景观生态学中重要的"斑块—廊道—基质"模式。斑块，又称嵌块体、拼块、斑等，是空间的点结构或块结构，代表与周围环境不同的、相对均质的非线性区，它具有活化空间结构的性质。以景观生态学的观点来分析景区景观、景区内小公园、广场等点状空间相当于景观中的斑块。廊道是不同于两侧相邻土地的一种特殊带状要素类型，它起着分割或连通空间单元的作用，景区内主要的廊道类型是交通廊道，此外，工业旅游景区内，各道路绿带、滨水绿带等线状空间也相当于景观中的廊道。廊道使不同斑块浑然一体，成为游客畅游的信道。廊道建设可以增加斑块连通性，方便游客游览，但也会成为斑块间物种迁移的屏障。因此，廊道的科学设置是体现景区自然绿化意境，增加视觉丰度，方便游客游览的关键。基质指斑块镶嵌内的背景生态系统或土地利用类型，是背景结构，是景观中面积最大、连接性最强、优势度最高的地域，景区内的生产区、商业区、生活区、活动区等面状空间相当于景观中的基质。对基质的研究有助于认清景区的环境背景，也有利于分析确定工业旅游景区的整体生态特征，是景区景观旅游形象设计以及功能斑块划分的基础。

"斑块—廊道—基质"是整个景观生态学建立的基础，也是学科对研究对象景观基本结构元素的划分，并以此为基础刻划景观结构、功能和动态变化，对工业旅游景区的设计具有极重要的意义。

第四章

工业旅游发展的驱动机制

第一节　工业旅游的起因

一、工业旅游的兴起

工业旅游作为一种新型旅游方式，离不开中国和世界旅游的大环境，它是旅游业发展的产物和工业化发展的结果。

1851 年，英国人在伦敦举办了第一届世界工业产品博览会（当今世博会的前身）。为博览会而建造的"水晶宫"被后人誉为 19 世纪第一座新建筑，不仅从根本上改变了人们对建筑的传统观念，揭开了现代建筑的序幕，而且此次盛会吸引了来自世界各地的 600 多万参观者，反响空前，在当时的赢利达 75 万美元，为旅游业创造了优质的资源，对旅游的发展起了巨大的推动作用，尤其使以工业为主题的旅游呈现出巨大的吸引力。

起源于 19 世纪中叶的工业革命，影响了整个世界的发展进程，使人类的生存环境和生活方式发生了巨大变化。工业化和城市化成为时代的两个明显特点。设备、设施、大型现代化流水线等工业资源经过不断换代、改进、升级，使现代人产生了神秘感，尤其使那些对工业发展、工业成果及工业产品感兴趣的顾客成为旅游界新的目标客源市场，工业革命的伟大实践和伟大成果使工业旅游成为旅游开发的一种新市场和新内容。

工业旅游的雏形最早开始在法国成形。20 世纪中叶，法国雪铁龙汽车制造公司率先开放生产车间，组织客人们参观其生产流水线，产生轰动。随后引起许多厂家的效仿，形成一个"时尚"，这极大地推动了工业旅游的兴起和旅游业综合发展。后来，一些厂家开始收取些许费用。美国波音公司专门开设了参观旅游通道，门票价格为 5 美元，开拓了面向消费者和潜在消费者的宣传促销渠道。以介绍工业产品和企业资源为主的参观活动逐步演化为后来的工业旅游项目。

二、工业旅游兴起的原因

工业旅游的兴起受多种作用力的驱动，根据工业旅游的特征，可将工业旅游兴起的原因概括为如下五个方面。

（一）旅游资源认识的突破

伴随着经济发展、社会发展及人的素质的提高，人们对资源的利用在深度和广度上都有了新认识。同样，随着旅游业的发展，人们对旅游资源的认识也发生了变化，主要体现在旅游资源外延的扩展上。旅游资源不再局限于传统观念中的自然风光、文物古迹等形式，创新的旅游资源形式不断出现，如工业旅游资源、农业旅游资源等新领域。从旅游资源开发的角度来说，开展工业旅游拓展了工业企业的功能，是工业企业挖掘自身价值的表现。

（二）旅游需求的多元化趋势

伴随着经济发展和社会进步，旅游已成为大众化的生活方式，并且旅游活动的形式与内涵日益丰富，旅游消费需求日益呈现多元化趋势。通常的"3s"（sun，sea，sand）旅游和观光旅游已不能满足旅游者的需求，旅游朝着个性化、多样化的方向发展，旅游品位也越来越高。越来越多的旅游者开始由休闲型的单纯旅游转向休闲、学习和商务相结合的复合型旅游，即在外出旅游的同时，把学习和探求知识、开拓眼界、商务考察作为旅游的主要目的，以满足多方面的需求。正是在这种情况下，兼具游览、参与、知识、体验等特点的工业旅游便应运而生。

（三）科学技术在工业中的应用

在工业旅游产品中，高新技术产品始终是人们特别关注的。如法国工业旅游首先产生于汽车行业，后又在核电工业得到很大发展。这两个行业都是高新技术在工业中应用最多的行业。美国的休斯敦宇航中心、中国的酒泉卫星发射中心等，也都是游人特别多的工业旅游景点。当今时代，信息技术和电子工业等高新技术的出现，为工业发展增添了活力。高新技术工业园区大量涌现，工业产品多种多样，这些都成为工业旅游的载体，为工业旅游的开发提供了可能性，只要对它们进行合理规划，便可开发利用。事实证明，我国工业旅游的发展是与高新技术园区的兴起分不开的。工业旅游在各地高新技术园区的率先发展，有力地带动了工业旅游的兴起。

（四）现代产业发展的新趋势

随着科技革命的深入发展和生产力水平的不断提高，现代产业发展出现了两个相反相成的趋势，一方面是新的产业不断分化、产生，另一方面各产业之间的联系越来越紧密，彼此之间互相渗透，互相融合趋势明显。各个产业只有不断了解相关产业发展的信息，把握市场动向，抓住时机延伸到发展前景广阔的产业中去，才能相互促进，共同发展，收到事半功倍的效果。工业旅游的产生，是工业和旅游业互相结合、互相渗透的必然产物，它导致了"双赢"结局：一方面，工业借助旅游业为自己寻找到更广阔的发展空间；另一方面，旅游业也到工业企业中开拓了一片新天地，借工业的优势扩大自己的市场。两种产业互相结合、相得益彰，符合现代产业发展的新趋势。

（五）工业旅游自身的引力作用

工业旅游之所以兴起并受到人们的青睐，吸引着众多游客前来参与，这是因为它对游人能产生巨大吸引力。首先，工业旅游融观赏性、知识性、参与性于一体，能满足游客多方面需要。第二，作为开展工业旅游所需物质载体的工业企业，由于大多分布在市郊，有的甚至就在市内，因此交通较为方便，旅游交通费用低廉，这就大大削弱了因交通制约而使人们不能出游的限制。第三，工业旅游作为工业企业的附属物，便于就近利用原有的基础设施，一般不需投入太多资金，具有明显的"投资省"的特点，因此工业旅游消费水平较低廉，易于为游客所接受。第四，旅游与购物是相互依存的，工业旅游融旅游与直接采购于一体的特点，更是对游客有着独特的吸引力。而且这种购物与一般的游览途中购物有所不同，它是游客直接向生产厂家购买自己喜爱的商品，因少去了市场流通这一中间环节，商品价格自然是低于市场销售价，而且在购物过程中，游客还能消除不识货挨宰和假冒伪劣商品之忧，这就更添了一份工业旅游对游客的吸引力。

第二节 工业旅游的发展历程

一、国外发展概况

把工业企业作为旅游资源来开发，国外早已走在前面。工业旅游起源于20世纪50年代的法国，由最初的汽车行业扩展到其他众多工业领域。半个世纪以来，工业旅游在欧美国家获得了长足的发展，特别是在工业发达国家如英国、法国、德国、美国等，许多著名的大企业、现代科技基地早已向公众开放，成为受游人瞩目的旅游景点。

英国是世界工业旅游发展的先驱国家，也是工业旅游发展最为成熟的国家之一。早在 1964 年，就有 69 家公司和企业开辟了各自的博物馆。英国的工业企业向游客开放虽然已有多年的历史，但真正有意识开展工业旅游的工业企业，则出现在 20 世纪 80 年代的早期。工业旅游的发展逐渐为政府部门所认识，1988 年英国政府旅游管理部门发现了工业旅游的巨大潜力，并开始积极推动和呼吁全国工业旅游的发展。目前英国开展工业旅游的企业，涉及了从铅笔厂到核电站的各种工业企业，包括能源产业、纺织业、食品和饮料产业、玻璃和陶瓷产业、消费品制造业和传统手工业等，工业旅游的开发几乎没有什么产业上的限制。如苏格兰威士忌文化遗产中心是集工业旅游景点与主题博物馆于一身的旅游景点，斯尼伯斯顿发现者公园是一个以介绍莱斯特郡工业史为主题的公园，威尔士地区首府加德夫郡的旧矿区则被改造成"大矿坑博物馆"，展示了 2000 多年的采矿历史和矿工生活。

在法国，雷诺、标致、雪铁龙三大汽车公司每年接待游客达几十万人次，游客只花 30 法郎就可在阿丽亚娜火箭制造中心透过有机玻璃罩观赏阿丽亚娜火箭；法国"空中客车"制造厂也对游人开放，极受欢迎。由于对核电技术缺乏了解，法国很多人过去反对建核电站，电力公司有针对性地开发了核电站接待观众活动，改变了许多人对核电的认识。

在德国，奔驰汽车公司的顾客可以参观公司的总装线，如果愿意还可穿上工作服亲手拧几颗螺丝钉。游客还能到工人的食堂里吃顿午饭，真正体验"奔驰人"的生活。最后购买些印有奔驰商标的钥匙圈、丝巾、手表等纪念品，甚至把车买走。德国传统的煤铁工业区鲁尔也是开展工业旅游的一个范例，鲁尔区的工业遗产旅游开发已实现由零星景点的开发到区域的整体战略开发，并专门开辟了"工业遗产旅游之路"（由 19 个工业遗产景点、6 个国家级的工业技术和社会史博物馆、12 个典型的工业聚落及 9 个利用废弃工业设施改造而成的了望塔组成）。

在美国，几乎所有的大企业、大机构都定期向公众开放，许多深受公众注目的著名企业因此成为旅游景点，如在汽车制造、钢铁制造、集装箱运输与石油炼化等领域的知名企业。美国的福特公司、波音飞机制造公司、休斯敦宇航中心等都是旅游者喜欢光顾的地方，成为工业旅游胜地。著名的美国华盛顿国家造币厂，每日吸引游人成千上万。游客不仅可在此了解造币的历史、钱币的生产过程、真假鉴别，而且还能带走一张刚印制出来的，但经过特殊处理无法流通的钞票作为纪念。

二、国内发展综述

与欧美等发达国家相比，我国工业旅游总体起步较晚。随着工业产业结构的调整和旅游业的蓬勃发展，工业旅游在我国各地逐步开展起来，已成为旅游业产业链上一道亮丽的风景线。

上海 100 多年的工业发展史，积淀了丰富的工业旅游资源，越来越多的企业正在加入工业旅游的行列中，宝钢就是其中一个成功的范例。宝钢工业旅游起步于 1997 年，在此之前，承担接待任务的是宝钢总厂接待处，专门负责接待来访的各级领导、外宾以及与宝钢有业务联系的单位。1999 年春，宝钢利用和发挥中国最大的现代化钢铁基地的优势，推出工业旅游，精心设计了游览线路。线路由原料码头开始，经三座世界级高炉，到热轧厂、冷轧厂，全程约 3 小时。若时间充足，可再参观展示厅（将改建为中国钢铁博物馆）、钢管厂、文化馆等等，丰富多彩的项目令游客在领略了"钢铁是怎样炼成的"同时，也了解了宝钢的企业文化和国际一流现代化大工业的发展历程。宝钢推出工业旅游项目 8 年来，已累计接待了 130 余万名游客，年利润 500 万元以上，回笼货币 5000 万元，居国内工业旅游项目前列。宝钢计划到 2010 年，年接待游客量超过 40 万人次，并争取达到国家规定的 4A 级景点的要求，成为世界一流的工业旅游景点。上海 2000 年推出了 10 条现代工业旅游路线，一些著名企业如宝钢、江南造船厂、大众汽车有限公司、上海石化股份有限公司以及一些跨国公司等都在其中。其中既有宝山钢铁公司这样的著名国有企业，也有跨国公司设在上海的外资企业。其中"宝钢工业观光旅游"，让人们感受机声隆隆、钢花四溅的壮观场面等。经过几年的市场运作，宝钢工业旅游日趋成熟，并逐步走向规模型的发展道路。上海已制定出工业旅游规划，到 2007 年，在开放现有的 20 个工业旅游点之外，还要完善或新建铁路博物馆、汽车展示馆、造船博物馆、烟草博物馆、造币博物馆、隧道博物馆等 6 个工业博物馆，力争年接待游客 300 万人次；到 2010 年，上海要形成 6 大科技型工业旅游区，规划建造上海工业历史博物馆等一批科技型、传统型博物馆，争取年接待游者达到 800 万人次。

广东是发展工业旅游较早的地区，那里拥有大量全国甚至全球知名的企业，工业旅游发展潜力巨大。2003 年夏天，广州市推出了"工业名企一日游"，集中了广州工业最为精粹的看点，包括珠江钢琴集团、广州本田、珠江啤酒股份有限公司、珠江钢铁厂、《广州日报》印务中心、可口可乐公司、达能牛奶和广州工业名优产品展示中心等地"工业名企一日游"首次推出，就创下了一个多小时内 400 个参观团名额爆满的纪录。随后众多的工业企业如广州石化、光明乳业公司等工业名企纷纷要求加盟，扩充旅游线路。如今，工业旅游线路已经发展到 8 条，成为广东旅游业的拳头产品，这不但受到当地市民和中小学生的青睐，还吸引了众多国内外游客。许多企业管理人员，也希望亲身了解一下广州本田、珠江钢铁等大型企业的管理经验。

浙江民营经济发达，其独特的机制优势成为发展工业旅游的天然优势。5 年前，温州的民企从大批外地人到温州考察学习中受启发，推出了"民营经济探秘游"，吸引了来自全国各地的大批游客。去年国家旅游局公布的 103 家"首批全国工业旅游示范点"中，浙江 11 家企业入选，数量是全国之最。这 11 家工业企业除高科技企业海盐泰山核电站、安吉天荒坪电站，以及展示古老传统技艺的桐乡丰同裕蓝印布艺有限公司外，其他 8 家都是民营企业，如娃哈哈集团、温州大虎集团、报喜鸟集团、奥康集团、吉利汽车有限公司等。工业旅游作为浙江的特色旅游正在升温。杭州娃哈哈集团下沙工业园、温州奥康集团和淳安千岛湖农夫山泉生产基地等接待的游客量都有明显增长。温州大虎集团去年接待游客突破 10 万人次，是 2003 年的两倍。

河南工业旅游虽然起步较晚，但具有发展工业旅游的较好条件。首先是有一些现代化名牌企业，如安阳彩玻集团、新飞集团、双汇集团等；其次是一些传统工艺品企业，如开封汴绣厂、禹州市钧瓷生产厂、洛阳唐三彩生产厂家等，这些企业都有发展工业旅游的内在积极性，加上政府部门的重视和支持，因此工业旅游在河南发展得十分迅速。国家旅游局命名的"首批全国工业旅游示范点"，河南有金星啤酒集团有限公司、郑州三全食品股份有限公司、郑州宇通客车股份有限公司、河南安彩集团、许继集团有限公司、河南瑞贝卡发制品股份有限公司、河南黄河旋风股份有限公司、中国洛阳一拖集团、中国南车集团洛阳机车厂、新乡新飞集团等 10 家企业入选，数量居全国第 2 位。

山东是我国的工业大省，拥有一大批在全国占有重要地位的著名企业，其中大型工业企业 263 家，总量居全国首位，开展工业旅游的资源十分丰富。实力雄厚的工业基础、较高的知名度也为发展工业旅游提供了强大的产业支持。许多企业以自身实力为依托，进行工业旅游开发取得了明显成效。2004 年 4 月 5 日，全国工农业旅游示范点验收工作会议在青岛市召开，对青岛啤酒集团工业旅游示范点进行了现场验收观摩，并将青啤作为全国验收工业旅游项目的样板。随后，青岛海尔、青岛港、青岛华东葡萄酒庄园、烟台张裕集团、东阿阿胶集团等先后通过国家旅游局验收，上述 6 家企业被授予首批"全国工业旅游示范点"称号。青岛啤酒公司始建于1903年，是我国历史悠久的啤酒企业，青岛啤酒是享誉中外的国际知名品牌，青啤公司自开展工业旅游以来，共计接待游客超过70万人次，累计收入超过700万元，直接吸纳劳动就业50余人，间接提供劳动就业岗位100余个。海尔是2004年中国惟一入选"世界最具影响力的100个品牌"的企业。我国著名企业海尔的工业旅游非常成功。青岛海尔集团在1999年初推出"海尔工业游"项目，将海尔独具魅力的人文景观、整洁有序的现代化生产线、琳琅满目的产品展室及中国首家由企业出资兴建的现代科技展馆——海尔科技馆作为旅游产品开发，形成了既有现代企业特色，又具有旅游特点的工业旅游项目，吸引了大批中外游客前往参观。"海尔工业游"已成为青岛城市旅游新景观、新热点。海尔集团的品牌形象、生产工艺、管理技术、高新科技、企业文化、生态化建设及优越的地理条件，成为对旅客具有强烈吸引力的旅游资源。海尔集团的工业旅游从1999年开始，当年接待游客达到24万，2002年突破60万人次。青岛港是拥有112年历史的现代化国际大港，在导游的引导下，游客可以了解到海港风貌、码头设施、船舶景观、装卸工艺，以及浓厚的企业文化形成了青岛港独具特色的工业旅游风情。年港口接待旅游参观人数超过10万人次，直接吸纳劳动就业150余人，间接提供劳动就业岗位千人以上，年纳税额50余万元，创造了良好的经济效益和社会效益。烟台张裕公司1892年创办，是中国第一个工业化生产葡萄酒的厂家，也是中国民族工业的代表。1992年，张裕公司投资450万元兴建了中国第一座专业酒文化博物馆——张裕酒文化博物馆，并于同年正式对外开放，公司又先后投资5000余万元对百年地下大酒窖及酒文化博物馆进行了加固整修及改建扩建，投资4000多万元兴建了国内一流、世界级的，集生产、旅游、观光为一体的张裕·卡斯特葡萄酒庄园。经过十几年的发展，张裕形成了以酒文化博物馆为中心，串联酒庄、葡萄基地、葡萄发酵中心、现代化生产线的旅游线路，以独具特色的内容和形式成为高技术、高品位、高层次的工业旅游名胜景点。

辽宁、吉林、黑龙江三省作为东北老工业基础，有丰富的可开发的工业旅游资源。国家实行振兴东北旅游政策后，他们抓住时机，把发展工业旅游作为增强企业活力的一个新思路，航空博览园、机床博物馆、蒸汽机车陈列馆、造币厂观光厅、机器人展示厅、老龙口酒厂酿酒游，这些极具特色的工业旅游项目陆续启动。国家旅游局命名为首批"全国工业旅游示范点"的企业东三省共有21家，占全国1/5。机床博物馆摆放着不同年代的各式新旧机床，见证了新中国机械工业的发展历程。沈阳造币厂将各个年代的各种钱币陈列在一个大厅，游人在观赏中，能学到许多钱币知识。在有340年历史的沈阳老龙口酒厂，游人可以穿上古式服装，按古代人的醇酒方法自己酿制美酒。

首都钢铁总公司在许多人的印象中是污染大户，但自从2001年9月29日推出工业旅游后，首钢的环保新形象不胫而走。"十一"期间，不少北京人还自费花20元门票，参加首钢工业旅游。据统计，在不到1个月的时间里，前来首钢参观旅游的人数接近2万人。首都钢铁公司以主厂区为依托，发展了"生产景观"、"环境景点"、"人文景点"、"现代文化景点"和"人、技术和环境和谐一致的首钢展览"，反映出"绿色首钢、科技首钢、人文首钢"的主题，发挥出首钢在政治、科技知识方面的教育基地作用，设计了"绿色首钢环境游"、"钢铁生产工艺游"和"高新技术游"三条主要旅游线路。

除了上述工业旅游项目，全国各地的工业旅游可谓不断升温，方兴未艾。四川推出"长虹之旅"，让游客参观其先进生产线，领略其先进技术和科学管理，加深对企业产品的了解，极大地提升了企业的形象；武汉高科技园区向旅游者开放红桃K、石化生物产业园、BT微生物农药基地、长飞光纤光缆园；武汉经济开发区内的神龙轿车、可口可乐（武汉分部）、康师傅、绿之源等生产厂家也开辟了旅游点；广西柳州五菱汽车厂、美术陶瓷厂、中板钢铁厂和两面针股份有限公司被列为首批工业旅游点；江阴市推出了乡镇企业工业游；云南的鲁布格电站、云南红酒业也开展了参观企业的旅游活动。有的城市还将企业与大学校园、各类主题博物馆等相串连，组成了各具特色的、综合性的旅游产品。2000年5月，北京推出的"中关村之路"旅游线，四通集团、北大方正、联想集团和北大、清华园共同形成了科技之光之旅等10多条综合旅游线路。

总之，国内工业旅游已成为旅游业发展的新领域。可以预见，随着现代科学技术的发展，人们在旅游中追求科技知识的欲望越来越强烈，工业旅游也将蓬勃发展。

2001年国家旅游局把推进工业旅游列入旅游工业要点，7月，国家旅游局会同山东省旅游局、青岛市旅游局组成联合调研小组，对青岛市开展工业旅游情况进行了试点调研，形成了《工业旅游发展指导规范》。2004年，国家旅游局对各省上报的工业旅游示范点进行验收，最终共有103家企业被授予首批"全国工业旅游示范点"称号，成为全国发展工业旅游的样板。

1. 从数量排序看。首批全国工业旅游示范点排在第1位的是浙江11家，排在第 2－4 位的分别是：河南 10 家，辽宁 9 家，吉林 8 家，山东与广东、安徽均为 6 家，并列第 5，河北和山西分别有 5 家排名第 6，江苏和黑龙江分别有 4 家并列第 7，四川福建和甘肃 3 省各有 3 家排名第 8，广西、云南、内蒙古、重庆、北京和新疆 6 省、市、自治区各有 2 家排名第 9，贵州、宁夏、湖北、江西、上海和天津 6 省市各 1 家并列第 10。

2. 从地缘分布看。10 家以上企业的有浙江、河南 2 省，有 5~9 家企业的有辽宁、吉林、山东、广东、安徽 5 个省，2~4 家企业的有江苏、黑龙江、四川、福建、甘肃、广西、云南、内蒙古、重庆、北京、新疆 11 个省、市、自治区，只有 1 家的有贵州、宁夏、湖北、江西、上海、天津 6 个省、市、自治区（见表 1）。

3. 从企业类型看。全国首批工业旅游示范点企业类型可分为 16 种以上，其中酿造类企业最多有 18 家，其次是汽车、机车、船舶、飞机制造，雷雨、水力、发电类都是 12 家，石油、煤炭、矿物开采类有 8 家，陶瓷类、医药类、电器类和钢铁制造类分别有 7 家，食品饮料类、工艺品类分别有 6 家，服装、鞋帽、纺织品类有 4 家，日用品类有 3 家，烟草类、港口类各有 2 家，其他 2 家。

第三节　工业旅游发展的驱动机制

一、工业旅游发展的动力系统模型

经济和旅游业整体高速发展的大环境、高新技术在现代生产中的发展运用、旅游资源认识的突破和人们旅游取向的变化、国家和地方政府对发展工业旅游业的大力引导扶持、企业开发工业旅游的自身资源优势和追求综合效益的动机、企业内部环境和管理的逐步完善等，这些都在一定程度上促进着工业旅游的发展。工业旅游发展的动力系统就是由促进工业旅游发展的相关因素共同构成的一个复杂系统。

安俊梅等（2008）根据影响工业旅游发展的因素的作用效应，进行分析总结，得出工业旅游的发展主要有四种力量的作用，即：推力、引力、支持力和中介力。推力对工业旅游发展起推动作用，主要包括：经济发展的推动力、市场需求的推动力、政府和社会组织的推动力等；引力即对游客构成吸引的因素，包括工业旅游资源本身的引力、区位条件优势、工业旅游产品具有的价格优势等；支持力即在工业旅游发展中起辅助支撑作用的因素，为工业旅游的发展提供着各方面的便利，主要包括：政府的软硬件支持、工业企业的支持、旅游业的支持等；中介力主要起媒介桥梁的作用，即把供需市场结合起来，主要包括旅行社、新闻媒体、广告、口碑等。

由此，可构建出由推力系统、引力系统、支持系统和中介系统四个子系统构成的工业旅游发展动力系统。

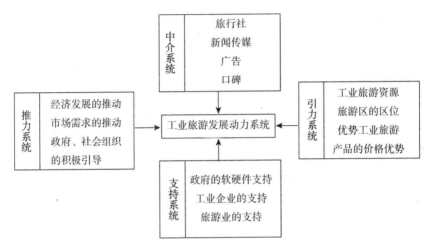

图4.1　工业旅游发展的动力系统模型

图4.1概括了工业旅游发展动力系统的构成。从这个系统中可以看出，工业旅游的发展是多种力量共同作用的结果，这些促进工业旅游发展的力量称为工业旅游发展的驱动力。工业旅游发展的驱动机制就是各驱动力的有机结合，即驱动力的结构体系和运行规律。

在工业旅游发展的动力系统中，供给和需求是最基本的动力，需求是工业旅游发展的原动力，供给则是其诱发力，通过旅行社、新闻传媒、广告等，将需求和供给联系起来，使得需求和供给得以实现。同时，工业旅游的发展还需要城市和企业的基础、服务设施等硬件的支持，以及政策、服务等软件的支持。

需要注意的是，针对不同的地区，其工业旅游发展的动力系统要素可能存在不同。即使同一个地区，若处在不同的发展阶段，工业旅游发展的动力系统要素也可能存在不同。但是，总体上说，将工业旅游发展的动力系统分为推力系统、引力系统、支持系统和中介系统四个子系统是可行的。

二、工业旅游发展的动力系统分析

（一）推力系统分析

本质上，推力系统是在推进工业旅游发展的供求系统，也就是促进需求和供给的产生，同时也在促进辅助系统的发展和完善。推力系统主要包括经济发展、市场需求及政府和社会组织三个方面。

1. 经济发展推动力

经济发展是一切发展的前提条件，当然也是工业旅游发展的关键性条件。经济发展水平影响旅游需求的规模和特色，影响资源的可利用性，影响旅游业的组织管理及旅游开发，影响政府对旅游的管理力度等。经济发展水平也在很大程度上决定着一个国家和地区对资金、技术、基础设施的利用效率。

客源地的经济发展水平也是影响旅游需求的决定性因素。国际旅游统计表明，当一国人均国民生产总值达到 800～1000 美元时，居民将普遍产生国内旅游动机；达到 4000～10000 美元时，将产生国际旅游动机；超过 10000 美元时将产生洲际旅游动机。

经济发展水平对工业旅游的影响主要体现在三个方面，如图 4.2 所示：

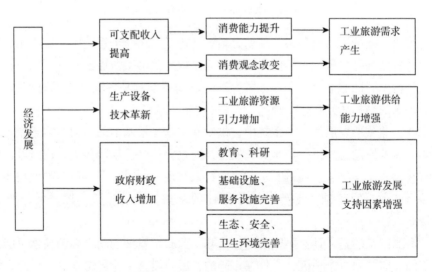

图 4.2 经济发展对工业旅游发展的推动作用体系

首先，随着经济发展水平提高，个人可支配收入增加，消费能力提升，消费观念改变，闲暇时间增多，人们才有能力和动机参加工业旅游活动，从而促进工业旅游现实需求的产生；其次，经济发展水平提高，使得政府的财政收入提高，从而使得政府有足够的财力进行基础设施、服务设施等配套设施的完善和安全、卫生等生态环境的建设，以及支持教育科研事业的发展等；再次，经济的发展使得新的技术不断产生，促使企业进行技术革新，采取先进的生产技术和设备，从而使得企业的旅游资源吸引力增强，丰富工业旅游资源的供给。

2. 市场需求推动力

市场对工业旅游的需求是工业旅游发展的原始推动力，许多工业企业旅游的大门是由游客推开的，而不是企业主动打开的。

（1）旅游需求的产生

旅游需求是在一个特定时期内有旅游欲望和闲暇时间，消费者在各种可能的价格下愿意并能够购买的旅游产品的数量。从这个定义可以看出，旅游需求需要旅游动机、相应的旅游支付能力和闲暇时间三个条件的支撑。旅游动机是旅游需求的主观条件，旅游支付能力和闲暇时间是旅游需求的客观条件。

旅游需求的产生过程如图4.3所示：

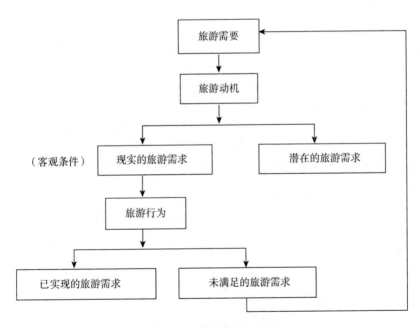

图4.3 旅游需求产生过程

旅游动机是驱使人们产生旅游活动的内在驱动力。任何旅游活动的产生，都以旅游需要的存在为前提，没有对旅游活动的需要，旅游需求就不可能产生。而旅游需要一旦被意识到，便以动机的形式表现出来。

旅游支付能力是形成现实旅游需求的基本条件，很大程度上决定着旅游需求的实现程度。支付能力会影响旅游的需求量和内容，也会影响到旅游的距离、旅游方式和旅游类型。旅游支付能力越强，旅游空间范围所受的限制就越小，旅游需要实现的程度就越高。一般以可支配收入来衡量旅游支付能力，可支配收入越高，往往旅游支付能力越强。

闲暇时间是个人拥有的不受其它条件限制，完全可以根据自己的意愿支配的时间，其长短直接影响旅游地域范围、旅游方式和旅游需求的集中度，进而影响旅游的质量。

（2）工业旅游需求动机的产生

工业旅游需求动机的产生原因主要有以下几点：

A. 旅游资源认识的突破使得人们开始关注并选择工业旅游。旅游资源是发展旅游业的基础，随着社会发展、技术进步和旅游业发展，人们对旅游资源的认识发生了变化，主要体现在旅游资源外延的扩展上。旅游资源不再局限于传统观念中的自然风光、文物古迹等形式，创新的旅游资源形式不断出现。工业旅游正是旅游资源不断创新的一个新突破，是旅游发展到一定阶段后产生的一种新的旅游方式。

B. 旅游消费结构的改变为工业旅游的发展提供了市场空间。随着经济发展和社会进步，人们生活水平不断提高，闲暇时间逐渐延长，旅游成为一种大众化的生活方式，旅游活动的形式与内涵日益丰富，旅游方式也呈现多元化趋势。旅游朝着个性化、多样化的方向发展，旅游品位提高，开始由单纯的休闲型旅游转向休闲、学习和商务相结合的复合型旅游。

C. 工业旅游本身具有的性质正好适应人们内心的需求。工业旅游的知识性、趣味性、参与性、教育性和差异性等特点正好适应了游客多方面的旅游需求，在观光休闲的同时，还能满足游客的好奇心和求知欲。通过旅游来获知许多从未涉及的工业知识和信息，对不同行业、不同区域和不同年龄段的旅游者都会产生吸引力。同时，工业旅游的旅游活动多以"半日游"、"一日游"、"双休日休闲旅游"为主，更容易为当前旅游消费者接受。

通过上述分析，结合支付能力和闲暇时间等客观条件，工业旅游市场需求的产生过程如图4.4所示：

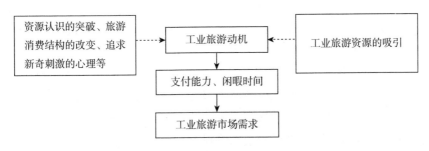

图4.4 工业旅游市场需求产生过程

（3）工业旅游需求市场分析

客源数量、结构及其特点直接决定工业旅游项目的市场前景。从目前工业旅游的发展情况看，其客源市场主要由学生、当地居民和游客三部分构成。

A. 学生。学生由于生活经历较少，对学校和家庭以外的世界充满了好奇，所以在满足了一部分对风景区的观光游览兴趣之后，便首先将目光转向了位于本城市范围内，与自己日常生活环境反差较大的各类科技园地、工业基地、博物馆等地方。另外，大学生即将面临毕业，选择工业基地参观游览是出于在满足好奇心、增长知识的同时，对以后就业做一次预先调查。而且，目前我国处于青年时期的旅游消费者，具有好奇心强、创新意识强、品牌意识强烈的特点，工业旅游对他们有着很大的吸引力。

B. 当地居民。对他们而言，工业旅游是发生在身边的"新鲜事"，他们往往因好奇心和对本地企业的自豪感而萌生旅游动机。并且，由于工业旅游活动对他们来说距离较小、旅游成本低且易于组织，因此，在工业旅游项目开展初期当地居民常占有较大比重。而在当地居民中，中老年市场是一个很重要的组成部分。中年人对工业旅游有较强需求并且是影响青少年参与工业旅游的重要因素。老年人逐渐成为工业旅游消费的生力军，随着我国人口趋于老龄化、老年人观念的转变和经济水平的提高，老年旅游消费者的数量逐年攀升，他们闲暇时间多，对传统型工业有很强的怀旧情结，对陌生的现代新兴工业也有浓厚求知心理或好奇心理，旅游愿望强烈。

C. 游客。工业旅游作为一种新型旅游产品，逐渐被游客认识和接受。但是，外地游客出于降低旅游消费支出的目的，再加上旅游时间的限制，会在游览项目上精挑细选一般会选择那些知名度高、能让游客有很强满足感的工业旅游产品。这也造成了近年来国内工业旅游市场外地游客在工业旅游客源市场中所占的比重一直相对较小的局面。所以，对外地游客的营销重点是提高旅游客源地游客对工业旅游项目的知晓和兴趣。

（4）工业旅游市场需求的研究范围

工业旅游市场需求研究主要涉及需求量、需求结构及未来趋势，通过这三个方面的研究分析从整体上把握工业旅游的市场需求。其中需求量重点研究工业旅游的需求总量、需求的时间变化系列等；需求结构重点分析工业旅游需求的空间结构、需求类型和消费者结构等；未来趋势则从主观和客观需求及宏观社会经济背景中分析未来工业旅游需求的发展变化。

3. 政府推动力

市场信息的不对称和公共物品的提供等问题，使得政府必然要介入工业旅游的开发和发展中。同时，工业旅游发展对经济发展和就业具有乘数效应，也使得政府从一开始就关注工业旅游，采取一系列措施和发布相关的政策法规来推动工业旅游的发展。

（1）政府促进工业旅游需求的产生

A. 政府完善休假制度。政府通过对休假制度的变革影响居民休假时间，进而改变居民闲暇时间及其分布，从而影响旅游需求情况。改革开放以来，中国居民休假制度经过了两次比较大的变革，对旅游业的发展产生了很大的影响：一是双休日工作制的实行，为国内旅游的发展提供了契机。在双休日制度下，人们的闲暇时间增多，随之出游次数明显增多。人们的旅游消费习惯也开始由原来的假日集中式中长距离旅游转向双休日短距离出游，旅游形式呈现出多样化趋势，其中工业旅游是一项新兴的短途旅游项目。二是黄金周的形成，在全国出现了大规模的假日旅游现象，并且日趋火爆，许多居民选择距离居住地不是很远的工业企业作为自己的旅游对象，促进了工业旅游的发展。

B. 政府开展营销活动。政府是信息推广和旅游形象的营销者，通过营销活动，使得更多的人认识工业旅游提高了工业旅游的知名度。例如：政府开展一些节庆活动，参加旅游交易会，参加大型旅游展览会，通过电视、报纸、网络等大众媒体对工业旅游进行宣传和推广等，这些营销活动增加了工业旅游的直接需求。

（2）政府推动工业旅游资源供给

A. 政府推进旅游产业与其他产业的融合。政府通过对各个部门及产业的协调，充分挖掘潜在的旅游资源，开发出新型的具有鲜明特色的旅游产品，如：商务旅游、会展旅游、体育旅游、文化旅游、工业旅游、农业旅游等产品，增加了旅游供给。可见，工业旅游是政府在推进旅游发展的过程中发展起来的。工业旅游产品与其他旅游产品最大的不同点在于工业旅游是将旅游产品的开发融入到工业企业的生产当中。作为生产型单位，更需要和其它相关部门合作，才能更好地开发工业旅游产品，而政府在对各个部门及产业的协调中起着很重要的作用。

B. 政府成立相关组织、开展工业旅游示范点项目等工作。国家旅游局在工业旅游发展中起着举足轻重的作用。2001 年，国家旅游局把推进工业旅游列入旅游工作要点，并在全国范围内审定 42 个工业旅游示范点候选项目。在中国旅游业"十五"规划中，工业旅游被列为第五个要开发的旅游新产品。2004 年，国家旅游局公布了我国首批 103 个工业旅游示范点单位名单，这标志着工业旅游在中国正式进入市场化运作阶段。随后又分别于 2005 年、2006 年和 2007 年公布了第二批 77 家、第三批 91 家和第四批 74 家工业旅游示范点单位名单，这些示范点成为全国发展工业旅游的样板，也使得企业投入大量资金对工业旅游的供给进行完善。地方政府在工业旅游发展中的作用也不容忽视。以上海为例：2005 年，在市经委支持下，上海工业旅游发展有限公司联合上海商业投资公司、市开发区协会积极筹建了上海工业发展促进中心。在该中心不断努力推动下，工业旅游市场日益为广大市民所了解，选择工业旅游线路出游的客流也不断攀升。2007 年，推出了上海也是全国第一本工业旅游类的年票，引发了一股工业旅游的热潮，推动上海工业旅游全面开展。

（3）政府制定相关政策法规来指导和促进工业旅游

政府通过制定和实施工业旅游相关的政策法规和规划，对行业进行管理，对市场进行监督，从而推动工业旅游的发展。2001 年 7 月，国家旅游局会同山东省旅游局、青岛市旅游局组成联合调研小组，对青岛市开展工业旅游情况进行了试点调研，形成了《工业旅游发展指导规范》。2002 年，国家旅游局局长办公会审议通过并发布试行《全国工业旅游示范点检查标准（试行）》，为工业旅游示范点工作提供了指导，推进工业旅游实现产品化建设和产业化发展。上海政府制订的《上海市工业旅游十一五规划》，上海工业旅游促进中心负责制定的《上海工业旅游三年品牌发展战略规划》和《工业旅游景区（点）服务质量服务要求》等文件引领工业旅游健康、有序发展。

政府对工业旅游发展的推动作用可以概括为图 4.5 所示：

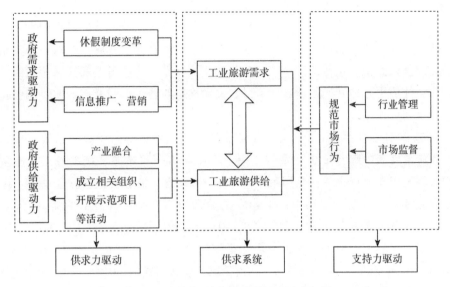

图 4.5　政府对工业旅游发展的推动作用

4. 推力系统的作用机制

综合以上分析可以得出，由经济发展、市场需求和政府三个因素构成的推力系统的作用机制可以概括为图 4.6 所示：

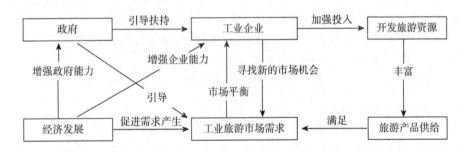

图 4.6　工业旅游发展的推力系统

（二）引力系统分析

总系统中的引力系统是由对市场构成吸引力的各类资源构成的子系统。旅游资源是在现实条件下，能够吸引人们产生旅游动机并进行旅游活动的各种因素的总和。其理论核心就是旅游资源具有激发旅游者旅游动机的吸引力，将游客从客源地吸引到目的地旅游。工业旅游吸引要素即工业旅游资源是吸引游客、发展工业旅游业的基础。工业旅游资源本身的吸引力、所处的区位条件优势以及工业旅游产品价格优势等都是引力系统的构成部分。

1. 工业旅游资源的吸引力

（1）工业旅游资源的构成

这里所指的工业旅游资源是与旅游者直接接触、直接对旅游者产生吸引，能成为旅游者出游动机的直接吸引物因素，包括物质性资源、非物质性资源和物质与非物质共融性资源。物质性资源主要包括企业的环境建设、生态化建设、生产场景、生产设备、产品半成品等；非物质性资源包括企业的生产工艺、企业文化、管理技术、高新科技、企业形象、品牌形象等。需要注意的是，工业资源虽然丰富，但并非所有工业资源都能转变为旅游资源，必须具有一定的吸引力和垄断性才能被开发为旅游资源。

（2）工业旅游资源吸引力的具体体现

A. 工业旅游资源的观赏性

工业旅游的客体条件（即旅游资源）具有很强的专业知识性和很高的科技含量，其游览对象是工业企业的厂区、生产线、生产工具、劳动对象和产品等，这些都从不同角度体现了科学、技术和经营管理方法在工业生产中的应用，也必然决定了带给人的是独特的观感。那些先进的设备、科学的操作及美观大方的工业产品，本身就能给游客以美的享受。再加上工业生产的宏大场面和现代化的生产线上，如：钢花飞溅的车间、几分钟组装一辆汽车总装线和卫星发射的场面等都给人以耳目一新的感觉，这些都是其他观光旅游所不能看到和体会到的。而且，现代工业企业园林化使得环境越来越优美，融入了艺术美和自然美，成为重要的旅游吸引物。

B. 工业旅游资源的知识性

求知探奇是人们旅游时的普遍心理，工业旅游通过组织游客参观各类企业，极大地满足了人们的好奇心，丰富其知识，开拓其视野。工业企业是人类文明进步的结晶，是科学、技术、管理等智力成果转化为现实生产力和财富的集中体现者和承担者，先进的设备是现代科学技术的结晶，独特的工艺蕴藏着丰富的科学知识，井然有序的生产流程是现代管理技术的合理运用。独具魅力的企业文化也为工业旅游增添了强大的吸引力，良好的工作氛围和优美的厂区环境等充分体现着企业独特的文化。

所以，工业企业科技含量的高低、生产设施的先进度、生产流程的复杂程度和企业自然人文环境等奠定了工业旅游的观赏性和吸引力，是工业旅游能否成功开展的关键。

C. 工业旅游的参与性

目前,越来越多的旅游项目要求增强参与性,让游客参与可以更大地激发游客进行旅游活动的激情,变游客被动地参观为主动参与也增强了活动的趣味性。游客在游览参观时可以体会生产的乐趣,如游客在参观丝织生产、香水制造及各类手工艺品生产地时,就能在专业人员的指导下,亲自动手"生产制造"自己喜爱的产品。在德国,人们参观奔驰汽车公司总装线时,可以穿上工作服,拧上几颗螺丝钉,到工人的食堂里吃顿午饭,体验"奔驰人"的生活。工业旅游融游览和采购于一体,对游客有着独特的吸引力。工业旅游的购物与一般的游览途中购物不同,它是游客直接向生产厂家购买自己喜爱的商品,因省去了市场流通的中间环节,商品价格自然低于市场销售价,而且在购物过程中,游客还能消除怕不识货挨宰和假冒伪劣商品之忧。或者游客可以购买相关的纪念品,为自己的旅游活动留下纪念。例如,人们在参观奔驰汽车公司总装线后,可以购买些印有奔驰商标的钥匙圈、丝巾、手表等纪念品,或者把车买走。在参观美国国家造币厂后可拥有一张刚印出来的、真正的、但经过特殊处理无法流通的钞票。

D. 品牌也是构成工业旅游吸引力的一个重要因素

品牌代表了一个企业的知名度和美誉度,这些为发展工业旅游奠定了基础。品牌度越高,消费群和忠诚顾客群越庞大,对游客的吸引力越大,消费者了解企业、了解企业的文化、企业的发展历程、企业产品生产过程等的愿望越强烈。因此,可以从资源的观赏性、知识性、参与性、知名度等方面分析工业旅游资源的质量。

2. 工业旅游的区位条件优势

区位条件包括资源所在地区的自然地理位置、交通区位、与客源地的距离及与周边旅游区旅游资源的关系,优越的区位条件可以使旅游资源得到充分的开发和利用。自然地理位置、交通区位和与客源地的距离决定了旅游地的可进入性,也就是可及性。可及性使得潜在的旅游需求有机会变成现实旅游需求;和周围地区旅游资源类型之间的关系决定了竞争的大小,如果互映互衬,可以产生聚集效应,吸引更多的旅游者,如果类型相似,则会相互竞争,引起游客群分流。

作为开展工业旅游所需物质载体的工业企业,由于大多分布在市郊,有的甚至就在市内,因此交通较为方便,旅游交通费用较低,这就大大削弱了因交通制约而使人们不能出游的限制。据一项调查资料表明,一些大中城市有99%

的游客均愿利用周末到郊区旅游，工业旅游的开发正好能满足他们的这一愿望。

3. 工业旅游的产品价格优势

旅游产品价格包括交通服务价格、饭店服务价格、中介组织服务价格和景区服务价格，它的变化影响着旅游者的消费数量和消费结构。目前，在我国的旅游产品价格体系中，交通费用在基本旅游产品消费中所占的比例过大，影响了旅游业的整体提高。

工业旅游的产品价格相对较低，主要由于开展工业旅游物质载体的工业企业一般位于市郊或市内，基础设施良好，且参观点不需专门的建设，故开发工业旅游不需投入太多资金，具有明显"投资省"的特点。这样，游览门票及其它服务就会较一般旅游区低廉，而且工业旅游的就近性也能极大地方便游人的食宿，节省开支。

4. 引力系统的作用机制

综合以上分析，由工业旅游资源、区位优势和工业旅游产品优势构成的工业旅游发展引力系统的作用机制可以概括为图4.7所示：

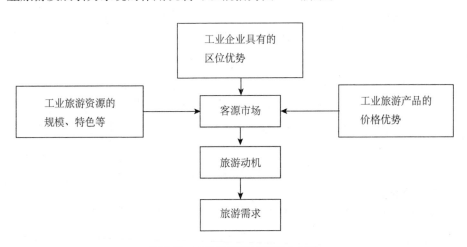

图4.7 工业旅游发展的引力系统

（三）支持系统分析

支持系统指支持工业旅游发展的环境系统，对工业旅游的发展具有很强的辅助作用，并对工业旅游产品的生产与供给具有制约作用，同时对工业旅游的决策行为和活动质量产生深刻影响。政府、工业企业以及旅游业对工业旅游的发展都有不同程度的支持，从物质形态来看，支持系统也可分为硬件环境支持和软件环境支持。

1. 政府支持

政府支持表现在硬件支持和软件支持两个方面。其中，硬件支持就是支持工业旅游发展的硬件建设，主要包括企业所在地的基础设施建设、服务设施建设和环境建设。软件支持主要是社会环境、市场环境、政策环境、研究环境等的建设和完善。

（1）硬件支持

A. 基础设施系统。基础设施主要包括道路交通设施、通讯设施、水电设施等。道路交通设施是工业旅游发展的基本条件，如果交通条件差，则游客的"行"就会出现问题，就会把游客拒之门外；通讯设施也是工业旅游发展不可缺少的部分，便捷的通讯可以保证和外界的联系密切，也可以使游客在旅行的过程中与自己的亲朋好友保持良好的联系；水电设施指旅游地的供排水设施和供电设施，是工业旅游发展的基本设施条件。

B. 服务设施系统。服务设施主要指餐饮设施、住宿设施以及商店等。对于游客来说，吃饭、住宿是基本的需求，同时也有娱乐、健身、消遣、购物的需求，所以一个城市的服务设施建设是其旅游发展的基本服务保障。由于饭店业的发展也是旅游业发展的表征，所以本文把饭店归为旅游业的支持系统体系。政府的服务设施系统主要包括除饭店以外的娱乐、健身、购物设施等。

C. 环境系统。环境系统包括安全、卫生环境等。旅游地的安全环境直接关系到对游客心理的影响，影响旅游地的口碑和声誉。治安环境、旅游项目的安全性等都是安全环境的构成部分；卫生环境包括城市的环境卫生、餐饮卫生、住宿卫生等，直接影响着旅游地在游客中的印象和形象。

（2）软件支持

A. 政府提供经济环境、社会环境、文化环境的支持。配套的经济政策，不断增强的经济活力、经济实力和经济容量，生产力的快速发展，这些都为工业旅游的发展提供了大力的支持和保证；安定团结的政治局面、鼓励工业旅游的政策法规、良好的社会秩序、人民的文明行为等是工业旅游发展的社会支持；良好的文化氛围、内在的文化素质和精神理念、文明的市民行为、优质的服务文化等构成了工业旅游的文化大环境。

B. 政府营造工业旅游市场环境。通过制定相关的政策法规、标准等来规范工业旅游市场的操作，必要时对工业旅游市场进行整顿。政策法规对工业旅游的资源开发、项目建设、经营管理及大环境营造等具有导向作用；政府行业管理及市场监督行为一定程度上有效地解决了工业旅游市场信息不对称问题，为工业旅游的发展营造了良好的环境，有力地支撑着工业旅游的发展。

C. 政府促进管理系统的完善和提高。科学的管理系统包括协调顺畅的管理机制，高效的服务体系及高素质的决策与经营管理人才及其处理开发、保护、经营的能力，这是保证工业旅游与区域社会、经济、文化、环境的协调发展的重要条件。

D. 政府促进旅游学术研究的发展。政府通过开展旅游教育来提高旅游学术研究的水平。学术研究是一种无形的生产力，使工业旅游在修正和创新中获得持续发展能力。

政府对工业旅游发展的支持作用可以概括为图4.8所示：

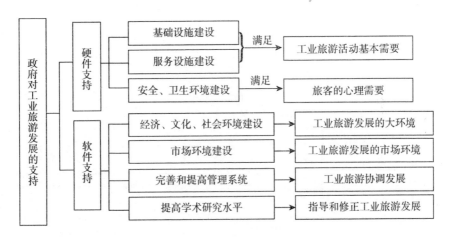

图4.8 政府对工业旅游发展的支持体系

2. 工业企业支持

工业企业作为开展工业旅游的客体，从事着接待、经营和管理等工作，其内部的支持对工业旅游的发展至关重要。

（1）企业对工业旅游的认识以及企业的组织管理水平影响工业旅游的发展

首先，企业对开展工业旅游的态度决定是否开展旅游活动。如果企业认为具有工业旅游的资源优势，开展工业旅游不仅可以充分利用闲置资源，获得经济效益，而且可以借工业旅游之机，树立企业形象，达到扩大知名度等广告效应，就会对企业开办旅游持积极肯定态度。反之，就会持消极否定态度。其次，如果开展旅游活动，企业的高层管理者必须充分重视工业旅游项目。这是由于工业旅游综合性强，涉及企业内部多个部门，需要各部间的协调配合。而且，企

47

业应具有较强的组织能力和较高的管理水平。因为工业旅游将旅游活动融入工业生产过程中，必须同时保证企业的正常生产和旅游者的安全，秩序性要求较高。

（2）工业企业承担着工业旅游产品开发的重要责任

工业企业需要开发旅游吸引物，如：对厂区建筑、绿化、雕塑和整体布局的环境建设；生产工艺科技含量、独特性、先进性和新奇性的提高；企业文化的展示和感染力保持；纪念品的开发等。同时，工业企业需要开发设计工业旅游产品，如设计游览的内容、线路、活动空间、停留的时间和参与性的活动等。

（3）工业企业需要不断完善内部的配套基础设施和服务设施

为保证工业旅游活动的顺利进行，工业企业需要不断完善内部的配套基础、服务设施，如参观通道的设置、娱乐设施的配备、餐饮的提供等。而且要不断提高服务的质量，保证旅游从业人员的素质和态度。

工业企业对工业旅游发展的驱动力可以概括为如图 4.9 所示：

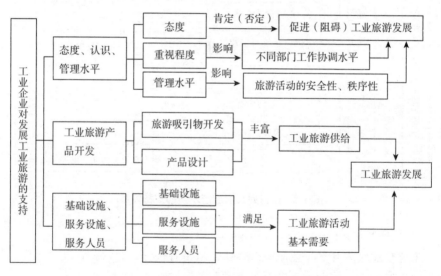

图 4.9　工业企业对工业旅游发展的驱动系统

3. 旅游业支持

旅游业是综合性的服务业，是为旅游者服务的各行业的总称，它将旅游主体和旅游对象联系起来，为旅游者开展旅游活动提供全面服务。旅游业的构成比较复杂，涉及到多种企业和机构组织。旅游业的四大支柱是旅行社业、旅游饭店业、旅游景区业和旅游交通业，它们构成旅游业的主体内容。因为旅行社在工业旅游的发展中主要起一种桥梁的作用，所以本文把旅行社归为工业旅游发展的中介系统。又因为工业旅游的旅游景区即为开展工业旅游活动的工业企业，所以本文旅游业对工业旅游发展的支持体系主要包括旅游饭店业和旅游交通业。

（1）旅游饭店业

旅游者在外地旅游，就会有吃饭、住宿等基本需求，也会有娱乐、健身、消遣等需要，饭店正是满足这些需求的场所。饭店是衡量旅游地接待能力的重要标志。饭店数、床位数、餐位数等数字是一个地区旅游接待能力的体现。现代饭店的功能日益多样化，能够为客人提供综合的服务，这些为参加工业旅游的外地游客提供了方便，为工业旅游的发展提供大力的支持。

（2）旅游交通业

旅游交通是服务于旅游活动的交通运输形式，是提供旅游服务的重要条件，是一个国家或地区旅游业发展的主要标志。没有旅游交通，现实意义上的旅游活动将难以实现。概括地说，旅游交通是指为旅游者在常住地与旅游目的地以及旅游目的地内部，提供所需要的空间移动及由此产生的各种现象与关系的总称。现代化的交通大大提高了运载能力和旅行速度、节省了旅游时间和费用，使工业旅游活动的展开更加便捷。

我国旅游业发展历经几十年的经验积累，旅游经营管理经验成熟，旅游信息系统和旅游交通完善，为工业旅游产品开发与项目经营提供了丰富的经验，极大地缩短了产品发展的启动阶段。

4. 支持系统的作用机制

综合以上分析，工业旅游发展的支持系统作用机制可以概括为图4.10所示：

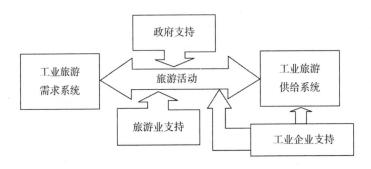

图4.10 工业旅游发展的支持系统

（四）中介系统分析

中介系统也就是媒介系统，是联络生产和消费的中间环节。中介系统通过连接需求市场和供给市场，使工业旅游行为得以实现的同时，又可根据消费信息指导生产，从而达到推动工业旅游发展的目的。中介系统主要包括旅行社、新闻传媒、广告和口碑。

1. 旅行社

旅行社是以营利为目的，招徕、接待旅游者，为旅游者安排食宿等有偿服务的企业。由此可以看出，旅行社是沟通旅游产品生产者和旅游产品消费者的中介性旅游企业，在旅游供给和旅游需求之间起到了纽带的作用。

作为旅游市场龙头行业的旅行社，在推动工业旅游产生、发展、成熟上发挥着重要的作用。旅行社是旅游产品的加工者，在旅游活动中发挥着组织、协调和传递信息的重要功能，他们不但拥有最直接的客源信息，而且在产品设计、包装、宣传及服务等方面有专业的经营理念，可以在较短的时间内提升旅游产品的知名度，扩大其销量。工业旅游产品通过旅行社融入旅游产业大循环，可以迅速而准确在旅游产品结构中定位。

2. 新闻传媒

工业旅游作为一个新兴的项目，媒体的作用不容忽视。以报纸、广播、电视为主的传统媒体和以网络为首的新媒体面向广大民众，让工业旅游为更多人所熟知。媒体的介入，将工业旅游的发展动态和最新信息及时传递给公众，扩大工业旅游在公众中的影响，引导公众形成工业旅游的消费观念和习惯。

3. 广告

广告是介绍商品、服务内容等的一种宣传形式，是客源地居民获得旅游地信息的重要途径。工业旅游产品可通过广告形式向客源地居民进行宣传介绍，使潜在的旅游者获得相关的产品信息。

4. 口碑

口碑是游客旅游后所得到的印象，并在其同事和亲朋好友中进行传播。对工业旅游来说，口碑对其信息的传播和宣传具有不可估量的作用，工业旅游本身就属于重游率较低的一个旅游项目，游客在旅游中的满意度直接影响着其口碑的好坏，所以开展工业旅游的企业应该特别注意在游客中的口碑形象，搞好资源建设和提高服务水平，赢得游客的好口碑。

5. 中介系统的作用机制

综合以上分析，中介系统在工业旅游发展中主要起一种桥梁的作用，把工业旅游需求市场和工业旅游供给市场连接起来，使得工业旅游活动得以实现。

可如图 4.11 所示：

图 4.11　工业旅游发展的中介系统

三、工业旅游发展的驱动机制模型

系统论认为整体与部分之间相互依存、相互结合和相互制约，系统具有整体有机性，各子系统或各因素以一定的结构组织在一起。从系统论的角度看，工业旅游发展的驱动机制就是促进工业旅游发展的各驱动力要素的协调互动。工业旅游要得到持续的发展首先要有需求等的持续推动和资源的持续供给，同时也要有良好的大环境支持和积极主动的中介引导。

由以上分析可以看出，工业旅游发展的驱动机制是促进工业旅游发展的力量结构体系及其运行规则，是一个多因子、综合性的驱动程序。

根据工业旅游发展动力系统的分析，应用系统动力学的反馈分析理论，以反馈回路来描述工业旅游发展的驱动机制系统结构，其模型如图 4.12 所示。

需要注意的是，工业旅游发展虽然是多种因素共同作用的结果，但并不是所有的因素都具有同等的重要性，其驱动力因素有主导因素和辅助因素之分。

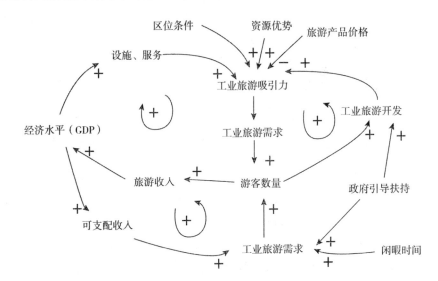

图 4.12　工业旅游发展的驱动机制结构模型

主导因素是指在推动工业旅游发展方面起主导作用的因子，是实现工业旅游发展的动力源泉；辅助因素是对工业旅游发展起辅助推动作用的因素，它们不是促使工业旅游发展的主要方面，但对工业旅游的发展有很大的影响。工业旅游能否得到持续的发展，主要是看其主导因素是否具有持续的动力。工业旅游发展的主导因素并不是一成不变的，在工业旅游的不同发展阶段和时期，其主导因素和辅助因素之间可以发生转化。

工业旅游发展的驱动机制模型是一种主导动力模型，根据主导动力不同，驱动机制也会有所不同。不同类型地区，其主导动力会不同。即使同一地区，不同发展阶段的工业旅游发展驱动机制也会有所不同。例如，工业旅游发展初期，由于市场发展不健全，政府的促进作用为主导因素，形成政府主导型驱动机制。等到工业旅游市场发展成熟，政府逐渐放手，供需市场的作用力成为主导因素，形成市场主导型驱动机制。

四、工业旅游发展驱动机制的应用和优化

（一）工业旅游发展驱动机制的应用

可以通过工业旅游发展的驱动机制分析促进工业旅游发展的因素构成以及它们的作用机制，发现工业旅游发展的动力所在，从而更好地把握和促进工业旅游的发展。

（二）工业旅游发展驱动机制的优化

驱动机制是一个很复杂的系统，在对其进行研究的时候很难一步到位，所以需要不断地对其进行优化和提高。本文的工业旅游发展驱动机制尝试从系统论的角度整体上进行把握的，但是它还存在一些不足，除了需要不断地丰富和完善驱动机制的构成因素外，还需要研究其它的一些结构。比如可以对它的结构进行分层，或者加入时间因素研究它的发展变化。

1. 丰富和完善构成因素

理论上，工业旅游发展驱动机制系统应该包括促进工业旅游发展的所有因素，但基于认识的限制和发展水平的关系，驱动机制的构成因素总是需要不断地丰富和完善。

2. 工业旅游发展驱动机制的层次结构

工业旅游的发展是一个很复杂的过程，由多种驱动力共同作用形成，在整个驱动机制中驱动力是具有一定层次性的。从根本上说，工业旅游的发展是由市场需求推动起来的，需求又引发了供给，然后两者共同作用，促进工业旅游

向前发展。同时，两者作用力的顺利进行又受到环境条件如支持系统、中介系统等的影响。从这个作用的顺序上看，工业旅游发展的驱动力大概可分为三个层次：深层源动力、表层次生动力和环境条件等。深层源动力主要指市场需求带来的巨大效益；这种源动力促使政府和工业企业加强工业旅游的供给，所以表层次生动力包括政府的驱动和工业企业自身的驱动；而环境条件则包括前两种力作用的各种背景和条件，例如支持系统、中介系统。可以用图4.13来更直观地表现这种层次关系。

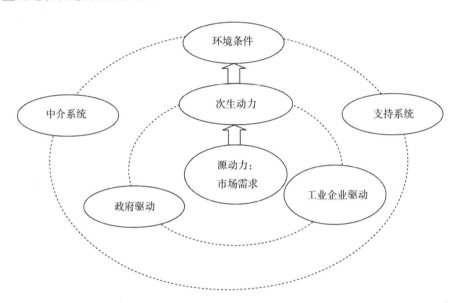

图4.13　工业旅游发展驱动机制的层次结构

3. 驱动机制的螺旋发展结构

由工业旅游发展的驱动机制可以得出，工业旅游在各种驱动力的作用下持续地向前发展。当工业旅游发展之后，又会凭借其在发展中形成的特色和优势构成更大的吸引力，产生更大的源动力，进而促进工业旅游向更进一步的发展。由此可以看出，工业旅游发展的驱动过程是一个循环上升的发展过程，每个循环都会促使工业旅游向更高水平的发展。我们用图4.14来更直观地表现这种循环发展。

（三）工业旅游发展驱动机制的培育

无论那种形式的结构，为使得工业旅游得到健康快速的发展，我们都应该对工业旅游发展的驱动机制进行培育。由于驱动机制是一个多因素系统，所以驱动机制的培育也要从多方面考虑，在培育过程中要注意几个问题：

首先，要认真分析工业旅游发展环境和市场需求结构的变化，把握发展的主体趋势；

其次，要分析工业旅游发展现状，挖掘特色和主导驱动力；

最后，塑造企业旅游形象，创建工业旅游品牌，对接市场需求和工业旅游供给。

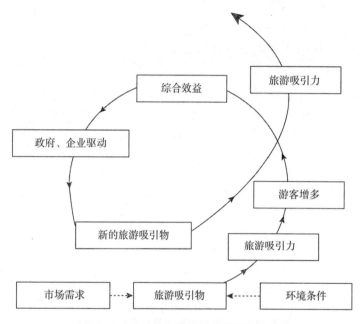

图 4.14　工业旅游发展驱动机制的螺旋结构

工业旅游发展驱动机制是驱动工业旅游发展的力量结构体系及其运行规则，是一个多因子、综合性的驱动程序，这些因子互相作用，互相支持，共同促进工业旅游的发展。而且，随着工业旅游从一个特定的发展阶段演变至另一个更高层次的发展阶段，其驱动机制也处于不断演进发展之中。

第五章

工业旅游的效应分析

工业旅游的开展，对工业企业、旅游业、区域（或城市）、社会和旅游者等诸多方面，都将产生一定的效应。

第一节　对工业企业产生的效应

一、能为企业带来一定的经济收益

开展工业旅游，工厂效益不仅直接体现在旅游门票和服务收入方面，更为重要的是企业在向游客提供旅游服务的同时，还可直接向游客推销产品，由于省去了市场流通这一中间环节，产品价格自然会低于市场价，这种直销方式既可使厂家获得较高的利润，游客又乐于购买，双方得利，双方满意。游客回家后，还会向亲朋好友介绍和推荐，这样所产生的直接效益和间接效益是显而易见的。工业旅游有利于工业企业了解市场最新需求，游人参观企业时，企业能够有效地与游客进行沟通，了解顾客需求，掌握最新的市场动向，调整自己的产品开发生产策略，及时推出适销对路的产品。企业由没有收入的行政性接待转为有收入的专业性的旅游接待，不但消化了接待成本，而且创造了经济效益，为企业带来了可观的经济收入和潜在的综合效益，逐渐成为企业新的利润增长点。

二、有助于为企业带来社会效益

首先，能提高企业的社会影响。一个企业的社会形象和竞争力如何，将决定企业的生存和发展。中国加入WTO后，所有的中国企业都面临着世界性的竞争，都必须从全球角度审视自己的竞争力。产品和品牌是一个企业在社会和消费者视觉上的直接反映，它是企业竞争力的主要体现，而它的背后凝聚和涵盖着企业的历史沿革、利税贡献、整体实力、发展战略、品牌知名度和美誉度、市场占有率等信息，概括起来说，主要诠释的就是企业的文化。企业文化的诸要素传播越广，影响越大，则对企业的社会效益影响越大。企业开展工业旅游不仅创造了收入、扩大了影响，更重要的是成为了提高地域社会影响的形象品牌。工业旅游的开展，不是简单的"产业"与"人流"的结合。它使公众和游客对企业及其文化有了全面了解，进而使社会上越来越多的人对企业感兴趣，对企业文化产生了进一步的传播，特别是对企业的贡献、企业的诚信、企业的发展战略起到了传播和促进作用，为企业营造了巨大的社会影响，扩大了企业的社会效益。

其次，提升企业社会视觉识别形象。企业视觉识别是一种企业信号由企业向社会公众传播的结果，大众对企业的视觉识别形象是企业以静态和动态的形式向社会和消费者传播企业文化的直观反应。企业的商标、产品的外包装、宣传标识和标语横幅、广告片及公共影像（灯箱、路牌等）、宣传画及宣传图册、员工服饰、厂容厂貌、企业通信用品（信封、信笺等）、领导人名片等各种视觉元素构成了企业的大众视觉识别系统。工业旅游恰是一种建立、整合企业社会视觉识别形象有力的形式。工业旅游的实践活动，就是运用各种有效的视觉、听觉和触觉等手段，将企业力作用于社会和大众，为广大公众所识别、感应和接受，并将其反作用力体现在消费者对企业的了解、品牌认可和消费趋向等方面。因此有助于提高企业社会视觉识别形象，有助于增强企业在社会和广大公众中的影响，进而有助于培养出忠诚的消费群体。

三、有助于促进企业经营管理水平的提高

工业企业开展工业旅游可激发广大职工爱厂爱岗、维护企业形象的热情，努力搞好厂容厂貌、绿化环境，提高生产单位的管理水平。因为开办旅游业后，要求各单位各岗位用旅游标准来规范岗位工作，这将有利于促进企业生产管理水平上台阶。在工业旅游过程中，企业向游客介绍的重点之一就是它的产品。从这个意义上讲，工业旅游就相当于一个企业长久性的永不落幕的小型博览会和交易会。旅游过程中，游客可以看到：不同年代的产品，代表着企业不同的历史背景和不同的服务理念；各种升级换代的产品，反映着企业经营理念、生产技术、创新和管理的进步。通过导游的宣传、介绍，游客亲眼近距离观看企业过去的老产品和当前所生产的最新产品，通过参观生产流程和现代化的生产线，对产品质量更加信任，可使游客尽可能多地接受在商场柜台、超市等销售场所无法获得的额外的产品信息，每一个游客都是一个义务宣传员，眼见为实、口碑相传作用将大大提高产品和企业的知名度，有助于

品牌的宣传和产品的销售。工业旅游所提供的服务，展现的实况可以成为旅游者、消费者与企业沟通的桥梁，整理、加工来自于他们的评论、建议、观后感和留言等有用信息，就像"大夫会诊"机制一样可以帮助企业查漏补缺，可以发现、改善企业自身发现不了的缺陷，对企业提高管理水平会有很大帮助，工业旅游是一个"借脑"的过程，有利于提升企业的全面质量管理水平。

四、工业旅游促进工业产业的调整和改造

工业旅游为企业创造经济新的增长点、解决本企业就业和再就业等方面发挥特殊作用，还能提高社会知名度。因此发展工业旅游，也日益受到工业企业领导者的高度重视。企业为了搞好工业旅游就需要推行高技术发展，对原有落后的生产工艺进行技术改造，使其升级换代，还须加强企业的现代化管理。同时，第二产业衍生出第三产业，使其第二产业和第三产业相互融合，推动企业多元化、集团化发展，使经济产业结构优化。

五、工业旅游成为企业文化建设的新形式

企业在创办和发展的过程中形成了自己的文化，企业文化是企业最宝贵的无形资产。其内涵主要包括：企业的价值观念、企业精神、经营之道、经营境界和广大职工认可的道德规范和行为准则。一个名牌企业开展工业旅游过程中宣扬最多、涉及最多、最为重视的就是企业文化以及企业文化给人带来的感染和冲击。名牌企业开展工业旅游，展现的是企业历史、生产线、产品、品牌和它们背后的企业文化，它涵盖了企业的许多方面。在这个漫长的过程中，企业文化的挖掘、传承、总结、建立、传播和推广是核心内容。而一个名牌企业文化建设的好坏直接影响工业旅游的开展效果。工业旅游的实践过程实际上是企业文化建设、文化传播与企业发展的相互促进过程，是企业文化建设的重要手段和新颖的好形式。

六、企业开展工业旅游负面效应的应对策略

在工业旅游的实践中，随着旅游业的发展也带来了诸如知识产权、环保等许多问题。同时我们也应充分考虑到工业旅游的局限性，如依附性强、企业资质要求高、直接经济效益不明显、综合效益见效慢等。在工业旅游的发展进程中主要应注意以下几个方面的问题：（1）注意防范商业风险。SARS等突发因素使人们进一步认识到，工业旅游虽然发展形势很好，但是发展与风险并存。企业发展工业旅游必须建立健全风险应对机制，将对企业的损失

减小到最低程度。（2）倡导"绿色旅游"。"绿色旅游"要求所有的旅游目的地和旅游者努力控制和减少污染，减少资源破坏，创造清洁、卫生、安全的旅游环境，这是实现工业旅游资源可持续使用，可持续发展，进而促进企业文化、社会文明和整个社会经济可持续发展的重要一环。（3）走市场化运作的道路。工业旅游必须建立在市场化运作的基础上才有生命力。行政性接待向经济性接待转变越彻底，则旅游经营越灵活。市场化的运作可以使企业缩短旅游投入资金的回收期。（4）加强知识产权保护。在开展工业旅游过程中，企业对核心工艺、技术、场所应实行严格的保密和防范措施，防止商业机密失窃。

在企业的发展过程中，总是寻求对企业发展更为有效的促进形式和发展策略。工业旅游的开展对企业发展具有宣传、促进和提升作用，是企业与消费者有效沟通的纽带，可以用下图来简要表示。

图5.1　工业旅游、企业和消费者关系图

在上述"哑铃式"的关系图中，工业旅游处于"手柄"位置，其运行机制可以用下图来详细表述。

从图5.2可以看出：在左单元中，企业本体是中心；在右单元中，旅游资源的开发和旅游实务的运作是中心；旅游管理机构则是桥梁。通过三次反馈，使企业在运营发展的循环往复过程中，由低级向高级进化。

综上所述，工业旅游使企业资源不闲置、不浪费，充分利用了资源，使静态的企业资源转变成为活的可传播的文化并创造了价值，它促进了企业的全面发展，提升了企业的综合竞争力。工业旅游运行机制是促进企业全面发展的有效模式，一个企业开展了工业旅游并建立了工业旅游运行机制后，必须确定它的战略地位和长远地位，不断探索并完善它的长效机制，为企业发展立于不败之地作出尽可能大的贡献。

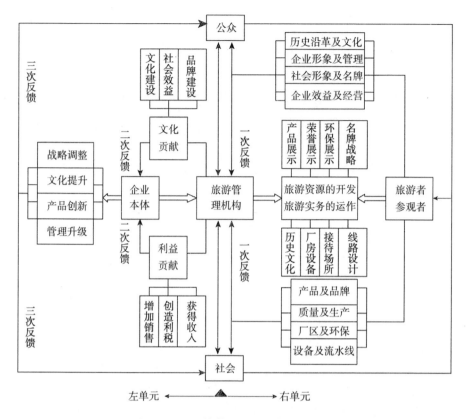

图5.2 工业旅游运行机制效果示意图

第二节 对旅游业的效应

发展工业旅游可以进一步拓展旅游业发展领域，提升旅游业的竞争力。一方面，工业旅游以企业文化为依托，以企业实体与品牌为载体，是对旅游资源的深层次开发，是一种高品位的旅游方式。另一方面，将工业企业作为旅游资源，在国内虽然刚刚起步，然而在国外却早已兴起且发展迅速。工业旅游进一步扩展了旅游资源的外延，从而丰富了旅游产品的种类，完善了旅游产品结构。企业的工厂风貌、建筑环境、设施设备、工艺流程、企业文化与经营管理等本是工业资源，但通过整合开发以后，为旅游业所用。由工业旅游资源开发而来的工业旅游是城市旅游有效的组成部分，拓展了城市旅游的内涵。目前，我国旅游产品类型单一，市场细分化程度低，非观光产品的市场比例远低于世界平均水平。工业旅游的蓬勃兴起，对产品结构失衡做出的积极调整，促进我国旅游产品进一步走向完善配套并与世界接轨。世界上很多高科技企业都非常重视工业旅游，把它视为企业文化的一个重要方面。工业旅游作为世界旅游业的一个新生力量，其前景被国内外专家普遍看好。因而积极发展工业旅游可以进一步拓展我国旅游业发展领域，丰富旅游产品的种类，促进我国旅游产品系列进一步走向完善配套并与世界接轨。

第三节　对区域（或城市）的效应

工业旅游给城市增加了高品位的旅游资源，促进了城市旅游发展，也推动了城市的建设和发展。我国正处于工业化和城市化相互融合、相互促进的加速期。工业旅游是提升城市形象的重要载体，是企业无形资产变为有形资产的一种有效手段，其作用是在于能让游客在参观游览中认识企业、认同产品、认知城市，从而达到企业、产品、城市等"多赢"的局面。工业旅游扩大了城市的知名度，提升城市的整体形象，进而改善投资环境，对促进城市可持续发展，吸引更多的人才和资金具有重要意义。发展工业旅游有利于培养区域新的增长点，形成城市富于竞争力的旅游品牌，并扩大城市的知名度，树立良好的城市形象。名牌企业是一个城市的城市品牌，而工业旅游是对城市品牌的有效挖掘。发展工业旅游，可以有效地盘活城市的无形资产，将城市品牌有形化、扩大城市的影响力度，创造新的效益。而且对于那些自然资源没有优势或优势不突出的城市而言，还可以通过发展工业旅游带动常规旅游的开发，并提升城市的知名度，树立良好的城市形象。对于工业基础好的城市而言，还可以通过发展工业旅游，打造富有城市特色并具有竞争力的旅游品牌。对于其它旅游资源比较缺乏的老工业城市，工业旅游是一种发展旅游的很好的选择。在树立城市形象方面，可以让外地游客了解到这个城市的另一个侧面，甚至是历史、现在和未来，同时也有助于本地游客了解自己的家乡，了解本地经济发展。如果工业旅游发展到成熟的阶段，还会成为社区休闲场所，是居民平日消遣的好去处，国外工业旅游的发展就充分证明了这一点。

第四节　对社会的效应

首先，工业旅游促进了科学技术知识的普及和国民素质的提高，为推动中国的工业化进程，奠定了良好的社会基础。工业旅游极具知识性特点，使科学技术知识在游客游玩的过程中得到普及，提高了国民素质。特别是对中小学生而言，工业旅游有利于从小培养他们的工业兴趣和新型工业化概念，这对于我国未来工业化建设无疑具有十分积极的社会意义。其次，工业旅游有助于增强企业的环保意识，促进社会经济的可持续发展。客观地说，中国不乏主动追求环境效益的企业，但工业旅游项目的出现无疑大大加快了这个进程。工业企业一直是城市污染的罪魁祸首之一，开展工业旅游的企业会把美化环境作为一个重要的开发项目来对待；同时，作为城市的旅游项目，城市也会搞好绿化和美化，促进环境的建设与保护。第三，工业旅游有助于保护文化遗产。工业旅游项目分为古代遗迹项目、传统项目、现代项目。其中，充分利用古代遗迹和传统项目，开发为工业旅游项目，对保护文化遗产有十分积极的作用。大多数人认为，文化遗产一般都是比较古的文物，实际上一些近代工业遗迹由于没有得到重视，正在现代化的建设中逐渐消失。开发这些工业遗迹为工业旅游景点可以起到化腐朽为神奇的作用。上海 8 号桥园区就是由 20 世纪 70 年代建造的上海汽车制动器厂的老厂房改造而成。园区在成为一个多功能的时尚创作中心的同时，整个空间中充满了工业文明时代的沧桑韵味。第四，工业旅游增加就业机会。我国很多工业企业正处于产品和设备升级换代的时期，使用了先进工艺设备，导致企业产生了大量富余人员，如何来安置这些人员，是关系到社会和谐与稳定的大局。正如原国家旅游局副局长孙钢在全国工农业旅游示范点验收工作会议上的讲话中所谈到"每个工业旅游点，能吸纳 10 个人就业就是贡献，能吸纳 20 个人就业就是较大贡献，如果再能通过发展旅游纪念品生产销售等措施，有效延伸工业旅游的产品链，吸纳 50 个以上的人就业，那就是大贡献了！"可见，增加就业机会的社会效益远远大于实际的经济效益。旅游业里每增加一个直接从业人员，全社会的就业机会就会增加 3 到 5 个。茅台公司发展工业旅游直接解决 168 人就业，其中下岗职工 42 人，为社会创造各种就业机会达 1000 人次；青岛港直接吸纳 150 余人就业，间接提供一千余就业岗位。

第五节　对旅游者的效应

首先，工业旅游促进了旅游产品的多样化，丰富了旅游者的选择范围和旅游体验。工业旅游能满足部分旅游者追新求异心理的需要。现代社会，相当部分旅游者具有追求新奇、刺激的心理需要。许多工业生产能满足游客的这方面的需要。如，澳大利亚推出的参观造币厂工业旅游项目，我国推出的参观西昌卫星发射中心工业旅游项目之所以吸引了众多旅游者，原因就在于此。

其次，它满足了旅游者的求知欲。工业旅游具有较强的知识性，在工业旅游过程中，游客可以认识工业产品的性能、了解产品生产过程、工艺中的科技知识，工业产品生产的场景及相关的工业建筑、工业史知识，求知欲得到满足。尤其是对学生，工业旅游对他们知识面的拓展，社会实践能力培养的作用是十分明显的。工业旅游可使游客在享受各种现代工业品消费的同时，置身工厂，亲眼目睹现代科技的神奇，甚至亲自动手做一做，开拓知识面，满足其对生产原理和制造工艺浓厚的求知欲。

第三，工业旅游缩短了产销距离，更好地满足旅游者的购物需求。游客在旅游的同时，还可以买到正宗的、称心如意的工业产品，享受最优惠的价格，免除了伪劣商品之累。而这些是在其它项目的旅游中所无法享受到的。参加工业旅游的游客与企业直接接触，能够以便宜价格购买到安全可靠的产品，购物欲得到满足。这一点在与人们日常生活相关的企业中得到体现。

第六章

工业旅游的发展条件和开发模式

第一节　工业旅游的发展条件

一、从旅游活动的构成要素分析

旅游主体、旅游客体和旅游媒介互为条件、相互作用，是构成旅游活动的三个基本要素。

（一）主体条件

客源数量、结构及其特点直接决定旅游项目的市场前景，对其进行深入细致的分析是工业旅游开发与研究的重点。从目前工业旅游的发展情况看，其客源市场主要由学生、当地居民和游客三部分构成。工业旅游项目作为高品位的旅游方式，具有知识性、参与性强的特点。这种寓教于乐的旅游项目对学生市场无疑具有较强吸引力，加之学校每年迎来送往，市场需求十分稳定，因此学生是工业旅游理想的市场主体。

对当地居民而言，工业旅游是发生在他们身边的"新鲜事"，他们往往因好奇心和对本地企业的自豪感而萌生旅游动机。由于这种旅游活动对他们来说经济距离小、旅游成本低且易于组织，因此在工业旅游项目开展初期当地居民常占有较大比重。此后，该客源市场会因居民绝对数量的有限性和自身消费心理的转变（从新奇到平淡）而呈逐年下降趋势。

从游客的角度看，工业旅游作为一种新型旅游产品，普通游客对它存在一个认识和接受的过程。一方面是因为国内的旅游活动长期以休闲和观光（名山大川、名胜古迹）为主，这在一定程度上束缚了人们对旅游资源的理解，使许多人一时还无法接受工业旅游这种产品形式。另一方面，外地游客为降低旅游消费支出会在游览项目上精挑细选，因此，若非是知名度高、能让游客有不虚此行的满足感的工业旅游产品，就很难进入游客的选择范围。事实上，近年的国内工业旅游市场也确实如此，外地游客在工业旅游客源市场中所占的比重一直相对较小。正因如此，提高旅游客源地游客对工业旅游项目的知晓和兴趣程度，应是工业旅游开发方在工业旅游开发初期的营销重点。

（二）客体条件

旅游活动的客体条件即资源条件。工业资源虽然丰富，但并非所有工业资源都能转变为旅游资源，只有符合一定资源条件的工业企业才能为旅游业所开发和利用。从旅游资源的特点看，"定向吸引力"和"垄断性"是旅游资源的本质特征，也是筛选工业资源的基本标准。满足基本标准的工业资源即可称为潜在旅游资源，但它们能否成为现实旅游资源，还必须进一步分析该资源的旅游潜力。工业资源的旅游潜力可以从工业企业自身的硬件和软件两个方面进行挖掘。

从硬件方面看，首先，企业要具有能够成为旅游吸引物的工业活动，且这种工业活动有一定的垄断性，这是构成旅游吸引力的基础。其次，企业要有足够大的参观游览活动空间。第三，企业还需具备一定的旅游配套设施和服务。从软件方面看，首先，企业的高层管理者要重视工业旅游项目。由于工业旅游综合性强，涉及企业内部多个部门，这就需要各部门间的协调配合。如果高层管理者的态度不积极、不坚定，工业旅游活动便很难顺利开展。其次，企业对工业旅游要有正确的认识，开发目的要明确。开发工业旅游是为了实现企业综合效益最大化，不能单纯追求经济效益，也不能急于求成。第三，企业应具有较强的组织能力和较高的管理水平。相对于其他旅游活动，工业旅游的秩序性要求更高，如果企业缺乏良好的组织能力，就无法保证企业的正常生产和旅游者的安全。实际上，将旅游活动融入工业生产过程中，就是在检验、考核企业的管理能力。如果企业管理落后，旅游者与工业企业之间的"亲密"接触，非但不会树立企业形象，还会对企业造成负面影响。因此，即便工业企业在这种情况下开展工业旅游能短期获利，最终也会因企业形象受损而得不偿失。

客体条件是工业旅游开发的基础，如果说硬件是开发工业旅游的先天条件，软件则是企业能否将工业资源转变为旅游资源的关键。良好的软件条件不但可以提高工业旅游的综合效益，而且可以在一定程度上弥补硬件的不足，它们也是旅游吸引力不可或缺的组成部分。

（三）媒介条件

工业旅游项目虽然是以工业企业作为承载旅游活动的主体，但作为旅游市场龙头行业的旅行社，同样在工业旅游开发过程中发挥着重要作用。旅行社是旅游产品的加工者，在旅游活动中发挥着组织、协调和传递信息的重要功能，他们不但拥有最直接的客源信息，而且在产品设计、包装、宣传及服务等方面有专业的经营理念，可以在较短的时间内提升旅游产品的知名度，扩大其销量。工业旅游产品通过旅行社融入旅游产业大循环，可以迅速而准确地在旅游产品结构中定位。因此，工业企业在开发工业旅游项目过程中应积极寻求与旅行社的有效合作，这不仅可以提高工业旅游产品的质量和服务效率，而且还能有效缩短产品的导入期，使其尽快步入良性发展轨道。

综上所述，在工业旅游开发决策方面，相关部门应综合评估工业旅游在主、客体及媒介条件方面的优势与不足。需要指出的是，这三项条件并非同等重要，而应根据工业旅游的发展阶段有所侧重。一般来说，在产品导入期需要工业企业的全力支持，此时工业企业的作用明显，占据主导地位。产品进入成长期后，以旅行社为代表的市场力量将逐步取代工业企业，成为工业旅游发展的主要驱动力。目前，我国工业旅游正处于成长期初期，进行大规模开发的条件还不成熟。因此，开发工业旅游项目应提倡精品意识，具备开发条件的工业企业可优先开发，走以点带面的发展道路，循序渐进地培育市场。那种一哄而上、遍地开花的做法，既不利于增加企业的经济效益，又会影响旅游者对工业旅游项目价值的正确判断，增加培育市场的风险。

二、从工业旅游发展的相关因素分析

工业旅游发展的相关因素包括基础因素、核心因素和支持因素三个方面。其中基础因素与支持因素对工业旅游起到重要的推进作用，成为工业旅游得以快速发展的外部条件；核心因素对工业旅游发展起到直接影响作用，是工业旅游发展的内部动力。其构成如下图所示：

（一）基础因素

基础因素包括区位条件，对旅游业发展起到基础作用的交通条件，以及区域经济发展水平。

1. 区位条件

区域是一个具有多重内涵的概念，包含地理位置、经济条件及社会环境等。根据国家旅游局公布的全国工业旅游示范点单位的资料显示，不难发现工业旅游在我国的发展具有明显的地域性。在 41 个工业旅游示范点候选单位中，东部地区有 21 个，中部地区有 13 个，西部地区只有 7 个。说明在地理位置的

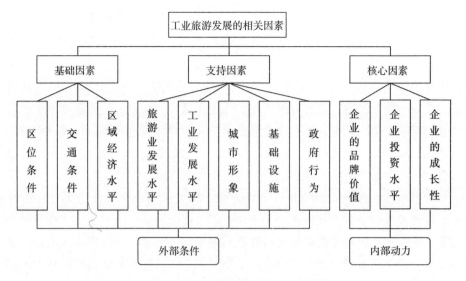

图6.1　工业旅游发展的相关因素分析

分布上，我国东部地区工业旅游的市场发育是相对较完善的，形成了较多的工业旅游开发的典型。

2. 交通条件

交通运输业的完善程度关系到旅游目的地人流、物流的畅通程度。作为工业旅游的目的地，必须是一个可达性强、游客出入便利的地点。若交通不够便利，则会对游客规模的扩充造成阻碍。因而工业旅游与当地交通运输业的发达程度密切相关。

3. 区域经济发展水平

工业旅游是工业与旅游业交叉产生的衍生物，工业旅游的发展水平不仅显示该地区的工业实力，而且也折射出旅游业的发达程度。因而工业旅游多源发于区域中心城市，城市综合经济实力较强，且具有对外部企业与公众的吸引力与影响力。显然城市的整体经济水平对工业旅游的发展起到支撑作用，这成为影响工业旅游发展的另一个基础性因素。

（二）支持因素

支持因素是关系到工业旅游发展的重要外部条件，如区域的旅游业发展状况、工业发展水平、城市形象、基础设施建设和政府行为等。

1. 旅游业发展水平

工业旅游既然脱离企业间参观学习的传统模式，上升为一项旅游活动，那么它就不单纯是企业个体行为，而成为城市经济活动的重要组成部分，工业旅游的未来发展将与观光旅游业的关联程度越来越高。观光旅游业不仅为工业旅游培育了良好的客源基础，而且与工业旅游娱乐性不足的先天缺陷形成互补，二者相得益彰，构成城市旅游的完整体系。

2. 工业发展水平

一般而言，工业对于旅游业而言，是属于基础产业的范畴，但由于工业旅游客体的特殊性，决定了工业既是工业旅游的经济基础，也是工业旅游发展的推动器。因而，作为工业旅游重要依托的工业发展水平是工业旅游健康发展的重要推进要素，是其发展的重要外部条件。

3. 城市形象

城市形象对于城市各方面的发展至关重要，良好的城市形象不但能够吸引国内外客商与本地企业开展经济贸易活动，而且能吸引国内外游客，为工业旅游提供客源基础，并创造良好的外部氛围。因而城市形象是工业旅游乃至旅游业整体发展不可或缺的重要外部条件。例如青岛城市形象的培育由来已久，从最初的"红瓦绿树，碧海蓝天"到今天名牌云集的"青岛现象"，不同的发展期赋予青岛旅游新的内涵与热点。"红瓦绿树，碧海蓝天"推动了传统观光业的发展与辉煌，而今天"青岛现象"又为工业旅游的发展带来前所未有的良机。作为拥有全国名牌企业最多的城市，青岛鲜明而良好的城市形象已经成为工业旅游快速成长的宝贵资源与依托。

4. 基础设施

基础设施建设不仅是城市生存和发展的基础，同样也是工业旅游赖以发展和深化的外部条件。城市的基础设施包括供水、供电、煤气、集中供热、市内交通等，良好的城市基础设施是工业旅游向纵深发展的基础。

5. 政府行为

工业旅游的实践证明，政府的积极扶持及对工业旅游品牌的整体打造是工业旅游得以发展壮大的政策前提，因此政府在工业旅游的成长中扮演着重要角色。原因在于，宽松的政策环境、优厚的发展条件对工业旅游这个新生事物来讲是极其重要的。这不仅影响到工业旅游的发展速度和规模，而且对工业旅游的发展方向起到至关重要的引导作用，政府可为工业旅游提供良好的发展环境和政策支持。

（三）核心因素

核心因素是指对工业旅游发展起到直接影响作用的因素，包括：工业企业的品牌价值、企业投资水平以及企业的成长性。

1. 企业的品牌价值

工业旅游的前身源于企业间的参观学习，因此，名牌企业成为工业旅游产生的孵化器。我国首批确定的工业旅游示范点候选单位几乎被名牌企业所垄断，这说明品牌价值的递增已成为工业旅游迅猛发展的主要推动器。

2. 企业投资水平

工业旅游以工业企业为客体，主要以厂区厂貌、企业建筑、生产车间、设备状况为其物质载体。因此尽管企业固定资产投资主要是为了企业生产所需，然而企业固定资产投资也为工业旅游的发展提供了物质条件和旅游资源。

3. 企业的成长性

一个不断成长的企业是社会关注的焦点，探讨其成功的经验是社会各界追求的根本目的。而对于一个曾经辉煌但停滞不前的企业而言，其本身的价值也就大打折扣。因而能够成为旅游资源的企业应当是一个具有良好成长性的企业，这种成长性代表的正是企业的现有实力与良好发展前景。

第二节　我国开展工业旅游项目企业的基本特征

一、现阶段的基本特征

自从 1997 年四川长虹集团首办工业旅游以来，我国工业旅游得到各地政府的积极支持，特别是媒体的大力宣传，发展较快。为了促进工业旅游的发展，2001 年国家旅游局为此发布了《关于加快发展工业旅游和农业观光旅游的通知》，上海、江苏、安徽、浙江和福建等许多省市的地方政府积极响应。由于政府支持，全国先后有一百余家工业企业举办过工业旅游，主要是些大中型知名企业。下表列举了我国 25 家代表性的举办工业旅游企业（开发区），大体上涵盖了我国主要省市。

表 6.1　我国代表性工业旅游项目企业的基本情况

序号	企业名称	省份	依托城市	可进入性	企业类型	知名度
1	"三大动力"	黑龙江	哈尔滨	＋＋＋	机械	区域
2	中国第一汽车集团	吉林	长春	＋＋＋	汽车制造	国际
3	长春电影制片厂	吉林	长春	＋＋＋	影视娱乐	区域
4	鞍山钢铁公司	辽宁	鞍山	＋＋	冶金	全国
5	四川长虹集团	四川	绵阳	＋＋	电子	国际

序号	企业名称	省份	依托城市	可进入性	企业类型	知名度
6	首都钢铁公司	北京	北京	＋＋＋＋	冶金	国际
7	北京景泰蓝工艺厂	北京	北京	＋＋＋＋	传统工艺	国际
8	天津高新开发区	天津	天津	＋＋＋	开发区	全国
9	海尔集团	山东	青岛	＋＋＋	电子	国际
10	青岛啤酒公司	山东	青岛	＋＋＋	酿酒	国际
11	宝钢集团公司	上海	上海	＋＋＋＋	冶金	国际
12	上海通用汽车公司	上海	上海	＋＋＋＋	汽车制造	国际
13	春兰集团	江苏	泰州	＋＋	综合制造	全国
14	江苏隆力奇集团	江苏	苏州	＋＋＋	轻工	区域
15	江苏海澜纺织集团	江苏	江阴	＋＋	纺织	区域
16	马鞍山钢铁公司	安徽	马鞍山	＋＋	冶金	全国
17	秦山核电站	浙江	海宁	＋＋	核电	国际
18	杭州丝织厂	浙江	杭州	＋＋＋	纺织	全国
19	景德镇雕塑瓷厂	江西	景德镇	＋＋	工艺陶瓷	全国
20	武汉经济开发区	湖北	武汉	＋＋＋	开发区	全国
21	贵州茅台酒厂	贵州	茅台镇	＋	酿酒	国际
22	刘家峡水电站	甘肃	永清	－	水电	全国
23	杏花村汾酒集团	山西	汾阳	＋	酿酒	全国
24	平朔煤炭工业公司	山西	朔州	＋	煤炭	国际
25	马尾造船厂	福建	福州	＋＋	造船	全国

注：1."三大动力"指哈尔滨市的电机厂、锅炉厂、汽轮机厂。

2. 在表中可进入性分为五个等级：北京、上海这样的国际性交通枢纽用"＋＋＋＋"表示；全国性交通枢纽用"＋＋＋"；通铁路、高速公路的城市用"＋＋"；只有国道的用"＋"；低于以上标准的用"—"表示。

从表中可以看出，目前我国经营工业旅游项目的企业具有如下特征：

1. 开展工业旅游项目的企业主要分布在工业发展水平较高的东部沿海地区，一般都以经济较发达的大中城市为依托，而且周边往往都有大中城市，有丰富的客源市场优势。

2. 这些企业所依托的城市常常是全国性、区域性交通枢纽，或离交通枢纽城市较近，有很好的可进入性。

3. 这些企业（开发区）中许多是我国工业 500 强，或本行业内的龙头企业，有很高的知名度和美誉度。而且这些企业往往都有外事接待的条件和经验，只是在过去的计划经济时代，接待的是各级领导和相关单位的学习考察人员。

从上述的这些特点来看，目前我国开展工业旅游的企业都是些知名大企业，一般都具有办工业旅游的条件和优势，这些条件和优势为企业低成本开发工业旅游奠定了良好的基础。

二、适合开展工业旅游的企业

凡是能够满足人们的求知、探奇、学习、观光、购买欲望的企业都可以开发工业旅游。一般来说，比较具有吸引力的企业和单位是：

1. 生产高科技产品的企业。高科技是人类劳动智慧的结晶，是社会创新的源泉，领导着时代的潮流。科技在飞速地发展，而人们对其了解和接受又是缓慢的，因而人们渴望去这些企业参观访问，增长知识，开阔视野，了解科技发展的新动态。

2. 生产名牌产品的企业。名牌产品质量可靠、经久耐用，也是人们喜欢的产品，"爱屋及乌"，自然而然地人们对其生产过程和管理、对其生产企业也就产生了参观访问的欲望。

3. 生产传统产品的企业。传统产品同名牌产品一样，也是人们所喜欢的产品，如丝绸、陶瓷、文房四宝、传统手工艺品等等。

4. 有大型生产和建设场所的企业。大型的生产和建设场所，场面宏大，激动人心，是人们向往的地方，也是向人们展示经济发展成就的场所。

5. 生产环境优美的企业。环境优美的企业和单位给人一种赏心悦目的感受，可与公园相媲美，或者说就是一个公园。

6. 与生活相关的企业。这一类企业和单位主要是生产生活用品的企业和为人们生活提供服务的企业和单位，正因为它们与人们生活密切相关，就需要同人们进行相互沟通和了解，并为人们提供购买其产品的便利与优惠。

7. 稀有神秘的企业。这类企业主要是不为人所了解和过去保密的企业，如军工企业、技术保密的企业等。因为它的稀有神秘，更激起了人们的好奇心，增强了吸引力，在一定的原则下可以向游人开放。

8. 经营管理先进的企业。这类企业为人们提供学习的机会和场所。

第三节　工业旅游的开发模式

工业旅游开发模式的选择直接关系工业旅游项目开发的成败，依据不同的分类标准，工业旅游的开发模式可以有不同的类型。

一、以开发主体分类的工业旅游开发模式

以工业旅游的开发主体分类，目前工业旅游主要有三种开发模式，即工业企业主导模式、主管部门引导模式及联合模式。三种开发模式分别适用于不同背景的工业企业，全面认识这些开发模式的特点，充分挖掘各自的潜力，无疑是工业企业成功开发工业旅游项目的重要前提。

表 6.2　以开发主体分类的工业旅游开发模式

序号	类型	实例
1	工业企业主导型	长春一汽，青岛海尔，上海宝钢，山西杏花村汾酒集团
2	主管部门引导型	柳州五菱汽车公司，广东茂名石化公司，广西平果铝厂
3	联合型	上海浦东金桥加工区，天津开发区，深圳金威啤酒公司

（一）工业企业主导型

工业企业主导模式是我国工业旅游开发模式中极具代表性的一种。所谓工业企业主导模式，主要是指由企业出资设立旅行社，让其垄断经营本企业工业旅游产品的开发方式。目前我国开发的较为成功的工业旅游项目多采用此模式。另外，在工业旅游发展初期，有一些企业采用独立运作的方式开发工业旅游也属此类开发模式（并不一定要设立旅行社）。

工业企业主导开发模式的优点主要有：其一，它能够使工业旅游项目在较短时间内达到较高的硬件水平，形成一定规模的接待能力。从目前来看，采用这类开发模式的企业多是一些规模巨大、资源丰富、有多元化发展潜力的大型工业企业或集团，由于这些企业拥有雄厚的经济实力，有能力对工业旅游项目作较大的投入；其二，它能够在短期内打响工业旅游品牌，提高市场知名度。尤其是在产品开发初期，该模式能充分发挥工业企业的知名度，有效缩短工业旅游产品的市场导入期，并促使产品很快进入成长期，从而降低产品开发风险；其三，它能够最大限度地满足企业的开发意图。工业企业通过自己设立的旅行社全方位参与工业旅游的设计、开发，不仅方便管理，还能有效地将企业

的经营目标和长远规划融入工业旅游的开发中，一举多得，充分发挥工业旅游的多赢效应。

虽然工业企业主导模式有其独特的优势，但我们还应看到该模式存在的弊端与不足。首先，从工业企业角度看，对大型工业企业而言，开展工业旅游的主要目的是树立企业形象而非获得旅游收入。旅游收入与企业的主营业务收入相比是微不足道的，正因如此，企业为开发工业旅游而分散自身资源和精力，对其核心竞争力而言，不是加强而是削弱；其次，从工业旅游实施角度看，企业工业旅游开发小组的成员多由各部门富余人员构成，缺少旅游专门人才参与组织和管理。这种边做边学，"摸着石头过河"的项目开发方式常常会为后续经营埋下隐患，导致旅游线路设计不合理、旅游客源不稳定、管理混乱、服务效率低等诸多问题。

因此，工业企业主导模式是企业"大而全"经营思想的延续，它不仅增加了企业的运营成本和工业旅游产品的开发风险，而且无助于提高企业的核心竞争力。同时，该模式下的工业旅游项目往往是以企业（而不是旅游者）为中心组织开发的，旅游线路的设计更多是考虑企业的经营管理，不仅缺少对旅游者的人文关怀，而且由于该模式带有较强推销观念的色彩，缺乏应对市场变化的灵活性，使其很难根据旅游需求的变化做出及时应对。

（二）主管部门引导型

主管部门引导模式是指当地有关主管部门为调整地区旅游产品结构、拉动地区经济发展，通过引导工业企业和旅游企业开展多种形式的合作，催生工业旅游产品，带动地区工业旅游发展的开发方式。这种开发模式多是由旅游或工业企业主管部门牵头组织实施，选择具备工业旅游潜力的企业，作为工业旅游开发的重点，以点带面，推动当地工业旅游的发展，进而达到优化旅游产品结构、促进地区经济发展、提升城市形象等目的。

采用主管部门引导模式开发工业旅游有其独特的优势，主要表现在以下三个方面：其一，主管部门拥有得天独厚的宣传渠道，具备强大的宣传优势，它能促使各方在短期内对发展工业旅游的意义达成共识。因此，由主管部门出面对工业旅游进行引导式开发所产生的良好效果是其他开发模式在短期内无法企及的；其二，主管部门的直接引导不仅能提高参与工业旅游开发的各方对工业旅游的重视程度，还能促成工业企业与旅游企业借助主管部门搭建的平台建立良好的合作关系，有效克服行业间的阻力；其三，主管部门能从宏观角度审视环境变化，对行业的发展趋势作前瞻性预测。因此，它们不仅比企业更善于捕捉潜在的市场机会，而且能有效避免行业发展的短视行为。

这种模式存在的缺陷主要有：首先，由于主管部门引导模式发挥作用的方式主要依赖行政手段，这种自上而下的层级引导在操作过程中，很容易挫伤企业的积极性；其次，不少主管部门常为了显示政绩而好大喜功、急功近利，这一不良趋向会妨碍工业旅游的健康发展；第三，随着我国市场经济的日渐规范与成熟，特别是政府部门职能的转变，主管部门引导开发模式的计划、调节功能会受到越来越大的限制。

由此可见，发挥主管部门引导模式优势的关键在于主管部门务必淡化该模式的行政指令、指导色彩，强化主管部门的服务功能。需要说明的是，该模式涵盖的主管部门并非仅限于旅游和工业的行业主管部门，还包括一些政府的职能部门以及社会团体等。同时，主管部门引导工业旅游开发的目的不是为了从中获得直接经济利益，而是旨在通过发展工业旅游获取间接经济利益和综合社会效益。

（三）联合型

联合模式是指工业企业和旅游企业为了各自的利益，利用自身资源与技术优势，各取所长，互相配合、互惠互利，联合开发工业旅游产品的开发方式。这种开发模式存在的前提和基础是：工业企业和旅行社都认识到工业旅游对自身的意义和价值，并有实现该价值的主观意愿。共同的趋利动机和合作意愿使工业企业和旅游企业达成协议，联手开发工业旅游产品。

采用联合模式开发工业旅游项目具有非常明显的优势。其一，它符合市场经济规律，即开发主体——工业企业和旅游企业，完全靠市场这只"无形的手"来引导，双方在合作过程中都遵循市场规律，依靠市场手段解决彼此间的矛盾和冲突，因而可以有效发挥市场对资源配置的基础性作用；其二，由于该模式建立在二者自愿联合的基础上，因此可以充分调动双方的积极性、主动性和创造性，使工业旅游项目的设计、具体运作等更加贴近市场需求。

联合模式尚未成为工业旅游项目最主要的开发模式，但随着我国市场经济体制改革的不断深入，该模式将会得到越来越广泛的应用。联合开发模式虽然优势明显，但也存在不足，主要表现为，许多工业企业和旅游企业未能很好地解决双方在联合过程中出现的"协调难"、"分配难"的问题。这一困难已成为制约该模式广泛应用的瓶颈，造成一些企业裹足不前，或是对工业旅游的开发望而却步。因此，能否建立双方所共同接受的风险与利益分配机制，将直接关系到联合开发模式的成败。

◆小结：

以开发主体分类的上述三种工业旅游开发模式，侧重点各不相同，互有优缺点，分别适应不同的市场环境和企业状况。在三种开发模式中，从它们对市场的依赖程度来看，工业企业主导模式对市场依赖度最低，主管部门引导模式较高，联合模式对市场依赖度最高。但是，对市场依赖度的高低并不意味它们之间存在高下优劣之分。开发工业旅游必须因地制宜，灵活运用开发模式，即首先是要把握市场规律，尤其是旅游市场的运作规律和演变趋势，了解工业旅游产品的市场价值，进行准确的市场定位。其次要熟悉本地区的工业企业与旅游业的市场环境，客观评估工业企业从事工业旅游开发的资质。最后，在工业旅游的开发实践中，充分发挥工业企业的内外环境优势，选择恰当的开发模式。只有如此，才能促使工业旅游尽快融入旅游产业大循环之中，提高开发的成功率。

二、以旅游产品分类的工业旅游开发模式及典型案例分析

按旅游产品的主要特征分类，工业旅游的开发模式主要有以下类型。

（一）工业遗产型

国际上工业旅游的产生首先是从工业遗产旅游（Industrial Heritage Tourism）开始的，这是一个与工业考古学密切相关而不为国内所注意的新领域。工业考古学的发展从工业革命的诞生地——英国开始，推动了工业遗产旅游在世界上，主要是在发达的工业化国家如德国、美国、法国、加拿大等地，在迈向后工业社会的进程中得到了迅速发展。而工业遗产旅游点的成功，又极大地引发了以制造业为主的现代工业企业和公司开展工业旅游的兴趣。工业遗产旅游也就是围绕工业遗迹、遗物所开展的观光旅游活动，在西方被当成广义的文化旅游的一类，其理论来源于英国的"工业考古学"。工业考古学的发展推动了"工业遗产"的保护和开发意识，进而逐步发展成了工业遗产旅游。

表 6.3　以旅游产品分类的工业旅游开发模式

序号	类型	实例
1	工业遗产型	英国铁桥峡谷，德国鲁尔区，辽宁阜新煤矿
2	主题公园型	中山岐江公园，英国斯尼伯斯顿发现者公园，美国休斯顿火箭公园
3	专业化城市型	大庆，攀枝花，底特律，匹兹堡
4	工业博物馆型	沈飞航空博览园，英国皇家兵器博物馆，韩国 LG 公司科学馆
5	工业园区型	武汉开发区，株洲国家高新区，苏州工业园区，英国剑桥科技园

序号	类型	实例
6	景观型	吉林丰满发电厂，甘肃刘家峡水电站，广州双湖电力公司
7	科技型	上海航宇科普中心，西昌卫星发射中心，日本筑波科学城
8	场景型	鞍钢工业之旅，长安汽车工业园，山西平朔煤矿
9	文化型	贵州茅台酒厂，杏花村汾酒集团，苏格兰威士忌文化遗产中心
10	港口型	青岛港，连云港港区，上海港，大连港
11	中心型	青岛海尔，秦山核电站，河南新飞电器有限公司
12	扩展型	中国第一汽车集团，江苏隆力奇集团
13	娱乐型	长春电影制片厂，好莱坞环球电影城
14	商品型	华富玻璃器皿公司，泉州"中国雕艺城"、景德镇雕塑瓷厂

英国是世界上最早开展工业遗产旅游的国家，其最有名的一个工业遗产旅游胜地是铁桥峡谷。铁桥峡谷位于英国中部奔宁山区的南部，16世纪晚期开始开发，煤炭工业为其支柱产业，是英国工业革命的发祥地，其于19世纪下半叶开始衰落，二战时几乎所有的工厂都关门了。英国政府于20世纪60年代开始对其进行遗产保护，20世纪80年代在此开创工业遗产旅游，1986年11月被联合国教科文组织列入"世界自然和文化遗产名录"。这是世界上第一个因工业而闻名的世界遗产，目前已形成了占地10平方千米，由7个工业纪念地和博物馆、285个保护性工业建筑整合而成的旅游目的地。1988年，其旅游人数最高达到了40万人，目前平均每年约30万人游览此处。铁桥峡谷工业遗产旅游的成功开发带动了英国其他地区和日本、北美等国开发此项产业。

德国鲁尔区作为传统工业区的代表，在其由衰退走向振兴的历程中，有许多值得我们关注和借鉴的亮点，其中工业遗产旅游的开发就颇具特色。鲁尔区的工业至今已有近200年的历史，早在1811年埃森就有了著名的大型钢铁联合企业康采恩克虏伯公司，此后蒂森公司、鲁尔煤矿公司等一大批企业在此创建，鲁尔区逐渐成了世界著名的重工业区和最大的工业区之一。从20世纪60年代起，鲁尔区的煤开采量逐年下降，钢铁生产向欧洲以外的子公司转移，钢铁产量也开始收缩。从此，鲁尔区传统的煤炭工业和钢铁工业走向衰落。80年代问题越来越大，到80年代末期，鲁尔区面临着严重的失业问题。鲁尔区逆工业化过程及由此带来的区域衰退迫使人们思考鲁尔区的更新和改造策略。鲁尔区工业遗产旅游从由少数民间专家提出到被大家接受大约经历了10多年时间。目前，鲁尔区的工业遗产旅游开发已实现由零星景点的开发到区域的整体战略开发，并专门开辟了"工业遗产旅游之路"（由 19 个工业遗产景点、6 个国家级的工业技术和社会史博物馆、12 个典型的工业聚落及 9 个利用废弃工业设施改造而成的了望塔组成）。鲁尔区的工业遗产旅游开发不仅变废为宝，实现了资源的可持续利用，节省了大量资金，而且改造美化了环境，为使鲁尔区由昔日的烟囱林立、污水横流的状况转变为天青水蓝、绿树如荫做出了巨大的贡献，为其吸引更多的投资创造了良好的环境，同时还较好地解决了该区众多失业人员的就业问题。

总之，开发工业遗产旅游不失为改造老工业基地的良策，值得我国众多的工矿城市学习和借鉴。

（二）主题公园型

工业主题公园用现代创新设计语言，不仅借鉴了对工业遗迹的保留、更新和再利用手法，更富有创造性地融入了特定时代与特定地域的文化含义和自然特质，用精神与物质的再生设计，使工业遗迹具有休闲性和观赏性，在工业化主题下，揭示工业之美和自然之美。

中山岐江公园的场地原是中山著名的粤中造船厂，作为中国社会主义工业化发展的象征，它始于 20 世纪 50 年代初，终于 90 年代后期，几十年间，历经了新中国工业化进程艰辛而富有意义的历史沧桑。特定历史背景下，几代人艰苦的创业历程在这里沉淀为真实而弥足珍贵的城市记忆。为此，岐江公园的设计保留了那些刻写着真诚和壮美，但是早已被岁月侵蚀得面目全非的旧厂房和机器设备，并且用崇敬和珍惜将他们重新幻化成富于生命的音符。岐江公园讲述了中国人自己的故事。岐江公园的主要设计思路包括以下三个方面：设计一个延续城市本身建设风格的主题公园，以其功能性的文化内涵满足当地居民的日常休闲需要，吸引外来旅游者的目光；设计一个展现城市工业化生产历程的主题公园，记录城市在中国近代历史与发展中的工业化特色；设计一个充分利用当地自然资源的主题公园，以绿化为主体，以生态为目的，融最新环保理念于一体的精神乐园。岐江公园项目创造了一个在中国尚属全新的城市公园和产业用地相结合的优秀范例，也是废弃工业设施的生态恢复与再利用的范例。

北京黄金工业主题公园、沈阳市铁西区工业主题公园、郑州火车主题公园、英国斯尼伯斯顿发现者公园，美国休斯顿火箭公园也都属于这种开发模式类型。

（三）专业化城市型

专业化城市（又称专业型城市）是根据城市职能进行分类的一种特殊类型的城市群体，其产业结构具有相对单一性，主导产业占绝对优势。专业化城市工业旅游开发的主要特征是工业与其所在的城市融为一体，形成典型的工业和城市复合型旅游产品，工业旅游景点、吸引物与城市相互交错分布，不仅工业本身体现出工业旅游资源属性，工业所在城市也处处浸透着工业性质的特征和文化内涵。

大庆市是全国著名的以石油工业兴起与发展而形成的现代化城市，就其具体情况而言，其产品中的主要吸引物包括三部分，一是石油矿场：市区外围矿井景观、建在湖泡中的陈家大院泡丛式井、卧里屯的石化企业观光、大同区的配套电厂、新华电厂等；二是纪念地与展览馆：大庆油田的发现井松基三井及其纪念雕塑、展览室，"铁人"王进喜井队在大庆打的第一口油井"萨55井"及钻机、泥浆池、铁人王进喜同志纪念馆，大庆石油化工公司展览中心，大庆石油技术博物馆；三是石油城市观光线：石油工业城市格局，城市形象雕塑及城市文化设施等。三部分吸引物在旅游参观中相互交织，交错进行。这一产品模式对林矿类、工业化专门化程度高的城市有更为直接的借鉴意义。

（四）工业博物馆型

工业博物馆是以工业为主题的展览馆，通过建设工业博览馆或者工业博物馆，举办有主题的工业博览会，并与招商活动、商务交流和交易、旅游等融合。工业博物馆不但能起到普及各种工业及技术知识的作用，还能反映工业发展史。

英国皇家兵器博物馆是欧洲最古老的公立博物馆，它不仅是英国的观光景点，更是史上重要的军械库。珍藏特点包括自古以来的宝剑、军刀、枪支等兵器以及帽子的钢铁衬里、铠甲护手、大象盔甲等护具。后把总部迁到利兹废弃的工业区，是伦敦以外惟一的皇家博物馆。美国芝加哥科学工业博物馆是一个综合性的科普场所，展示内容非常丰富，从基础科学知识到前沿科学知识，能满足从儿童到成人的各种学习需要。展览内容涉及很多领域，展区按知识点划分，内容包括：脑、眼、细胞、化学、废品利用、基础科学、艾滋病、飞行、心脏、煤矿、交通、基因、邮电、海军、网络世界、石油、企业、虚拟现实、太空港、农业、能源实验室、管道、潜艇等。博物馆就是以这些知识点构成整个展览，而且对每一个知识点的研究都非常深入，每一个展品都可以动手参与。所展示的内容包括：听、说、写、读、辩论、记忆、感觉等。观众可以通过不同的参与方式获得知识。

沈飞航空博览园集科技、教育、旅游于一体，它能使参观者了解航空工业是高科技产业，是国家力量的象征之一，了解我国航空科技的快速发展对国防现代化建设具有重要的作用，了解到世界航空工业发展的趋势和我们前进目标和方向。沈飞航空博览园在展览大楼中设立了7个展览馆，用以展示包括600多幅历史图片和200多件实物，融我国歼击机发展历史和航空科普知识于一体的科普展版和景观，并运用声、光、电手段进行讲解和演示。博览园中展示了生产的沈飞生产歼五飞机、歼六飞机、歼教六飞机、歼六新亚型飞机、歼八飞机等多个型号国产歼击机，以及飞机座舱、飞机机翼、平尾、航空炮、炮弹、火箭发射器、机械设备等众多实物，配有相关的高速风洞模拟的系统，飞机空战模拟演示，P4型气垫船模型等，通过图片文字、实物及模拟演示等充分地展示产品特性，使旅游者对航空知识有更深的了解。

四川长虹展览馆、天津近代工业博物馆、韩国 LG 公司科学馆和日本 SONY 公司展示馆也属于此类型。

（五）工业园区型

它以一个地区内众多的工业企业作为一个整体而构筑旅游产品，属于多个企业联合开发而形成的具有多家单项工业旅游产品在内的综合性旅游产品。工业园区、科技园或开发区等，是我国改革开放之后非常普遍的一种工业发展模式，然而，工业园区也越来越显示出旅游的潜力。在国外，很多工业园区，特别是高新技术产业园区都具有观光吸引力。工业旅游对于提升园区形象、改善园区环境起到重要作用。

武汉经济技术开发区于1993年4月经国务院批准成为国家级开发区，是一个以高新技术产业为基础，以汽车工业为主导产品的多功能开发区。武汉经济技术开发区工业旅游项目，随着开发区的发展而逐步兴起。1996年开始，武汉经济技术开发区由投入期走向产出期，成为武汉市经济发展的一个亮点，武汉市扩大对外宣传，招商引资的窗口，高新技术企业、先进管理方式聚集的区域。由此，开发区工业旅游项目于1995年6月立项开发，主要是参观现代制造业的工艺流程，涉及汽车、食品、饮料生产线。目前已有神龙汽车公司、可口可乐公司、顶益食品有限公司、万通汽车公司、香满楼乳制品有限公司的生产线列为游览点。开发区根据不同的参观对象，设计不同的参观路线，编制不同的导游讲解词，使工业旅游产品满足了市场需求。针对汽车消费的现实或潜在客户，接待重在讲解神龙富康轿车的技术特性，包括轿车生产工艺、节油能力、环保能力、使用维护成本等。针对参观者需要，编制可口可乐 130 多年发展历史的录像带，透过可口可乐不衰史讲授现代企业营销策略，举办现代外资企业用人管理制度专题讲座。武汉开发区工业旅游逐步实现从一般性接待向经济型接待的转变，取得了巨大的社会效益和较好的经济效益。株洲国家高新技术开发区目前已形成了新材料、传感技术、光机电一体化、生物医药、电子信息及传统工业提升改造技术等产业。这些都能使游客领略到株洲这个新兴的工业城市借助深厚的传统工业底蕴，积极探索、提升与发展高新技术产业所形成的现代企业文化与内涵。株洲高新区通过高新技术企业的成长、传统企业的改制及科技成果的转换，来开发工业旅游，实现科学技术的普及。瞄准市场，将开发区工业旅游、对外招商与人文景观旅游紧密结合起来，推出生产、生态、生活协调发展的现代园区，精心包装工业旅游线路，逐步实现从一般性接待向经济型接待的转变，利用株洲传统工业底蕴与现代科技，将自然人文景观旅游与工业旅游有机结合，拓宽对外交流与招商引资的途径。目前发展高新区工业旅游的主要规划是与人文景观旅游有机结合，以高新技术企业和产品为主导，积极开展科技工业旅游业务。

苏州工业园区、西安高新技术开发区、天津开发区和青岛高科技工业园等工业旅游开发模式也属于此类型。

（六）景观型

景观型模式的主要特点是工业旅游产品的主体是由工业企业及其由于企业兴建而形成的风景区构成，工业与衍生的风景区合为一体，且风景景观在整个产品中占据突出的地位。

吉林丰满发电厂是我国最早建成的大型水电站，座落在美丽的松花江畔，宏伟的拦江大坝，高耸的输电铁塔，清丽的湖光山色，构成了一幅极富神韵的旅游画卷。其推出的工业旅游主要吸引物为如下二大部分：一是丰满发电厂，主要参观丰满电站水轮机产品、变压器、高压开关等展品，电厂声控模型，厂房内部发电机组和中央控制室，气势磅礴的大铁塔和射向四方的输电线路，高92 米，长 1080 米的雄伟的钢筋混凝土重力坝，这些是发电厂的重要组成部分。二是松花湖风景区，松花湖是人工湖，实际上是由于丰满电站的建设、拦河大坝建成后形成的一个大水库，水库的库容量达到 108 亿立方米，面积 550平方公里，水面最宽处达 10 公里，最大水深 75 米，松花湖夏季山环水绕、峰峦叠翠、碧波清澈，湖中五虎岛山清水秀，风光旖旎，松花湖风景区已列入国家首批风景名胜区，可见其从产品构成上看风景在旅游产品中的地位更加突出。丰满发电厂对吉林市贡献较大的是促成了吉林市雾凇节的形成和发展。丰满发电厂发电时，经水轮机流出来的深层湖水，温度为摄氏 4 度左右，江水流到吉林市区时，水温还未降至零度以下，即使是最寒冷的 1 月份，流经吉林市的江水也是不冻的。因为江水的温度与江面气温的温差很悬殊，江水向寒气中大量散发水汽，使空气中的水份增多，形成大雾，雾随风移，飘到江岸冰冷的树枝上，变成晶莹的冰花，雾凇便结成了。雾凇节的蓬勃兴起，构成了吉林市冬季旅游的一大支柱资源，她吸引了来自祖国各地的万千游人。

刘家峡水电站、广州双湖电力、长江三峡坛子岭、拉萨羊八井地热电站、浙江天荒坪抽水蓄能电站工业旅游项目也都属于这种开发模式类型。

（七）科技型

科技型模式的主要特点是通过展示独特的高新技术成果及其产业化的魅力来赢得游客。高科技企业所蕴含的现代科学技术、先进的经营模式、全新的管理机制等都具有较强的示范作用，可以拉近旅游者与现代高科技产业的距离，增加消费者与生产者之间的交流，来实现科学知识的宣传和普及。

上海宇航科普中心拥有各种类型的飞机、地对空导弹、鱼雷快艇等实物和空气动力实验装置。与航空航天科技有关的科普教育基地，还有上海航天设备总厂。在这里，人们可以观看运载火箭发射全过程的录像和长征系列运载火箭实物模型等。除此之外，中心还陈列着大量反映人类航空发展史的名机仿真模型和大量图片展板，以及 4 台航空发动机、航空武器和飞行员装备实物。作为上海航空和航天工业的骄傲，这里展出了运 - 10 飞机、"东方红" - 1 号人造卫星和"风暴" - 1 以及"长征" - 4 型运载火箭的模型。特别难能可贵的是，中心还专门设计制作了大批空气动力学的演示器材，可以让参观者形象化和最直观地了解航空基本原理，诸如伯努利定律、机翼升力理论、气球的浮力等等。这里已成为对青少年进行日常航空知识普及最有效的手段和场所。此外，上海航空宇航科普中心还是上海举办各种航空科普活动和巡回展、航空夏令营、航空模型竞赛、飞机设计竞赛、国际青少年航空绘画比赛和接待国内外航空爱好者及社团（如 EAA 访华团、英国老式飞机迷协会）的最佳场所。

西昌卫星发射中心、美国硅谷、日本筑波科学城等也都属于这种开发模式类型。

（八）场景型

场景型模式工业旅游产品的主要特点为产品是以工业生产的过程及场景为主题构造的，特别是工业生产过程中车间厂房之外的场景在产品中有突出的表现。

鞍山钢铁集团是我国最大的钢铁工业企业，其在工业旅游产品开发上利用自身的优势条件，既立足于推出钢铁企业中钢铁冶炼、生产加工等在工厂车间厂房内进行的生产过程展示产品，又将产品开发延伸到矿山的铁矿开采及选矿过程。游客在鞍钢不仅可以领略到现代化工业企业整洁的厂容厂貌、独具特色的工业产品展示，还可以亲临具有国际先进水平的生产线，全方位全过程地感受"钢铁是怎样炼成的"、"百炼成钢"的全过程。其推出的两条一日游旅游线（分别为大孤山铁矿——齐矿调军台选矿厂——烧结厂——炼铁厂——二炼钢厂——热轧带钢厂，大孤山铁矿——齐矿调军台选矿厂——烧结厂——炼铁厂——二炼钢厂——大型厂）和两条半日旅游线（分别为大孤山铁矿——炼铁厂——二炼钢厂——热轧带钢厂，大孤山铁矿——炼铁厂——二炼钢厂）都充分体现了这个鲜明特性。

长安汽车工业园、山西平朔煤炭工业公司等工业旅游项目也都属于这种开发模式类型。

（九）文化型

这种模式工业旅游产品的主要特点将工业生产，特别是工业产品的文化内涵充分挖掘出来，并形成以工业生产为其产品基础，以工业生产及产品文化为中心的旅游产品模式。

茅台酒厂始终紧紧围绕酒文化这个龙头，利用茅台的品牌效应和独具特色的工业资源，开发酒文化为主要内涵的工业旅游产品，使工业旅游成了贵州旅游产品的精品之一，并基本形成了特色文化旅游产业体系。相继建成了国酒门、巨型茅台酒瓶、国酒文化城、"美酒河"巨型摩崖石刻、国酒园林等酒文化特色的人文景点、景观。茅台酒厂有约 3 平方公里的厂区，旅游资源非常丰富，一有生产景观，如生产车间、包装车间、酒库车间等，可观看生产和包装、贮存现场；二有环境景观，厂区环境绿化、美化好，种植了各种花草树木，形成花园式的厂房、车间和办公环境；三有赤水河自然水体景观，厂区倚河而建，倒影水中，杨柳婀娜，榕树茂盛；四有江泽民总书记题写塔名的红军四渡赤水纪念塔景区；五有国酒门、巨型酒樽、飞天雕塑、国酒园林、杨柳湾古井等景观；六有巨型茅台酒瓶，高耸入云，能容纳 500 毫升装的茅台酒 294万瓶，堪称举世无双的大酒瓶，1997 年 5 月，经上海大世界吉尼斯总部确认为"最大的实物广告"；七有汇古今建筑艺术精华于一堂的国酒文化城，馆内大量的群雕、浮雕、匾、屏、书画、文物、图片、实物，以不同的角度介绍了中国历代酒业的发展过程，反映出酒与政治、经济、文化的联系，展示了酒类生产沿革、工艺过程和酒的社会功能，体现了人们造酒、饮酒过程中的民族性格、宗教信仰、伦理道德和精神风貌，整个酒文化城纵贯上千年的历史，再现了中华民族绚丽灿烂的文化。1999 年 6 月，该博物馆被上海大世界吉尼斯总部确认为"规模最大的酒文化博物馆"；八有"美酒河"摩崖石刻，这三个字分别高 40 米，宽 40 米，石刻总面积 4800 平方米，笔画最宽处 6.8 米，字刻深 1 米左右。1999 年 6 月，上海大世界吉尼斯总部确认其为"最大的摩崖石刻汉字"。近年，相继开发了"观厂游"、"重走长征路，品尝茅台酒"、"游览赤水河，赏国酒风采"等旅游产品，丰富了酒文化旅游的内涵，使旅游者能更充分地了解国酒茅台的文化和神奇卓绝的酿造工艺，揭开茅台酒的神秘面纱。

山西杏花村汾酒集团、苏格兰威士忌文化遗产中心、四川五粮液集团公司和泸州老窖集团公司等工业旅游项目也具有这种模式特点。

（十）港口型

港口特有的海港风貌、码头设施、船舶景观、装卸工艺，以及浓厚的企业文化，增添了港口旅游的魅力，是工业旅游的特殊景观。港口工业旅游是开发港口旅游资源，培育新的经济增长点的新兴产业。

青岛港作为驰名世界的天然良港，具有 100 多年的发展历史，是青岛发展变迁的集中体现。特别是经过近 10 多年的发展，青岛港目前已跻身世界著名亿吨大港之列，与世界上 150 多个国家和地区的 450 多个港口有贸易往来。中国最大原油码头和中国最大的 20 万吨级矿石码头作为独特的海上景点早已名扬世界，中国最大的集装箱码头以及大型机械设备和巨型商船更富亮丽色彩。青岛港作为全国质量管理奖获得者，作为全国交通行业唯一的示范窗口都使得港口旅游厚积薄发，对游人产生了极强的吸引力。主要旅游线路：（1）老港区参观线路强化了知识性、观赏性、教育性。包括奋进雕塑、友谊园、奋进楼、跨越钟、世纪码头以及亚洲海拔基准点、走向世界雕塑、中国最大的国际集装箱枢纽港（世界 20 强）、万吨巨轮和大型机械设备、青岛港史展览馆、集装箱大楼 26 层远眺老港区等 12 个景点，乘豪华游轮海上观光等，同时还参观现代化军用舰船，时间约 2 小时。以港口概况、地理知识、船舶机械和外贸知识、企业文化、对外开放、港口发展史为主，向游客充分展示大港形象。（2）黄岛油港区和前湾新港区线路，突出现代化大码头实力。包括花园式的油港区（曾被推荐为环境保护全球 500 佳），中国最大的可接卸 30 万吨级油轮的现代化原油码头，崛起雕塑、世界第二亚洲第一的 20 万吨级矿石码头及中央控制室，当今世界先进水平的高度自动化煤炭专用码头等 7 个景点，参观时间约 1 个半小时，主要展示国际亿吨大港的宏大气势、现代化生产管理水平和北方国际航运中心的发展前景。（3）海上豪华游轮观光，欣赏港口和城市精华。参观路线：乘船游览青岛港大海湾，海上观看新港区，游览栈桥、小青岛、汇泉湾等前海风光，主要突出海港与城市的交相辉映，游览时间往返约 2 个小时。青岛港口工业旅游的发展和完善，在宣传港口形象，扩大招商引资等方面也发挥了积极作用，在城市和港口中的地位日益显著。大批国内外客商对青岛港迅猛的发展速度和广阔的合作前景产生了浓厚的兴趣，目前已吸引中石化集团、英国铁行集团、日本三井、东方海外等一批世界 500 强企业落户。

连云港港区，日照港，上海港，大连港等工业旅游项目也都属于这种开发模式类型。

（十一）中心型

这种模式的主要特点是工业旅游产品紧紧围绕本企业工业生产、技术、产品这一中心进行开发的，主题十分明确、范围没有过多的扩展，对企业形象树立可以起到十分重要的宣传意义。

海尔工业旅游的基础是海尔集团，资源是海尔的生产车间、工艺流程、高新技术、管理特色和企业文化。其开发的旅游产品以高科技和创新的企业文化核心为先导，全力突出海尔特色，展示海尔形象，推出的旅游线路产品为海尔工业园——中心大楼——生产线——海尔大学——海尔科技馆。（1）海尔工业园。青岛海尔工业园是海尔的总部，建于 1995 年，是中国最大的家电生产与研发中心，占地面积约 800 亩，是开展工业旅游的主要园区。（2）中心大楼。是海尔集团的机关办公大楼。在楼上的样品室参观时，可以看到海尔 16 年来最早的产品以及最先进的家电产品，其中有很多是刚刚研制出的产品和专供出口的精品、未来网络家电产品，还有很多宣传图片和海尔发展的历程、海尔取得的荣誉的资料、图片，体现着浓厚的海尔文化气氛。（3）生产线。参观空调、洗衣机、手机或模具生产线中的一条，既能了解产品的生产过程，又能了解海尔的管理与文化。（4）海尔大学。海尔大学建成于 1999 年 2 月 26 日，占地面积 12000 平方米，建筑面积 3600 平方米，采用的是传统的园林式建筑风格，是提供给海尔管理人员短期培训的教育基地。（5）海尔科技馆。海尔科技馆建筑面积 8000 平方米，1999 年被评为全国科普教育基地，2000 年被评为青岛市科技教育基地。科技馆是为答谢社会多年以来对海尔支持与帮助而建的一个全年免费开放性质的展馆。线路上的五个旅游景点都是紧扣海尔企业生产、技术、产品的中心，海尔的工业旅游已形成了以集团样品室为龙头、生产线为依托、科技馆为重点的产品链条。可见海尔模式工业旅游产品对其主题相扣之紧，主题之突出。

秦山核电公司、河南新飞电器有限公司、洛阳中国—拖集团、首钢总公司等工业旅游项目具有此类型特征。

（十二）扩展型

这种模式的主要特点是工业旅游产品围绕工业企业的工业主题扩展，形成丰富的全方位开发的产品格局，其旅游产品已不仅仅限于大企业，而是扩展到整个行业及纵横交织的文化活动等。

中国第一汽车集团是中国汽车工业的摇篮，它能够生产重、中、轻、微、轿、客6个系列550多个品种汽车，是我国第一大汽车生产企业，其旅游产品也正是围绕汽车这一主题展开的，但其特点是不仅仅展示自己生产汽车产品，看汽车如何生产，而是不断实行外延式开发，从而形成一个汽车旅游产品集团。重点发展以下旅游项目：（1）现代化汽车生产观光旅游。进一步改善和提高捷达、奥迪、解放车生产线旅游观光条件，设置旅游指示牌及观光线路图，新建汽车生产装配线一律设置标准化的旅游观光通道，使汽车生产观光成为旅游热点。（2）世界名车风采观光旅游。建设占地10万平方米的中国汽车博物馆，展出"一汽"收藏的30余种世界名车，全面展示"一汽"及世界各地、各个历史时期生产的各种名车，传播汽车文化。（3）汽车历史文化观光旅游。充分利用毛泽东主席为"一汽"题写的"第一汽车制造厂奠基纪念"奠基石及江泽民、李鹏为"一汽"的题词，修复江泽民同志在"一汽"的办公场所及苏联专家办公室等具有独特风格的建筑，完成"一园、三街、四路口、五广场"的绿化、彩化、亮化等环境改造工程，形成汽车文化浓郁、环境优美的工业旅游园区。（4）汽车娱乐观光旅游。建设赛车场、卡丁车场、车模比赛场、模拟汽车生产线。组织汽车博览会、国际汽车比赛、特技表演等活动，让游人参与到汽车生产过程及汽车娱乐活动中来。（5）汽车购物观光旅游。开发汽车模型和印有"一汽"标志的衣帽等具有"一汽"特点的，以汽车为主题的旅游纪念品。在充分利用汽车厂百货大楼的基础上，建设1~2个旅游购物中心，把东风、锦程和创业大街建设成观光、购物、餐饮街，开展购物旅游。其重点发展的旅游项目既包括现代化汽车生产线的观光，也包括世界名车收藏展示，汽车历史文化塑造，包括组织汽车博览、汽车比赛、特技表演等在内的汽车娱乐活动，以及开发具有汽车文化含义的旅游商品，"一汽"真正把汽车工业品牌旅游产品的蛋糕做好做大，"一汽"的工业旅游也已被长春市纳入旅游发展规划中，并列入四大名牌旅游产品中加以重点扶持开发，已成为长春工业旅游的一道亮丽的风景线。

江苏隆力奇集团等工业旅游项目也都属于这种开发模式类型。

（十三）娱乐型

这种模式的主要特点是工业旅游产品围绕特定工业企业的工业主题，突出轻快、活泼的娱乐过程。

长春电影制片厂是新中国电影工业的"摇篮"，也是率先在我国电影界进行体制改革的国有制片厂。建设长影世纪城是长影集团借鉴世界电影界先进经营理念，让电影与旅游联姻，延长电影产业链的重要举措。长影世纪城的高科技含量和民族文化的特质，将展示出中国电影文化的独特魅力。世纪城的产业定位是电影工业旅游，通过电影制作揭秘、影视加工再现、电影特效感受、影视娱乐欣赏等项目塑造世界级品牌形象。长影是我国首家融电影制片和旅游为一体的电影工业园。世纪城依托长春电影制片厂的资源，力图运用现代高科技，将电影文化和旅游产业相结合。国内惟一的激光悬浮电影、4D 特效电影和三维巨幕电影，投资 15 亿元、拥有 14 个主打项目，让人耳目一新的长影世纪城吸收了好莱坞环球影城和迪斯尼游乐园的成功之道，开辟了中国电影工业旅游的新模式。长影世纪城占地 100 万平方米，将分三期开发。先期投入建设的影视旅游娱乐区，辟有高速影视、球幕动感影视、激光影视、儿童影视等十个游览区。这些园区将汇集球幕电影、激光电影、巨幕电影和 4D 电影等众多当今世界高科技特色电影。同时，由于长春冬天气候寒冷，影视项目基本设计在室内，而娱乐项目既有水上项目也有冰雪娱乐，使长影世纪城能够全年、全天候向游人开放。第二、第三期工程将修建 10 个游览区，即高科技、环幕动感、儿童、巨幕、史料、梦幻、激光、特效、外景、水上影视区，其中含精彩、刺激、梦幻般的娱乐项目计 20 余种。第二期、三期工程分别以建设影视生产制作区和外景拍摄区为重点，为第一期工程影视主题的延伸。球幕动感电影、激光电影等高科技不仅是国内首次使用，而且在世界上也是先进的。长影的尝试开辟了电影产业新的经济增长点，是对电影产业链的延伸与完善。

美国好莱坞环球电影城也具有这种开发模式特点。

（十四）商品型

这种模式的主要特性是以工业生产的产品为龙头纽带带动企业旅游的发

展，构成以旅游商品为核心的产品模式。

华富玻璃器皿有限公司是目前中国规模最大、实力最雄厚的手工制作玻璃器皿生产基地和营销中心，主要产品为手工制作玻璃器皿和玻璃工艺品。它可以生产中高档明料、色料大中小各种尺寸造型以及具有手绘、彩绘、描金、喷砂、深刻等深加工工艺技术，产品晶莹剔透，加工精细，4000余种不同规格造型产品95%以上出口到欧、美、日、澳等十多个国家和地区，企业和产品在国际国内有较高知名度和良好信誉。华富公司也正是打旅游商品这个品牌，加大力度进行旅游纪念品和工艺品的研究设计开发去开拓市场，并靠旅游商品的开发经营全面带动企业，包括购物参观、休闲等形式在内的旅游的全面发展。在2000到2001年的不足二年的时间，旅游商品销售就为公司创利300多万元，可见华富模式特征之鲜明。

大连盛道玻璃制品厂、温州大虎打火机厂、泉州惠安"中国雕艺城"、江西景德镇雕塑瓷厂等工业旅游项目也具有此类型特征。

◆小结：

上述归纳总结的14种工业旅游开发模式类型，主要是基于旅游产品本身的属性和功能，表达并突出其主要个性特征，即主要表现在旅游吸引物上。我们研究工业旅游产品开发模式的目的，是为工业旅游的发展提供借鉴和启发。事实上，工业旅游项目附加上相关的配套服务和其他旅游活动项目，必然使得工业旅游产品的开发模式具有复杂多样性。我们在工业旅游开发的实践中，不能拘泥于现有形式，而应放开眼界，用发散性思维去认识工业旅游产品开发模式，既要借鉴已有开发模式，又要密切结合本身实际灵活运用并力图有所创新。同时，我们也应看到旅游产品开发模式的动态变化性，随着工业旅游产品开发进程的深入或根据市场发展需要，现有的工业旅游产品模式可以进行主动的调整和改进，而不是一成不变的。

第七章

工业旅游的昂谱（RMP）分析

第一节　昂谱（RMP）分析模式简介

　　针对目前中国区域旅游开发所面临的旅游产品结构性过剩、有效需求不足的现象，以及旅游开发由 80 年代的"低投入高产出"向"高投入高风险高产出"转化，吴必虎（1999）在前人关于旅游资源调查评价、旅游市场调查分析和预测、旅游产品开发理论等研究的基础上，提出了区域旅游开发的昂谱（RMP）分析模式。

　　昂谱（RMP）分析模式即以旅游产品为中心，进行 R 性分析（Resource Analysis）和 M 性分析（Market Analysis），以此为基础进行 P 性分析（Product Analysis），为区域旅游开发与规划提供基本思路。这一模式可由以下框图来表示：

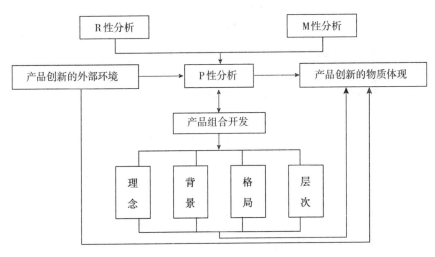

图 7.1　昂谱（RMP）分析模式

第二节　工业旅游开发的 R 性分析

一、工业旅游资源的内容

工业旅游资源是指能吸引大众进行旅游消费的工业生产场所、生产过程、生产成果和管理经验。尤其是一些有特色的、高科技的、生产新型产品的企业和管理经验先进的企业。工业旅游资源的内容包括：

（一）工业生产经营场所

由于现代化工业生产的需要，工业生产场所或规模宏大，气势雄伟，如上海的宝钢、东北的森林工业等；或建筑奇特、少有所见的，如火箭发射基地、水力发电厂等等。另外，由于人们对环境的日益重视，花园式的工厂越来越受到人们的欢迎。工业生产经营场所成为工业旅游的重点。

（二）工业生产过程

工业产品的生产过程往往不容易被人们所了解，了解工业产品的生产过程是工业旅游的重要内容。由于工业产品的专业性和科技性，人们在使用工业产品的同时对产品的生产过程了解甚少。因此，工业产品的生产过程就对人们产生了吸引力，尤其是一些现代化的高科技产品的生产过程更具吸引力。

（三）工业生产成果

人们可以直接到企业或生产场所参加或购买其生产成果。这些生产成果主要是企业生产出来的，但也可以是游客亲自制作的。游客对自己生产的成果往往有一种偏爱，哪怕价格高些也愿意购买。如在专业人员的指导下自己动手制造工艺美术品并带走等。在美国的国家造币厂，游客还能带走一张刚刚印制出来的真正的钞票作为纪念（经过特殊处理，无法上市流通）。

（四）管理经验

一些经营管理比较好的企业往往成为人们关注的热点，尤其受到同行的注意，他们纷纷来此参观、学习、取经。过去并没有认识到这也是一种旅游方式，有的拒绝接待，有的免费接待。现在企业认识到管理经验也是一种旅游资源，能带来效益。如近年来许多企业纷纷派人到邯郸钢铁公司和青岛海尔集团等参观学习其管理经验。

二、工业旅游资源的特点

工业旅游资源属于人文旅游资源的范畴，是其中一个新的分支。目前，工业资源中吸引功能较强的主要是一些人们不常见的生产过程及大规模的工程建设，包括具有民族特色的工艺品工业、与人们身体和生活密切相关的轻工业、现代高科技工业及大规模有代表性的传统工业等，如陶瓷、宝玉石加工、航空航天、汽车制造、电子工业、油田开采等。工业旅游资源有如下显著特点：

（一）动态性

首先，工业是不断发展更新的产业，随着科技进步与市场需求的变化，工业企业存在新旧更替的过程，原本进入旅游市场的一些厂家一旦落后于时代，其产品、工艺就丧失吸引力。在不具备其特殊吸引力时就会被工业市场淘汰而逐出旅游市场，即工业旅游资源个体的旅游寿命具有时限性。其次，相对于自然风光的不可再生性和不可移植性，工业旅游资源具有可迁移性，如厂址的改变、工厂的扩建等，其资源内涵（包括硬件设备和软件技术等）也可迁移。

（二）科学性

求知是游客参观厂家最主要的目的之一，工业旅游资源科学技术含量是其它众多旅游资源所不及的，不同的厂家展示的旅游客体内容各异。某些厂家还能满足游客的参与性，如威尼斯拥有世界一流的玻璃器皿制造，游客可参观专业技师表演制作过程或亲手操作。工业旅游有别于自然旅游资源中所含的自然科学知识，又不同于历史文物古迹等所展示的历史性题材，它能现实、直观地向游客展示科技的内容与实践。

（三）易达性

评价一项旅游资源的可开发性，很重要的一点便是旅游地的可达性。优势旅游区除了自身的资源价值很高以外，还拥有较好或极佳的旅游通道。工业旅游地优于自然旅游地，主要在于多位居城镇、交通便利、服务设施齐全、旅游所耗的时间和经费较少、可进入性好。

（四）地域性

工业的分布不如自然资源具有较好的客观限制性，但工业的分布本身具有地域性特点，这就决定了以此为基础的工业旅游资源也具有地域性。如我国沿海开放地区多以高科技工业和出口创汇的加工业为主，中西部地区则以资源型工业、重工业为主。如我国的高科技工业园，大多分布在东部地区，这是与各地区的资源赋存条件、经济地理环境和我国经济政策分不开的。

（五）多效益性

许多现代工业花园化已成为现实，尤其是先进的设备、精湛的技术、科学的工艺流程及壮观的场面，融合了社会美、艺术美、自然美。游客参观的过程就是学习过程，获取科学知识、增长见识是旅游者进行工业旅游的最大收获之一。同时，工业旅游资源具有融求知与审美于一身、集观光与购物于一体的多种功能。

三、工业旅游开发的资源分析

工业资源虽然丰富，但只有符合一定资源条件的工业企业才能为旅游业开发利用。从旅游资源的特点看，"定向吸引力"和"垄断性"是旅游资源的本质特征，也是筛选工业旅游资源的基本标准。满足基本标准的工业资源即可称为潜在旅游资源，但它们能否成为现实旅游资源，需从以下几个方面分析：

（一）企业内部环境

如果说企业的硬件设施是开发工业旅游的先天条件，则企业的软件条件就是企业能否将工业资源转变为旅游资源的关键要素。良好的软件条件不但可以提高工业旅游的综合效益，而且可以在一定程度上弥补硬件的不足，有时甚至能成为旅游吸引力的组成部分。

1. 硬件方面

一是工业资源的垄断性。企业要具有能够成为旅游吸引物的工业活动，且这种工业活动有一定的垄断性，这是构成旅游吸引力的基础。也就是说，如果竞争者能形成类似资源，或者周边地区普遍存在类似资源，其开发利用价值降低。

二是品牌知名度。消费者能够记忆的工业产品品牌数量有限，名牌企业开发工业旅游的优势十分明显。以酿酒企业为例，青岛啤酒、贵州茅台等地开发工业旅游产品，就比不知名厂家开发类似产品容易形成影响。

三是吸引力程度。产品对旅游者的吸引力程度与消费者对其熟悉程度密切相关。在工业旅游产品中，一般来说，消费者对于和自己日常生活相关的产品关注程度高。另外，消费者对于平时接触不到的产品或领域也有强烈的好奇感。前者如家电生产企业，后者如卫星发射基地。因为旅游者对于中间产品兴趣并不大。

四是资源向旅游产品转换成本。在工业旅游产品的开发中，强调利用原有资源创造增量效益，如果将工业资源开发为旅游产品需要投入大量成本，就违背了工业旅游发展的本意。

五是企业的区位条件。理想的区位条件是指旅游吸引物临近主要交通线、交通口岸、中心城市或者与周边其它重点景区联系紧密。上述区位可以获得中心城市、重点景区或交通枢纽的支持，从而使旅游景区可以利用城市的交通、通讯服务系统提高景区的可进入性。从目前来看，专门为工业旅游的开发，大量投资于交通运输是不现实的，所以可进入性的好坏常常决定了工业旅游开发的可能性。靠近中心城市和重点景区可以保证门槛游客量，并且可以结合区域旅游的开发，组合形成多系列、多元文化的旅游地域系统。

2. 软件方面

一是企业的高层管理者要重视工业旅游项目。工业旅游综合性很强，会涉及企业内部多个部门，如果高层管理者的态度不积极、不坚定，工业旅游活动便很难顺利开展。企业要有正确的开发目的，开发工业旅游应遵循综合效益最大化的原则，不能片面追求经济效益。

二是企业应具有较强的组织能力和较高的管理水平。相对于其他旅游活动，工业旅游的安全性要求更高，如果企业没有良好的组织能力，就无法保证旅游者的安全。另外，将旅游活动融入工业生产过程中，实质上是在检验、考核企业的管理能力。如果企业管理落后，旅游者与企业的这种"亲密"接触，非但不会树立企业形象，还会对企业造成负面影响。工业企业在这种情况下开展工业旅游即便能短期获利，但也会因企业形象受损而得不偿失。

三是高素质的旅游从业人员。工业旅游有知识性强、科技含量高的特点，对导游素质、线路编排均提出了较高的要求。导游的讲解既要讲求科学内涵及知识的严谨，又要深入浅出，生动有趣。所以，仅仅依靠初期的"职工义务导游员"性质的服务，已不能适应游客的需求，必须建立一支多层次、懂管理、有技术的旅游从业人员队伍，并能根据新形势的要求不断加强对员工的培训。

（二）企业外部环境

1. 区域环境

区域环境包括区域经济环境、自然环境与社会环境。区域经济环境的好与不好直接关系到工业旅游产品的销售本底值（门槛）和类型。如果区域经济环境较好，则区域内的出游率就高，产品的销售量也同步增长。并且受距离的影响，为满足本区域旅游者休闲度假的需求，特定的区域内必然要求开发许多娱乐产品和休闲度假产品。反之，若地方经济落后，产品开发资金就是限制因素，而且区域产品的市场定位只能是周边市场，随着宣传促销等费用的增加，产品的成本自然就升高。另外，区域内自然环境与社会环境影响着旅游产品的竞争力和吸引力。因为旅游产品的吸引力不仅来自于产品本身，而且在更大程度上依赖于区域内的自然环境和社会环境，如居民的友好态度、优美的环境、安全、卫生、便捷的交通等。

2. 取得政府支持

发展工业旅游不仅仅是工业企业涉足第三产业的投路石，同时也是城市经济的一个推动器。一个工业旅游项目的成功与否，是和政府的关注与支持密不可分的。政府在相关政策配套、投资行为引导、旅游线路设计与审批、旅游工程项目立项与指导方面都发挥着关键的主导作用。在工业旅游配套设施的建设上，可以通过政府与企业间合作联手，精心打造工业旅游的城市名牌。

3. 与旅行社的合作

工业旅游的纵深发展要求彻底消除企业对旅游资源的垄断障碍，将工业旅游资源推向市场，实现城市化运作。在工业旅游开发中，企业与旅行社是互惠互利、相互依托的关系。旅行社要在路线的开发和宣传、市场的推广及客源的组织方面发挥优势。企业可以通过加强与旅行社的合作，将工业旅游融入常规旅游和国内外旅游的网络体系，扩大工业旅游的影响力。

第三节　工业旅游开发的 M 性分析

因旅游产品本身具有生产与消费同步的特征，这使得它与消费者之间密不可分：即只有在消费者购买时，才能形成完整意义上的旅游产品。因此，旅游产品开发应充分考虑旅游者行为，这样才会有广阔的市场前景。

一、工业旅游客源市场分类及其特征

从分析旅游者行为的社会心理，特别是旅游者的动机出发，可将工业旅游的游客基本分为三类：商务调查型、学习参与型和观光游览型。

（一）商务调查型

游客多为与该工业企业相联系的企业商务人士，他们前来游览的目的多是进行参观、考察，以确定是否有开展业务往来和继续进行合作的可能性。这类旅游者具有以下特点：（1）消费水平比一般消费者高，文化层次较高、购物能力较强，与企业关联度较高，从而会给工业旅游接待者带来可观的、直接及间接经济收入；（2）目的性、计划性强，进行工业旅游的商务人士在出行前就已经对此行的目的、需要了解的内容及可能的结果有明确估计，游览过程一般都会按预先制定的计划进行；（3）进行工业旅游一般不会受气候和旅游季节的影响，而只与当时的市场及企业环境有关系。

（二）学习参与型

这种类型的游客多为学校大中学生。学生由于生活经历较少，对学校和家庭以外的世界充满了好奇心，在满足了一部分对风景区的观光游览兴趣之后，便将目光转向了与自己日常生活环境反差较大的各类科技园地、工业基地、博物馆等地方。这类旅游者的特点是：（1）时间充裕，季节性较强，除非是学校组织的集体参观活动，散客旅游者一般都集中在假期；（2）参与性较强，喜欢动手操作是青少年的本性；（3）多为结伴而行，自行组织的小团体较为普遍；（4）从众心理较显著，相关群体影响大。

（三）观光游览型

这种类型的游客范围较广，除去商务调查型和学习参与型之外的所有游客均可称为观光游览型。不同类型的企业吸引观光游览型游客的方式也不同。中老年旅游市场是近几年来快速增长的、具有巨大发展潜力的市场，他们进行工业旅游的目的大多具有怀旧的成分，所参观的工业企业也多为他们曾经工作过，后来离开了的一些老工业基地、航天基地等。他们在观光游览的过程中通过踏寻依稀可辨的当年的景象，寻找曾为之奋斗过的痕迹，以寻求心灵上的慰藉。此外，将工业旅游与优美的自然风景结合起来也同样可吸引人们在工作之余前去观光游览。首钢在1999年开展的特色旅游主题为"钢铁是这样炼成的"这一工业旅游线路，使游人一路走来，不仅可以清楚地看到炼铁、炼钢、轧钢的整套工艺流程，而且还能感受到首钢厂房环境的重大变化，可以欣赏到全市最大的音乐喷泉、全市最大的月季园，冬天还可以看到西伯利亚野鸭嬉戏的群明湖，以及已修葺一新的石景山古建筑群等。

目前我国工业旅游的市场以学生为主，一般为开展活动集体组团而来。当条件较成熟时，可开发以下几个有发展潜力的市场：（1）中老年市场。中年人对工业旅游有较强需求，并且是影响青少年参与工业旅游的重要因素；老年人闲暇时间多，旅游愿望强烈，对陌生的现代工业也有浓厚兴趣，市场潜力大。（2）家庭市场。在国外，工业旅游对家庭有很大吸引力。比如在法国，很多家庭利用周末或节假日参观核电站、啤酒厂、制糖厂或矿山，国内这一市场仍没有被开发。（3）农村市场。在我国，受经济条件的影响，旅游的农村市场开发一直未受重视，现在富裕起来的农民旅游需求强烈，游览与他们所处的农村截然不同的现代化城市是很多人的愿望，而工业旅游对他们来说更新奇，参与的积极性更高。（4）异地客源市场。目前工业旅游的客源主要是本地居民，对外地市场开发不足。工业旅游市场开发面向外地游客，不仅可以扩大客源，更可增强当地的旅游吸引力。

二、工业旅游市场特点

1. 工业旅游的消费动机。因为工业旅游产品本身的娱乐、休闲性不明显，而突出的是科普、教育功能，所以游客具有以下旅游消费动机：一、游客希望更多地主动参与，对体验性、科学性有兴趣；二、对工厂、农场、手工作坊等工业场所有较大的兴趣；三、游客希望通过访问景点学习到新的东西；四、随着社会经济发展，传统制造业逐渐消失，人们生活方式改变，具有怀旧情感，还想更多地了解历史。

2. 工业旅游市场以当地游客为主。工业旅游的游客都以当地游客为主，原因在于工业在世界各地或一个国家各个地区都有分布，虽然可能各有特色，但从人们旅游需求动机上看，这种需求在当地大都可以满足。而对工业部门类型等选择性又不太明显，且更多的人往往重视当地经济发展、社会发展以及与个人生活密切相关的工业旅游项目。

3. 工业旅游市场以团队游客为主。工业旅游以团队游客为主，主要因为工业旅游一般不会成为单个客源的旅游目的地选择，因为一般工业旅游景点内容相对单调，参与活动的娱乐性相对较少，故单人游览的可能性小，而以团队组织旅游为主，且个人游客的到来对于大多数工业旅游景点来说也存在不便提供接待导游服务的因素。

4. 工业旅游市场以干部、科技人员、大中专学生为主。不同的职业会形成不同的个性，其收入、闲暇时间和受教育程度各有差异，旅游的倾向和需求也就有所不同。这类游客旅游的目的是参观学习，以学习相关知识为主。当然，公费旅游、公务、商务旅游成分也比较大。

5. 工业旅游游客文化程度以本、专科为主。这一市场特征与职业结构的比例相吻合，二者往往彼此相关，且同消费能力也有一定的关联，这一结果也说明工业旅游既是一种高层次的精神活动，也是一种高层次的消费行动。

第四节　工业旅游开发的 P 性分析

一、工业旅游产品的特征

工业旅游产品指的是以工业旅游资源为主要吸引物的旅游产品，它同其它类型旅游产品一样除具有一些共性特征外，还有以下几个方面的个性特征。

（一）以"工业"为旅游产品的主题

与其它类型旅游产品比较而言，工业旅游产品是以"工业"为产品主题的，其旅游产品是以工业发展历史遗迹遗址、工业产品、工业生产工艺、工业生产场景、工业科技文化博览等因素为主题设计开发的。就具体的工业旅游产品而言，可能是以上述一种或多种因素复合为主题进行产品开发的，具体类型多样。如沈阳航空博览园以工业产品为主题，鞍钢以工业生产工艺、场景为主题，杏花村汾酒集团以生产工艺和产品文化为主题进行产品开发的。对于一个具体工业旅游产品中工业主题的突出要充分抓住其资源特色，并充分调研分析市场中供给需求状况及供给与需求关系，进行有针对性的产品工业主题中心设计，并通过产品的开发建设将中心突出。

（二）工业产品生产与旅游产品生产同步进行

旅游产品的共性特性中包括旅游产品的生产与消费同时性，而工业旅游产品不仅具有旅游产品生产与消费同时性特征，还具有工业产品生产与旅游产品生产同时性特征。虽然工业旅游产品中的诸如工业博览、工业遗址、工业产品及工业科技文化等吸引物不一定与现实的工业产品生产过程直接相连，同步同时生效，可以独立地以吸引物的身份吸引游客并实现旅游产品的生产与消费，但从工业旅游产品的总体上看，工业产品生产过程始终是工业旅游产品中最重要的吸引物，且从上述工业旅游吸引物吸引功能的发挥上都在尽最大可能寻求与工业产品过程连续起来，才能更好地实现旅游目的，甚至为了更好发挥旅游功能将一些不具有实际产品生产意义的生产过程恢复起来，进行演示性生产。可见工业产品生产的现实过程是工业旅游产品中的灵魂，而且绝大多数工业旅游产品都是现实的、正在生产运营中的工厂企业，这样就自然产生了工业产品生产和旅游产品生产同步进行的特征。

针对这一特征，在工业旅游开发中就要充分考虑如下三个问题：一是工业产品生产中如何开展旅游，在生产过程中给旅游者开辟一条安全绿色通道，产品生产与旅游兼顾，其中涉及到的几个核心问题是安全问题，便于直接"零距离"参观又不影响生产问题，参观旅游的直接性、透彻性与技术保密问题等，什么可以参观、什么不能参观问题。二是工业产品生产设计在可能且不影响生产的情况下，如何更好地适应旅游者参观问题，设计相应易参观、易接近的空间布局形式等。三是旅游组织线路设计的科学性问题，使之尽量不干扰生产，又让旅游者满意。

（三）科普教育功能的突出地位

工业旅游产品从主题上看更富于知识性，人们进行工业旅游产品的消费更多考虑的是认识工业产品性能，了解产品生产过程、工艺及其中的科技知识、工业产品生产的场景及相关的工业建筑、工业史知识等，这种接受教育、开拓视野、认识知识的需要是旅游者选择工业旅游产品为消费对象的最普遍最重要的目的。适应这种市场需要，工业旅游景点也自然把科普教育功能放在首位，虽然诸如农业旅游产品、科普旅游产品等也具有相应的科普教育功能，但与工业旅游产品相比还是逊色的。从工业旅游产品本身功能上看，它也具有诸如文化遗产保护、进行科普教育、开展休闲娱乐、促进商品销售、树立企业形象等多项功能，但其中科普教育几乎是每一个景点都具有的、地位又都十分重要的功能。可见科普教育功能在工业旅游产品中具有十分突出的地位。这一特性提示我们在工业旅游产品营销中要充分体现科普教育功能，且要在工业旅游产品设计中充分考虑到，在工业旅游产品开发建设中充分体现出，在市场营销中充分宣传到。

（四）相对稳定而又明确的市场

工业旅游产品的市场定位相对明确，且越是在开发初期，越是工业旅游主题明确而又相对专一的产品，其市场定位越加明确。其市场取向有如下个性特征：一是正在接受教育的主要群体学生，是诸多工业旅游产品的主体消费者，这是由于工业旅游产品突出的科普教育功能导致的。但也有一些产品由于特殊性，学生的主体市场地位可能受到动摇，如与学生兴趣相左或不宜向学生宣传的工业产品，诸如酿酒、卷烟工业旅游产品；再如由于产品内涵的丰富，教育之外功能的增多，致使其它旅游者群体比重上升。二是旅游者主要以本地为主。原因在于一方面工业布局具有广泛性，不少地方都有工业可资旅游开发；另一方面是旅游者对工业旅游产品在地域间的选择性不强，因此就近选择成为主体倾向；第三方面本地工业旅游产品存在地方亲和性，其对当地经济、人民生活影响大，和人们联系密切、亲和性强，故人们更愿意选择当地的产品消费。三是专业性兴趣市场有一定比例。由于工业旅游产品具有工业类型的差别，因此对工业的专门技术、管理等感兴趣的专业性人员构成了特殊的来自更广地域的旅游群体。在中国，目前政府公务员为了解社会，认识工业，对工业旅游产品的消费也有一定市场。面对这样的市场特点，对旅游教育功能的开发，学生市场的开拓应该成为更多工业旅游产品市场开发的重心。

（五）没有明显的季节性变化

工业旅游产品属于依托人文旅游资源开发的产品，受自然季节变化影响很少，且工业生产大多数也不会因为季节的变化而导致生产发生变化，这样依托工业企业开发出的旅游产品也就很少表现出季节变化特征。工业旅游产品没有明显季节变化特征，表明经营工业旅游产品的景点可以全年向游人开放。但在经营中我们也要注意到，工业旅游产品虽然不具有明显的季节变化性，但依托工业的旅游产品开展的工业旅游却可能具有明显的季节性特征，因为工业旅游发展的形势不只受工业旅游产品特性的影响，还受市场需求状况的影响，市场的季节性变化导致工业旅游也有季节性变化，因此，工业旅游产品经营中也要考虑到淡、旺季特征，进行一些必要的调整，如在淡季可采取调低门票价格吸引游客，减少周营业天数或关闭部分营业场馆，减少开支等措施保证效益。

二、工业旅游产品开发

（一）工业旅游线路设计

针对选择出的企业的实际情况，进行科学的旅游线路设计，是工业旅游开发成功与否的重要一环。有的企业厂区比较分散，如果各厂区的资源不具有重叠性，且资源之间的衔接性较好，比如厂区之间既可以按照历史顺序连接，也可以按照产品生产的上下游关系连接，还可以按照新奇感、神秘感逐渐加强的顺序连接等，那么其开发就可以整体推进。如果各厂区之间资源的衔接性较差，则可以选择资源质量更高且相对集中的厂区进行开发。厂区内部的线路设计，也应该比照上述原则来进行。

（二）工业旅游开发的层次性

1. 第一层次：流程型游览。现阶段国内的工业旅游主要停留在这一阶段，主要是针对一些大型企业或工厂，投资较少、资源基础好、项目吸引力较强。这些工厂开发工业旅游，可以凭借其良好的基础设施以及大型的生产流程对游客产生强大的吸引力，从而促进了工业旅游的第一层次活动的产生。在这一层次开展工业旅游具有以下特点：

第一，旅游主体参与程度低。在这一发展层次上，作为旅游主体的旅游者，他们通过参观工厂生产的环境以及产品的制作流程，了解在其日常生活中无法接触到的大工业时代机械化全自动的生产场面和制作工艺，在一定程度上满足了旅游者求新求异的心理需求。

第二，旅游客体开发度低。在该层次上工厂做的仅仅是改善厂区环境，开放部分车间和设置简单的服务设施，利用现有的工作人员为游客提供讲解服务。工厂没有将工业旅游作为一个可以带来经济效益的项目加以对待。

第三，自发性较强。尽管有很多工厂都参与到工业旅游的开发中来，但在这个阶段上的工业旅游都处于无序状态，大多是各个厂家出于不同的目的，利用现有的设备和人员，在原有接待工作的基础上开展的，而且没有形成系统的线路，除了进行一些宣传以外，几乎没有其他的营销手段。

2. 第二层次：互动型参与。发展到这个阶段的工业旅游突破了流程型游览的单一性和交流的单向性，工业旅游的内容也变得丰富起来。在这种模式下，旅游者不仅可以参观产品的制作流程和工艺，了解生产的奥秘，更可以亲身体验生产制作的快乐。这个阶段的工业旅游比较适合一些参与性较强产品的工厂。这一层次的工业旅游也有如下特点：

一是旅游者的参与度高。在互动参与的模式下，旅游者不仅可以一饱眼福，同时还可以通过亲自的参与、亲身的体验，感受现代工业。在一些自动化程度不高的生产环节开辟游客专用的制作室，配备专门的人员进行讲解指导，让游客充分参与其中，亲手制作带有个人风格和印记的产品。

二是工厂投入增加，获利提高。工厂在开辟参与项目的同时，必须要为增加旅游者的逗留时间做好充分的准备。一方面，要修建专门用于参与的设施设备，培训专门的服务人员；另一方面，要为旅游者修建满足其基本需要的设施，当然这些都会增加投入。但是，随着旅游者参与度的提高，逗留时间的延长，旅游者的消费也在不断增加，满意度也在不断上升。如果旅游者逗留的时间超过了半天，就会需要餐饮服务；如果旅游者制作了产品，也会购买以示纪念；如果旅游者在参与的过程中获得了很大的乐趣，那么他不仅会再来参与工业旅游，同时还会对工厂的产品有认同感，在同等条件下会优先选择，所有这些都增加了企业的利润。

三是市场互动度提高。这一阶段，工厂为了实现其旅游功能，投入资金建设旅游基础设施，改善厂区环境，提高人员素质。很多工厂都以旅游者的需求为中心，同时考虑到工业旅游的安全保障问题，专门为游客设计了旅游线路，配备了游客接待中心，不仅能够满足团体客人的需求，更是尊重了散客的要求，体现了以游客为本的设计理念。同时，旅游者在工厂中不仅参观了从来没有见到过的现代化的作业场面，而且还学习到了很多制作方面的知识，工厂的产品也赢得了用户的信赖。

3. 第三层次：主题型体验。当工业旅游发展到这个层次上时，工厂已不仅仅是生产其原有产品的地方，而是融生产和旅游双重功能为一体的新型实体。在这个阶段上的工业旅游是以主题消费、主题体验构成吸引力的核心。其特点是：

首先，旅游者体验值最大化。由于工厂实际上是一种人工环境，所以主题体验型的工业旅游在外部环境上十分类似于主题公园。但是它与主题公园最大的不同之处在于通过在主题工业园区的游览和参与体验，旅游者不仅可以了解产品的制造过程，生产出带有自己个性特征的产品，更重要的是，旅游者可以深入了解一种与他们的生活相关的商品或者是工艺，在统一的系列主题的引导下系统深入地了解熟悉一种自己以前并不清楚的产品或工艺。这样不仅满足了旅游者的好奇心，而且还可以为工厂提供第一手的信息，促进产品的开发。研发人员会根据客人的需求开发出用户需要的产品。

其次，工业企业功能复合化。通过对工厂各项资源的有效整合，在完成工厂正常的生产任务的同时，充分发挥各项设施和工艺的旅游价值，将工厂由原来的单一型的生产企业，转变为复合型的多功能的综合企业，使其各项资源的所有价值都能得到充分的发挥。这样，一方面促进了工厂生产效率的提高，推广了企业的产品；另一方面又促使工厂改善厂区环境，提升服务理念，有利于工厂转变经营模式，分担经营风险，实现可持续发展。

最后，可持续的社会效益凸现。在这个阶段上的工业旅游项目已经充分体现了旅游的社会教化的作用，尤其是在提倡可持续发展的时代，通过工业旅游将工业与社会以人性化的方式连接起来，让工业不再以一种负面的形象出现在世人面前，利用旅游这种方式有效沟通了市场上的供需双方，为双方的交流搭建了一个平台，改变了以往工业企业的发展对公众造成的不良印象，建立起工业和旅游的共生关系，实现了第二产业和第三产业之间横向合作。

（三）三个层次的空间选择

需要说明的是，以上三个层次并不一定对每一个工业企业都适合，也不是每一个工业企业在开发工业旅游时都必须要经历的。企业应该根据其不同的特点，做出合适的选择。

1. 大型的生产不可携带产品的工业企业。这种企业一般都有比较好的自然和人文环境，如大型的电站，可以利用良好的区位条件（一般位于城郊，地域较为空旷）、规划良好的户外环境和生产环境，开发度假区和主题工业园区，做到观光和休闲相结合，生产和旅游相结合，开发和保护相结合，其适合形式为第一和第三层次（模式）。

2. 可能会走向没落的工业企业。这种类型的工业企业可能属于传统的手工艺，也可能属于产品或工艺不再使用的工业，它们开展工业旅游，主要适用第二和第三层次（模式）。开发时，首先应注意保护原有的生产遗迹，结合周边的旅游项目，建设专题博物馆或者是手工艺作坊，在设计时要突出怀旧情调，尽量用原来的工艺，并突出亲身参与。因为手工制作能够满足人们对过去人类工业文明的好奇心。

3. 各种工业比较集中的工业园区或者大型城市。这种类型的工业旅游是第三层次（模式）的主要适用类型。开发时应注意联合各家企业，共同把工业旅游做大。并统一规划旅游线路，充实旅游内容，突出规模效益。现在国内大多数城市的高新工业园区不仅汇集了大量的工业企业，同时还在园区的环境营造上注意到旅游和休息功能。比如，武汉经济开发区的工业旅游不仅仅是游览一个工厂，而是一系列的现代制造企业，且不断增加新的有特色的游览项目；同时该区的工业旅游依托武汉经济开发区这一新城区，在游览完工业生产线后，还可以继续游览新型的工业化城区。

第五节　工业旅游开发的原则

应用昂谱（RMP）分析模式对工业旅游资源、市场和产品进行综合分析的基础上，结合国内外工业旅游开发的实践经验，一个企业是否能成功经营工业旅游要遵循以下几条原则：

一、"特色＋规模" 原则

企业要有特色，有足够的规模或市场认知度。这是判断一个企业是否适合办工业旅游、能否持续经营工业旅游项目的前提条件。特色是吸引游客的根本，企业的规模或市场认知度，是确保有足够的旅游市场规模来支撑工业旅游活动持续经营下去的基础，两者缺一不可。实践表明，办工业旅游成功的企业都是些著名品牌企业或特色企业。例如，我国海尔工业旅游的成功就在于企业知名度高，有特色、有规模。而美国的国家造币厂虽然规模小，但是特色鲜明，对普通游客都有吸引力，市场认知度高。

二、互利双赢原则

旅游者也是企业的顾客，游人只有在赏心悦目的游览中获得"求知、求新、求奇"等多重心理满足时才会觉得不虚此行，物有所值，企业推出的工业旅游才有市场。而工业旅游的主办企业也要从中获得利益，只有双方利益均沾，形成双赢，市场才能形成和发展。旅游市场的发育具有渐进性的特点，因此工业旅游的发展一定要先易后难，梯度推进。根据企业或景区所在地的消费水平，有选择的发展。企业开发工业旅游项目一定要有精品意识，要精心组织、精心设计、精心打造，只有让游客满意，才能使自己得利。

三、突出主业原则

必须明确企业办旅游只是副业，旅游活动是以不影响生产、不涉及企业的技术和商业机密为前提。游客来这里参观并不是因为工业旅游本身，而是企业主业经营的特色、魅力和成功业绩深深吸引旅游者。工业旅游的成功与否就在于能否充分挖掘并展示企业主业的特色和魅力，旅游活动的设计安排是否紧紧围绕并突出主业。这是工业旅游生命力之源。工业旅游以工业生产活动为基础，是工业与旅游业结合在一起的新型产业，工业是基础，离开了工业，工业旅游也就无从谈起，因此，工业旅游必须在工业生产基础上进行开发和发展，决不能脱离工业另搞一套。

四、多层次原则

工业旅游产品单一是工业旅游发展的瓶颈，仅以参观生产线为主要旅游产品的工业旅游功能单一，不能满足游客多方面的需求。工业旅游产品的开发要避免单一性，应朝多层次方向发展。主导产品、替代产品、辅助产品相辅相成。因地制宜的开发有特色的主导产品，同时注重对替代产品的培育。主导的工业旅游产品进入停滞阶段后，大力推出替代产品，使工业旅游进入一个新的发展周期。辅助产品的开发可以满足游客多方面的需求，在工业旅游的发展过程中对提升整体吸引力也起着至关重要的作用。

五、综合效益原则

所谓综合效益原则有两层含义：首先，企业办工业旅游不能只关注直接的经济效益，更应该注重间接的无形资产收益；不能以追求经济效益最大化为目标，应该着眼于企业综合效益的最大化。其次，企业不仅要关注自身利益，同时要承担向社会大众普及工业知识、教育引导消费等必要的社会职能。其实，这两者是相辅相成的，一个企业只有长期得到社会的认可才能持续经营下去，这也是衡量一个企业经营管理是否成熟的重要标志。工业旅游产品开发应根据现代旅游业高度相关性和高度依附性的特点，打破行政区和行业界限，同时考虑旅游业发展的内外各种要素，树立"大旅游产品"观念和良好的旅游形象，努力开发高品位、高市场占有率和高效率的有特色的工业旅游项目。工业旅游产品的经济效益不是从旅游收入中体现，要明确企业形象宣传和产品推广才是企业开发工业旅游的主要动因。在产品开发中要最大限度地融入企业文化、标识、产品，以达到企业综合效益最大化。环境决定旅游地的吸引力，是影响旅游地生命周期的重要因素，在旅游产品开发中要始终重视环境效益。优美的花园式厂区具有独特的吸引力，既可增加旅游者游览过程中的愉悦心情，又可开发作为旅游替代产品，如首钢依托厂区内的湖水改建的花园式厂区。企业在环境改建和污染源的治理过程中，也体现出企业的社会责任感，并能在很大程度上增加消费者对企业的认同。在工业旅游开发中社会效益不容忽视。

六、因地制宜原则

在规划旅游产品、开发项目的同时，要在调查研究和客观评价的基础上，以市场为导向，科学有效地塑造与设计适宜的产品形象及游客活动项目。强调该景区的特色旅游——工业旅游，做好工业旅游与其他旅游项目的结合，求新、求异、不求全，避免重复建设，因地制宜地塑造独特的旅游产品形象。开发工业旅游的企业一般都已经过多年的发展，具有较好的工业基础和一定的知名度，厂区已形成比较稳定的布局，工业旅游的规划布局要充分考虑工业和旅游业的总体布局，尽量利用现有建筑和设施，协调好新建筑和设施与原有建筑设施的功能关系，同时其发展要尽可能地在工业现有开发基础上增加旅游的特性。通过发展工业旅游，提高企业知名度和工业企业的经济、社会、文化效益。工业旅游产品开发没有固定模式，不同地区不同企业要结合自身发展历史特点和优势，优化工业旅游产品结构，挖掘企业内涵和文化，创造具有吸引力的特色产品。如丰满水电站开发工业旅游产品依托风景区建设，沈航工业旅游产品以展示为核心，山西杏花村汾酒集团工业旅游产品挖掘酒文化。而有些缺乏优势旅游资源，为减少对城镇生活环境影响而建在区位条件较差的工厂企业，就不适合开发工业旅游。

七、可持续发展原则

工业旅游吸引游客在其新奇性，一般重游率较低，为克服此弊端，工业旅游的发展要注意企业其他资源的开发，要保护好后备旅游资源与厂区或景区环境，切实搞好节约耕地、水土保持、绿化以及废弃物处理等工作。充分利用荒山、荒滩、荒地等后备资源，旅游景区规划具有良好的可操作性和可实施性，以及适度的超前性，同时安排好项目建设的过渡与衔接，实现工业旅游与资源环境的协调发展。注重环境、经济与社会的综合效益，使工业旅游景区与地区经济发展和环境保护融为一体，共同繁荣。

第八章

我国工业旅游发展研究

第一节 我国工业旅游的发展背景

在我国，长期以来工业企业不对外开放，仅因工作关系供有关人员参观。改革开放后，部分工业企业为展示建设成就和扩大宣传，开始接待各界人士参观访问，为工业旅游的开展奠定了基础。我国工业旅游业的发展经历了 20 世纪 90 年代中期以前的被动接待和消极适应阶段，20 世纪 90 年代中后期的企业自发组织工业旅游阶段和 21 世纪初以来的政府规范管理工业旅游阶段。90 年代中后期，工业旅游作为旅游产品正式推向市场。它一出现，即以较强的知识性和独特的观赏性吸引了许多游客。作为旅游业的新领域，工业旅游已显示出很大发展潜力。2004 年 7 月，国家旅游局命名首钢总公司等单位为首批"全国工业旅游示范点"，更标志着中国工业旅游已开始进入了快速发展的历史阶段。

1. 被动接待和消极适应阶段

长期以来，我国工业企业一般不对外接待参观人员。上世纪 60 年代，一些政府、人大、政协、社会团体和研究机构，出于工作需要，以考察为目的，到一些有先进经验的企业参观。后来，很多商务团也有这样的要求，希望在旅游线路中增加工业企业参观、考察的项目。改革开放以后，部分国家重点建设的工业企业，为了展示现代化建设成就，也为了宣传企业，对老百姓敞开了大门，对外接待各界人士参观访问。这期间在接待设施、展示现场、行走路线上均不是很成熟，但各企业的接待工作为工业旅游的开展奠定了一定的基础。

2. 企业自发组织工业旅游阶段

20 世纪 90 年代中期以前，到中国工业企业参观的对象大多是官方和业界人士，严格来讲，这种形式的参观接待并不能算是真正意义上的工业旅游。我国真正的工业旅游出现于20世纪90年代中期，少数实力较强或独具特色的企业集团出于营销目的推出一些参观项目，成为工业旅游的雏形。20世纪90年代中后期，在工业企业和旅行社的共同努力下，工业旅游被作为旅游产品正式推向市场。随着我国现代高新技术开发区的兴起，尤其是一些民族品牌企业如海尔、宝钢、春兰等的崛起，工业旅游在我国多数地区快速兴起，成为旅游行业的一个新亮点。1994年，长春在一汽集团组建了一汽实业旅行社，对外开发了卡车生产线、红旗轿车生产线、捷达轿车生产线及汽车研究所样车陈列室。此后，国内其他一些知名企业也纷纷开始涉足工业旅游项目，其中影响较大的是四川长虹集团，1997年长虹与九院等一道联手推出绵阳科工之旅，在全国率先开展科技工业旅游。北京三元、燕山石化、燕京啤酒等企业纷纷对游人开放，国内其他一些知名企业也纷纷开始涉足工业旅游项目。

3. 政府规范管理工业旅游阶段

良好的背景条件为中国工业旅游的发展奠定了优越的基础，正是在这种形势下经过国家旅游局等有关部门宣传策划，2000年前后开始走上了中国旅游发展的大舞台，启动发展起来。

2000年之后，我国工业旅游进入政府规范管理阶段。国家旅游局先后发布了四批全国工业旅游示范点，目前总数已经达到345家。其中，包括2004年的103家，2005年77家，2006年的91家，2007年的74家。开展工业旅游的各类企业已经遍布全国29省、市、区，而且越来越多的工业旅游景点加入示范点的队伍。工业旅游项目和接待规模迅速增长，产生了很大的经济和社会效益。2001年，国家旅游局正式启动工农业旅游这一项目，2002年国家旅游局把工业旅游示范点启动工作作为28项工作要点之一，到2004年3月底，全国340多个企业向国家旅游局提出申报验收的要求。在汇总和审议验收结果的基础上，国家旅游局制定实施的《全国工农业旅游示范点检查标准（试行）》中，对工业旅游示范点的诸多方面都作了详尽的规定。通过政府的规范管理，可以促进工业旅游健康有序地开展，避免一窝蜂地盲目上马而造成资源浪费、质量低下的弊端。在短短几年中，工业企业自主开发，旅游主管部门大力推广、引导和规范，我国工业旅游已初具规模，陆续推出了一些比较成熟的旅游点和较为合理的旅游线路，吸引了大批旅游消费者，形成了一定的接待规模。

总体上看，工业旅游潜力巨大，前景广阔，它既能满足人们的旅游消费多样化需求，还可以刺激国内消费，为企业发展提供新的机遇；从长远来看，工业旅游产生的综合效应还将带动企业和社会的良性发展。

相对于欧美等国，我国工业旅游起步晚，在市场份额占有、经济效益等方面存在明显的差距。真正意义上的工业旅游是在上个世纪八十年代中后期，伴随科教旅游市场，特别是大中小学生科教旅游市场的兴起而发展起来的。当时主要的工业旅游项目集中分布在大城市城区范围内的国有大型工业企业之中。

我国工业旅游发展滞后，主要是受到工业化客观因素的制约。由于我国工业化的历史不长，工业遗产资源以及其他各类可以转化为旅游资源的工业资源不多，大部分工业企业开展旅游活动的经验不足和条件也不成熟。不过，伴随工业化进程的持续加快，特别是新型工业化道路的推进，在客观上催生了工业旅游的快速发展。早期我国工业旅游发展的"星星之火"正成燎原之势。

截至目前，开展工业旅游活动的各类工业企业已遍布全国绝大多数省（区、市），涵盖了从传统手工艺、民族特色工业到现代生产、高科技等各类工业生产领域。"大庆油田第一口油井"、"中国第一个核武器研制基地"、钱塘江大桥和酒泉卫星发射中心导弹卫星发射场遗址等20处具有发展工业旅游潜力的近现代工业遗产和标志性工业设施已被国务院公布为全国重点文物保护单位。都江堰水利灌溉系统还成功入选了世界遗产名录，成为我国惟一一项，也是全球34处世界工业遗产之一。

从工业旅游的地域分布上来看，山东、江苏、辽宁、浙江、广东、上海、北京等工业化程度较高的地区，往往也是工业旅游发展比较迅速、发育程度比较高的地区。以29家全国工业旅游示范点位居全国第一的山东为例，工业旅游的发展不仅已经打破了工业旅游项目集中在大城市的常规，还涌现出不少诸如青啤、海尔等具有世界知名度的工业旅游品牌。此外，在北京和上海，工业旅游与都市旅游相映生辉；在东北，工业旅游成为老工业基地实现发展转型的新亮点；在民营经济最为发达的江浙地区，工业旅游已经成为了众多民营企业在规划建设中的重要选项。

第二节　我国工业旅游发展现状分析

一、我国工业旅游发展现状

（一）形成了良好的发展态势

从总量上看，我国工业旅游示范点从1990年至2007年，企业数量稳步增加，1997年快速增长，2000年进入增长高峰期，2004年达到104家，2005年增加到181家，2006年增加到272家，至2007年已达到345家，分布于钢铁、煤炭、水电、服装、酿造等数十个行业。从数量排序看，全国工业旅游示范点排在榜首的是山东39家，占据了示范点总量的11.3%；排在2～8位的分别是：江苏29家，浙江25家，安徽24家，辽宁21家，河南19家，新疆16家，上海15家；河北、北京、山西均为14家，并列第9；宁夏、海南排在最后，仅为1家；西藏、青海尚无一家（未统计台湾省、香港、澳门特别行政区）。从整体布局看，主要集中分布在华东地区，其次是华北、中南地区，呈现出明显的阶梯性分布状态。工业旅游示范点较为集中的东部地区经济实力雄厚、工业体系完善、企业管理先进、区域交通便利、人力资源丰富、客源市场充足，这些都是发展工业旅游必不可少的条件。从企业、行业类型看，排在榜首的是工业园区和酿造业；其次是水力、发电类、食品、饮料类；汽车、机车、船舶、飞机制造类排行第三，另外还涉及石油、煤炭、港口类等数十类行业。

（二）形成了一定的接待规模

青岛海尔集团1999年初推出"海尔工业游"项目，当年参观的中外游客达到24万人次；2000年达40万人次。青岛港的年接待量达4万人次以上。青啤二厂年接待游客1.2万人次，其中90%以上是海外游客。青啤一厂2000年接待游客2万人次以上，2001年仅上半年就超过2万人，其中70%以上是海外游客。北京景泰蓝厂一年接待国内外游客50万人次。2001年武汉工业旅游接待游客已达10万人次。长虹集团1997～2000年已接待游客8万人次。宝钢工业旅游游客已达10多万人次。西昌卫星发射基地仅1998年就接待了20多万游客。

（三）形成了两种接待形式

一种是由旅行社的导游全程陪同，并提供各工业景点讲解。另一种是由旅行社的导游全程陪同，但在各工业景点则由工业企业自身接待机构来接待，提供讲解并代表厂方安排相关活动。从实践来看，后者更受游客的欢迎。例如，青岛港组建了由21人组成的规范的旅行社。海尔集团拥有自己的国际旅行社，工作人员近100人。长虹集团组建了"长虹之旅"的接待机构等。

（四）形成了多种开发模式

目前工业旅游开发模式多种多样，但是归纳起来主要是以下几种：综合景观型、文化传承型、现代企业型、艺术品展示与购物型、工业园区型和遗产与博物馆型发展模式，这几个发展模式及特点适合不同的地域和企业，有的侧重与周边旅游景区结合，有的侧重对传统文化与民族历史的感受，有的重点展示现代企业成长中取得的成就，有的与购物紧密相联，有的以保护工业遗产和建设主题公园为目的。但是无论哪一种模式都必须经过统一规划管理，科学设计线路，企业品牌过硬，资源的配置合理，旅游特征明显。

（五）工业遗产旅游发展空间巨大

戴学峰在《2007年中国旅游发展分析与预测》一书中指出："在我国，工业遗产旅游还仅仅停留在学术研究范围内，实践上几乎是空白。"这与我国对工业遗产的认识甚晚有关，也与社会各界对旅游业作用的认识比较狭隘有关。由于我国工业遗产旅游的各种条件已经具备，因此工业遗产旅游大发展在即。首先，社会各界已经接受了工业遗产旅游的概念，这是工业遗产旅游发展的基本条件。其次，我国上百个资源枯竭型城市蕴含的巨大工业遗产为旅游的开发提供了先决条件。第三，国家提出资源型城市转型战略为这些地区工业遗产旅游的开发提供了必要的资金与政策支持，一些城市目前已经聘请专家进行开发工业遗产旅游规划了。

二、我国工业旅游的主要类型

按照工业资源禀赋的差异以及与旅游功能结合点的不同，可以将我国的工业旅游划分为以下几类：

（一）依托国家重大工程建设项目而开发的工业旅游项目

新中国成立以来，国家陆续开工建设了一大批重大工程项目。这些项目因其关系国计民生和作用特殊，往往也是具有标志性和象征意义的国家符号，代表了国家的形象和民族的精神，旅游内涵丰富，发展工业旅游的潜力巨大。首钢、宝钢、大庆油田、神华煤矿以及葛洲坝、小浪底、长江三峡等水利枢纽工程都是这种类型的工业旅游产品。

（二）依托现代化工业生产而开发的工业旅游项目

现代化的流水线、自动化、智能化的工业产品制造，不仅具有较高的技术含量，而且也是良好的旅游资源，加之现代工业企业的品牌意识、管理理念、企业文化氛围，形成了独特的旅游吸引力和市场营销。青岛海尔、上海通用、广州本田、北京现代等都是比较典型的这类工业旅游项目。

（三）依托与生活消费密切相关的工业制成品生产而开发的工业旅游项目

开发这类工业旅游产品的工业企业大部分从事社会终端消费品的生产，因其产品的性质而与"食"等旅游各大要素发生直接关联，并衍生出工业旅产品，工业旅游活动主要集中在从事食品加工、酿酒制造、服饰加工等工业企业中。青岛啤酒、贵州茅台、海澜之家等都已跻身全国工业旅游示范点之列。

（四）依托各类高新科技开发的工业旅游项目

信息、生物、航天航空等高新技术，代表了人类科技活动的最新成果，引领着人类对未知世界的探索。这类工业项目科技含量极高，对广大旅游者的吸引力较为强烈。目前，我国已建成的酒泉、西昌卫星发射中心，以及清华紫光生物技术研发机构等多个全国工业旅游示范点。

（五）依托各类工业遗产开发的工业旅游项目

作为后起的制造业大国，我国工业遗产的种类较少，得到较为完整保存，具有一定旅游价值的更是凤毛麟角。不过，我国的工业遗产也有一定的优势和特色，比如近代民族工业遗产、新中国成立初期的重工业建设成就，乃至旧时代遗留的工业设施和遗迹都是开发工业旅游的独特资源。无锡等地的近代民族工业遗产旅游、大庆油田第一口钻井等正在成长为当地旅游经济的新宠。

（六）依托民族特色工业、手工业而开发的工业旅游项目

我国历史悠久，文明源远流长，作为传承中华民族精神文化特质的载体和符号，民族特色工业和手工业具有特殊的意义和价值，往往也是开发特色旅游商品和旅游纪念品的切入点。这类工业旅游往往还具有明显的地域色彩，是有潜力成长为具有世界文化意义的特色旅游项目。南京云锦、景德镇陶瓷等都是其中的优秀代表。

三、我国工业旅游发展中存在的问题

（一）对工业旅游开发认识不足

与发达国家相比，我国认识较晚。英国是世界工业旅游发展的先驱国家，也是工业旅游认识最为成熟的国家之一，目前不仅许多工业革命时代的企业和生产资料（如蒸汽机等）已成为人们的参观对象，而且一些现代的工业企业也越来越受到了游客的喜爱。而在我国，尽管一些开发较早的工业企业在工业旅游上已尝到一定的甜头，但多数企业仍认为企业是生产制造的场所，旅游活动是"副业"，因而对前来参观的游客抱着敷衍态度。显然，工业旅游要在全国范围内得以推进，转变企业的观念乃是关键。

（二）旅游产品结构单一，特色不够明显

工业旅游产品结构有待进一步完善。许多工业旅游点的配套设施不健全（如没有专门的旅游通道），旅游服务不到位，管理不规范（如收费问题目前

无章可循），使工业旅游产品失去了旅游产品的综合性特点。另外，旅游活动只是简单地参观工厂，游客参与的要求没有得到满足，没有体现出"游"味。工业企业在旅游购物品开发上意识不强，基本没有辅助出售的特色旅游商品和旅游纪念品。

（三）空间分布不均衡，显现出明显的集聚趋势

环渤海工业旅游区具有明显的区位、交通、人才、资源优势，工业城市分布密集，具有发展工业旅游的良好条件。东部沿海工业旅游区是我国工业经济重心和近代工业发祥地，资源丰富，城市分布密集、设施完备、客源充足，发展工业旅游基础坚实。黄河中游工业旅游主题区涉及煤炭、食品等

多个门类，这有利于旅游产品开发的多样化，有利于满足游客的多种需求，在客源市场竞争方面有一定的优势。但是该区工业旅游示范点集聚性较弱，这在相当程度上限制了旅游业的规模集群效应的发挥。

（四）对工业旅游的附加效益开发程度不够

这主要表现在缺乏宣传载体，如企业图片、游客留影、纪念品等，这很容易使游客返程后忘记自己参观的是哪家企业。有些企业的旅游纪念品与本企业的主业结合不紧，或不够精致，纪念性不强，游客要么不愿买，要么买了后容易丢弃。

（五）旅游服务的专业程度不足

以收费问题为例，海尔集团之所以对参观者不收费，在很大程度上就是担心由于服务不到位，引起游客的抱怨或投诉。功能不够完善的主要原因在于目前的工业旅游项目多为工业企业自身推出，企业对旅游业发展规律认识不足，在发展的初期阶段与旅游部门的联系不多，因此往往是用企业工作的经验来指导旅游工作，而不是用旅游业的标准规范来指导工作。

第三节　我国工业旅游的空间结构特征

一、工业旅游的空间结构特征

现有的工业旅游示范点遍布全国 29 个省（直辖市、自治区），但空间分布不均衡，表现出明显的集聚趋势。从整体分布上来看，工业旅游示范点主要集中分布在华东地区，其次是华北、东北地区，呈现出明显的阶梯性分布状况。工业旅游示范点较为集中的东部地区经济实力雄厚、工业体系完善、企业

管理先进、区域交通便捷、人力资源丰富、客源市场充足，这些都是发展工业旅游必不可少的基础条件。相比较而言，中西部地区在经济基础、区位条件、人力资源等方面都存在着劣势，工业旅游的发展相对滞后。

作为一种新兴的旅游项目，工业旅游的开展在很大程度上依赖于企业的发展水平与经营状况、旅游资源与产品的独特性、客源市场的分布、所在地的配套基础设施以及相关部门的重视程度。工业旅游开展得较好的地区，多是在上述一个或几个相关领域具有明显的优势。这些省（市）经济都较为发达，开展工业旅游在资源禀赋、管理经验、人才配置、基础设施等方面有着许多优势条件。如北京目前的工业旅游示范点主题广泛涉及钢铁、航空、酿酒、食品等多种类型，成为旅游业发展的又一亮点；上海是我国最大的城市，长江三角洲经济区的龙头，工业基础雄厚，可供开发的资源丰富，宝钢集团经过多年的开发，在游客接待量、营业收入、利润率等指标上已经全国名列前茅；成为工业旅游的一个成功样板浙江的民营经济相当发达，其独特的产品模式、灵活的经营机制为发展提供了较好的条件，仅温州一地，就拥有报喜鸟集团、红蜻蜓集团、正泰集团等五家全国工业旅游示范点。

二、工业旅游的空间布局分析

我国工业旅游空间分布上较不均衡，显现出明显的集聚趋势。对工业旅游空间布局展开分析，有利于各旅游点形成准确的市场和产品定位，有利于相关部门从宏观上对工业旅游的开发进行指导，有利于形成特色鲜明、竞争有序、分布合理的工业旅游格局。

（一）环渤海工业旅游区

环渤海工业旅游区涉及北京、天津、河北、辽宁、山东等三省二市，该区具有明显的区位、交通、人才、资源优势，工业城市分布密集，具有发展工业旅游的良好条件。北京是其中的核心城市，青岛、大连、沈阳、威海、烟台等工业旅游名城和天津、石家庄、济南、太原、呼和浩特等中心城市可作为次核心。具体而言可以细分为三个密集区，一是以沈阳、大连为中心的辽中南工业旅游带，目前围绕着沈阳，已形成包括鞍山、抚顺、丹东、锦州、本溪等市在内的工业旅游城市群；二是以北京为中心的工业旅游城市群，包括天津、唐山、承德、张家口、保定等市；三是以青岛为中心的山东半岛工业旅游带，包括威海、烟台、潍坊等地。

（二）东部沿海工业旅游区

东部沿海工业旅游区主要包括江苏、上海、浙江三地，目前拥有工业旅游示范点。该区域自古以来就是我国的经济重心地区,同时又是近代工业的发祥地,现已形成门类齐全、结构合理的综合性工业体系,工业旅游资源非常丰富。另外,该地区城市分布密集度高、交通系统便捷、基础设施完备、企业管理先进、客源市场充足,为开发工业旅游奠定了坚实的基础。从目前的发展情况来看,已有的工业旅游项目主要集中在以上海为龙头的长江三角洲地带。上海是该地区的核心城市,南京、苏州、宁波、杭州、嘉兴等城市可作为次核心。除此之外,目前在长江沿岸,一个以南京为中心的,包括马鞍山、芜湖、池州、安庆在内的工业旅游带已经初露端倪。可以预见,由于人力资源的流动和产业结构的调整,该区的工业旅游资源将会沿着长江向中上游地区扩散,一个包括武汉、安庆、重庆等地在内的更大的沿江工业旅游区将会逐步地形成发展。

(三)黄河中游工业旅游区

黄河中游工业旅游区主要包括陕西、河南、山西三省,拥有工业旅游示范点,主要的工业旅游中心城市有西安、郑州、太原等地。该地区的工业旅游项目主题涉及水利、煤炭、食品、青铜、机车、酿酒等多个门类,这有利于旅游产品开发的多样化,有利于满足游客的多种需求,在客源市场竞争方面有一定的优势。交通方面,陇海、京九等多条铁路干线在此区域交汇,这为工业旅游的开展提供了良好的可进入性条件。不过,与其他两个工业旅游区相比,该区拥有的工业旅游示范点分布较为分散,集聚性较弱,这在相当程度上限制了旅游业的规模集群效应的发挥。

此外,在全国还有若干个省份工业旅游示范点数较多,包括吉林、内蒙古、新疆、广东、安徽等地区,但分布密度较为稀疏,只能形成若干分散的中心城市,在目前的情况下尚不具备构建工业旅游区的条件。

我国工业旅游示范点的区域分布明显不均衡,主要集中在华东、华北、东北等地区,中西部地区数较少。同时,在各省的分布也呈现出一定的集聚趋势,主要集中分布在山东、辽宁、浙江、江苏等省份。从空间分布密度上来看,可以将全国的省市分为三个梯队。另一方面,工业旅游示范点和各省的城镇人口在地域上的均衡、配合程度较高,呈现出较强的客源市场导向性特征。从整体上看,目前我国的工业旅游已经初步形成三大集聚区域,规模集群化趋势开始显现。

工业旅游在我国起步较晚,目前还处于一个加快发展的阶段,在经营管理、项目创新、基础设施等方面与国外先进国家还有着较大的差距。但经过十多年的历程，已经呈现出了美好的开发前景。从空间分布特征角度对工业旅游展开研究，将有助于形成层次分明、特色明确、合理有序的工业旅游空间格局，有助于各工业旅游点进行准确的客源市场分析和制订相应的营销策略，有助于我国工业旅游业的健康发展。

第四节　我国工业旅游发展战略与前景展望

一、我国工业旅游发展战略

（一）充分认识工业旅游的潜能

从旅游产业的长远发展和资源本身的角度提高对工业旅游的认识。工业旅游的开发，不仅有利于改造提升众多老品牌、老景点的综合影响力，而且有利于工业等产业结构的调整优化和促进经济增长；有利于进一步完善各项配套服务设施，提升各工业基地的品牌和知名度；同时又能通过旅游开发扩大龙头企业的影响，进一步促进制造业基地的发展和国际化进程。我国有的国内外知名企业甚至已有几十年接待历史，同行的取经、国家领导的视察、外宾来访等，企业由此积累了丰富的接待经验，这虽为工业旅游开发孕育了基础，但由于以前是无偿服务，所以工业旅游还得经历无偿服务的思维习惯到有偿经营的市场化运作理念嬗变。北京、上海、浙江等地开发工业旅游已取得了良好经济效益，它昭示了工业旅游有广阔的发展前景。全国政协常委社会学家邓伟志和上海社会科学院王大悟教授说：工业旅游在世界上是一个很有前途的旅游项目。旅游业界与企业应从长远的角度出发，按照国家旅游局"出台规范，强化指导；点面结合，全力推进；通过验收，树立样板；大力宣传，扩大影响。"的指导方针，从战略高度，将工业旅游开发作为工业及旅游经济的新增长点来培育。

（二）做好工业旅游企业的选择

工业旅游是以工业企业作为参观游览对象，所以企业的选择对于工业旅游活动的成败至关重要。选择开发工业旅游的企业时可考虑以下因素：（1）资源的独特性。如果工业旅游资源具有独特性，开发为旅游产品后将有更强的竞争力。也就是说，如果竞争者不能形成类似资源，或者周边地区普遍存在类似资源，其开发利用价值降低。（2）品牌知名度。消费者能够记忆的工业产品品牌数量有限，名牌企业开发工业旅游的优势十分明显。以酿酒企业为例，青岛啤酒、贵州茅台等地开发工业旅游产品，就比不知名厂家开发类似产品易形成影响。（3）吸引力程度。产品对旅游者的吸引力程度与消费者对其熟悉程度密切相关。在工业旅游产品中，一般来说，消费者对于和自己日常生活相关的产品关注程度高。另外，消费者对于平时接触不到的产品或领域也有强烈的好奇感。前者如家电生产企业，后者如卫星发射基地。旅游者对于中间产品兴趣不大。（4）资源向旅游产品转换成本。在工业旅游产品的开发中，强调利用原有资源创造增量效益，如果将工业资源开发为旅游产品需要投入大量成本，就违背了工业旅游发展的本意。（5）区位条件。交通的便利，对于所有旅游产品的开发都具有重要的意义。理想的区位条件包括：临近车站、码头、高速公路、主要公路，或与周边重点景区联系紧密。所以，工业旅游应选择位于市区或近郊区的日用品生产企业（如家电企业）、高科技企业（如汽车企业）、军工企业（如卫星发射基地）和传统手工业企业（如首饰制作）。

（三）丰富旅游产品结构

产品的丰富性是工业旅游产品开发的薄弱环节，可采取以下措施丰富旅游产品结构。首先，活动安排注意参与性。工业旅游本身的参与性很强，但不少企业为了不影响生产，一般把旅游活动限定在旅游通道内。游客只是走走看看，参与的要求没有得到满足，不利于其发展。如何引入参与性的内容是当前工业旅游开发重点突破之处。国内外的一些企业在这方面已做出有益的尝试。比如，在德国斯图加特奔驰汽车公司，游客可以参观公司的总装线，可以穿上工作服拧几颗螺丝钉，到工人食堂吃午饭，体验奔驰人的生活。在香港的香水厂，游客可在技术人员指导下自己配制香水。这些经验我们可以借鉴过来，根据不同的工业企业特点，采取措施加大游客的参与程度。其次，增设文化、娱乐设施。工业旅游固然以企业的生产景观为主，但是，在企业内增设相关的文化、娱乐设施，将使整个环境更具吸引力，延长游客逗留和消费时间。再次，纪念品与宣传材料的准备。设计制造带有企业特点的旅游纪念品，赠送游客或供其选购；向游客发放企业概况、游览景点介绍等宣传材料，以作纪念和加深认识，但要把握产品的商业性宣传分寸，避免引起游客的反感。

（四）形成"集聚效应"，深化细分市场

工业旅游应该把自然景观和工业特色穿插起来，形成"集聚效应"，创造出亮点，吸引更多的游客。在一个地区内，把几个互有差异、各具特色的工业旅游点和自然景观组合起来做成"工业之旅"专项产品，纳入城市旅游线路，使得区内成片，跨区成线，市场做专，形成吸引力。发展工业旅游市场定位要准确，市场细分要深化，例如：针对院校学生可以开展以修学、择业为主题的工业旅游，针对政府机关可以开展以调研考察为主题的工业旅游，针对投资客商可以开展以招商引资为主题的工业旅游，还可以与行业协会联合举行以促进交流观摩为主题的工业旅游等等。目前工业旅游的客源主要是本地居民，对外地市场开发不足。工业旅游市场开发面向外地游客，不仅可以扩大客源，更可增强当地的旅游吸引力。

（五）优化工业旅游发展环境

工业旅游是旅游行业新生事物，涉及行业及领域比较广泛，各级政府部门应从政策角度进行扶持，减免税赋，甚至贴息贷款鼓励个人、企业、社会投入工业旅游的开发，促进企业进行清洁生产，建立工业生态企业园区，引导企业关停转污染性及破坏性生产项目，转型开发工业休闲旅游中心，与旅行社联合开发生产旅游商品等，为企业注入活力。如四川瓦屋山原是个无人知晓的国有伐木林场，利用林木工业产业转型，将原是工业资源的森林转为旅游资源，走上了可持续发展道路，开辟了生态环保教育系列内容，获得了良好的社会、经济和环保效益。

（六）旅游管理部门与工业企业携手打造畅销的旅游商品

在旅游业比较发达的国家，其旅游商品收入可占旅游总收入的40%至60%，而我国的旅游商品收入只占旅游总收入的20%左右，旅游商品一直是旅游行业的"短腿"。旅游管理部门与工业企业应联合起来，规范旅游商品设计、开发、管理、生产与销售，发展相对独立、设计领先、技术含量高的旅游商品生产企业，既为工业企业提供新的经济增长点，又解决了旅游商品开发问题，一举两得，何乐而不为。如果把大众化的观光旅游喻为常青藤，工业旅游同农业旅游、体育旅游、太空旅游、探险旅游等一样则是青藤上的朵朵鲜花，它们将使旅游业更加丰富多彩。

（七）实行可持续发展

由于工业旅游的回头客少，再加上推销宣传不力，在某些地方，工业旅游经历一段快速发展之后，呈现急速衰退的现象。为了避免这种情况发生，工业旅游的开发必须树立可持续发展思想，达到追求近期效益与长远目标的平衡。首先，要综合分析工业旅游资源，制定整体发展规划，对众多工业企业进行循序渐进式开发。在线路设计上合理规划组合并适时推出新线路，以此吸引游客，增加重游率。其次，将工业旅游开发为功能性旅游产品。工业旅游较强的知识性和教育性是其它许多旅游产品难以替代的，且目前主要市场是青少年学生，根据这一特点，可以考虑将工业旅游开发为教育性功能产品。如选择合适的工业企业开辟为中学生的科普教育基地、大学生的辅助教学基地或实习基地，这样不仅可以满足青年学生学习科学知识，开拓视野的愿望，而且可以保持稳定的客源，促进工业旅游的进一步发展。

二、我国工业旅游发展的前景展望

我国从 20 世纪 90 年代末期兴起的工业旅游以国有企业的政务接待和经济全球化影响下的商务接待为雏形；以其知识性、观赏性、良好的交通条件等特点，吸引了大量游客，发展势头日益强劲。所以，考虑我国工业旅游的发展现状及国外状况，今后一段时间我国工业旅游发展的主要趋向为：

（一）工业旅游景点类型增多

国外的工业旅游景点从 20 世纪 80 年代开始迅速增多，且工业旅游的开发几乎没有什么产业上的限制；同时各工业旅游项目类型多样。我国自 20 世纪 90 年代中期，旧有的不适应生产力发展的工业部门被大量淘汰，新兴的产业部门大量涌现成为必然趋势，这一部分旧有的工厂企业（包括中华人民共和国成立前的工业企业，"大、小三线"建设时期分布在西北、西南等地的计划经济体制下的工业）及新兴的各种工业企业可形成多种类型的工业旅游吸引物，共同构成完整的工业旅游及其体系。

（二）完善的开发、经营、管理规划

工业旅游资源为遍在性资源，表现为内部景观共性大、吸引范围一般较小、游客重游率低，若不进行可行性研究和经营管理规划，必然会引起各景点之间的恶性竞争。国外各工业旅游景点的经营者从项目的设计建设、可行性研究、营销策划、发展战略研究及运营管理等多方面进行认真细致研究，并随着市场的变化随时调整营销策略和经营，不同的企业推出不同特色的项目来吸引更多游客，这些将成为国内开发、经营工业旅游的一种趋向。

（三）经营目的多样性

国外工业旅游景点经营目的各异，主要有增强企业的形象，提高市场占有率，提高员工工作积极性，扩大利润，开展教育普及，保护遗产，提高人们心中的环保意识等等。国内开展工业旅游的目的已从提升企业形象、提高员工工作积极性、增加企业收入等经济效益方面，逐渐考虑社会环境效益及工业遗产保护。如对 19 世纪延续下来的江南造船厂旧址的保护问题，并探讨如何将江南造船厂旧址建成为培养中国人航海文化的基地。

（四）服务规范化

我国已有一半以上的工业旅游景点提供餐饮、娱乐服务设施，几乎所有的企业都配有专门的游客接待服务中心和导游服务人员，但与国外相比旅游服务还不够专业化、细微化。在以后的发展中，工业旅游景点将增设更具人性化、亲情化的服务，如：①完善路标和景点介绍；②安排轮椅道、残疾人专用卫生间、多种语言的导游服务等；③建立网站，提供参观项目、开放时间、旅游线路、门票价格等内容。

（五）采取综合开发模式，建设综合型景区

国外工业旅游景点一般都采取综合开发模式，即实地生产车间参观与高尔夫中心、钓鱼池、礼品店、游乐场等其他形式旅游产品结合。从国内工业旅游示范点的情况来看，采取综合开发模式、建设综合型景区已成为国内工业旅游发展的趋势之一，具体的开发方式有：①企业利用自身条件，综合开发厂区资源，建设成集吃、住、娱、游、购于一体的综合性景区；②企业所在城市有自然或人文旅游资源，可与之配合开展区域综合旅游；③若一个城市内聚集多家工业旅游景点，可几个景点联合开展专项旅游。

第五节 主要结论

1. 工业旅游是第二产业与第三产业成功结合的产物，不仅是旅游产业中一种十分独特的专项旅游方式，同时也是工业企业，特别是名牌企业的一种新的经营方式。对某些地区而言，工业旅游甚至还是区域发展和区域形象的核心。工业旅游的发展，符合国际上旅游市场从大众到分众的转变趋势，同时也符合知性旅游的发展趋势，是一种很值得工业企业、地方政府以及旅游者普遍关注的创新事物和创新产业。

2. 工业旅游的吸引力和生命力往往并不在于工业旅游本身，它严重依赖于企业的主业经营状况。一个工业企业主业经营得越有特色、影响力越大、知名度越高，这样的工业企业开办工业旅游活动成功的概率就大，推出的工业旅游就越有魅力和市场。工业旅游的活动必须以不影响企业正常的主业经营为前提。工业企业本身因素对工业旅游开展的可能性和程度至关重要，如工业企业科技含量的高低，生产设施的先进程度，生产流程的复杂程度和企业自然人文环境等决定了工业旅游的观赏性和吸引力，工业旅游的活动形式也取决于工业生产的要求。

3. 工业旅游的开展，使得工业企业、旅游业、旅游者和地方经济多方受益，形成"多赢"效应。同时我们也应充分考虑到工业旅游自身的局限性，如依附性强、企业资质要求高、直接经济效益不明显、综合效益见效慢等。在工业旅游开发中，必须对因工业旅游项目自身局限性可能产生的开发风险有一个正确的认识与评估，注意防范开发风险。

4. 工业旅游必须建立在市场化运作的基础上才有生命力，市场化运作可以使企业缩短旅游投资的回收期。由行政性接待向经济性接待转变越彻底，则旅游经营越灵活。在市场化运作过程中，处理好工业旅游开发管理与所依附企业的关系是一个迫切需要解决的问题。一方面工业企业要为工业旅游开发提供必要的支持如资金、场所等；另一方面工业企业要让工业旅游项目独立运营，并使工业旅游的开发经营者具有主体地位。在工业旅游项目开发初期，工业企业进行必要的扶持是需要的，但工业旅游必须遵循市场规律，走市场化运作的道路。

5. 开发工业旅游必须因地制宜，灵活运用开发模式。要把握市场规律，尤其是旅游市场的运行规律和演变趋势，了解工业旅游产品的市场价值，进行准确的市场定位。在工业旅游开发的实践中，不能拘泥于现有形式，而应放开眼界，用发散性思维去认识工业旅游产品开发模式，既要借鉴已有开发模式，又要密切结合本身实际灵活运用并力图有所创新。同时，我们也应看到工业旅游开发模式的动态变化性。

6. 开发工业旅游要注意丰富旅游产品结构和加强旅游市场开发，同时工业企业也应该利用自身的科技优势进一步改善旅游基础设施和服务条件等配套建设，并做好人才培养和导游人员培训。工业企业在开发工业旅游项目过程中应积极寻求与旅行社的有效合作，这不仅可以提高工业旅游产品的质量和服务效率，而且还能有效缩短产品的导入期，使其尽快步入良性发展轨道。加强企业与政府间合作，充分发挥政府职能部门在工业旅游开发中的引导作用，企业应利用发展工业旅游的契机，使自身的发展与工业旅游的发展相互促进。

作为一种新型的专项旅游，工业旅游现在还很不成熟。尽管工业旅游在我国尚处在起步探索阶段，但其巨大的发展空间已引起了企业及旅游业界人士的关注，随着我国工业产业结构的调整和旅游业的蓬勃发展，工业旅游必将成为我国城市和旅游业产业链上一道亮丽的风景线。展望未来，工业旅游必将显示出它的勃勃生机，发展成为一项很有生命力的新型产业。

第九章

工业旅游实证研究

第一节 新疆盐湖城工业旅游项目

一、项目总论

（一）项目概述

1. 项目名称：新疆盐湖城景区工业旅游项目

2. 建设地点：新疆达坂城盐湖

3. 建设单位：新疆盐湖制盐有限责任公司

（二）项目背景及建设必要性

1. 项目背景

旅游业目前已成为世界第一大产业群。据世界旅游组织预测，2020 年中国将成为世界最大的旅游目的地国和第四大客源国，我国将实现旅游总收入占国内生产总值 8%，真正成为国民经济的一大支柱产业的宏伟目标。旅游业成为西部大开发中的热点产业之一，在 21 世纪的新疆产业结构调整中，自治区政府已确定将旅游业作为新疆的支柱产业来培育，旅游业发展呈迅猛增长态势。由政府和企业运作的新疆第一条精品旅游线—达坂城古道（由王洛宾音乐城、风车大世界、丝路盐湖城、轮台古城、柴窝铺新疆名吃城等项目组成）已受到自治区、乌鲁木齐市领导的充分重视，目前王洛宾音乐城已进入实质性的市场投资开发阶段，其它项目也在积极运筹之中，这为盐湖旅游开发创造了极好的时机和外部条件。盐湖作为精品旅游线上的一个重要环节，其发展将有力地推动全线旅游发展，增强精品旅游线的整体吸引力。

2. 项目建设必要性

本项目创建了一种可持续发展的社会—经济—生态建设模式，即通过科学、合理的开发，推动经济与生态保护的双重可持续发展。这在当前我国和我区的经济和社会条件下，对于大中型工业企业、旅游业发展和生态事业有示范与推动作用。

（1）促进企业转产

达坂城古道沿线旅游开发的一个非常重要的动因是带动沿线的经济发展，带动达坂城镇脱贫致富，帮助大中型企业摆脱困境。盐湖旅游开发的主要目标就是为这类大中型国有企业转产，寻找新的发展途径和方向，帮助国家解决国有大中型企业下岗工人的再就业问题。通过发展旅游业带动经济效益的提升，增强企业活力，可为国家减轻历史遗留的很大经济包袱。为新疆大中型国有企业转产改制探索新的发展模式。

（2）建成国家级的盐业科普教育基地

通过科学普及和科学传播的社会公益性贡献，建立新型现代化的企业社会形象。

（3）开辟新疆反季节旅游度假地

新疆盐湖城为乌鲁木齐都市圈居民提供四季皆宜的周末度假旅游地。因为新疆缺少冬春季旅游目的地，旅游淡旺季差异太大，经济效益较低，盐湖旅游的开发能从某种程度上平抑这种剧烈的淡旺季差异，增强旅游淡季吸引力。

（4）丰富黄金旅游线沿线旅游内容

盐湖城作为达坂城古道黄金旅游线上特色鲜明的精品旅游点，可以起到丰富乌鲁木齐去吐鲁番沿线的旅游内涵，增强全线的旅游吸引力的作用。

（5）树立企业形象

旅游作为企业树立形象的窗口，架起企业与社会之间的桥梁，将会大大提高企业知名度，人流、物流、信息流、资金流的渗入将激活企业的发展潜能，创造企业发展机遇，多元化的发展有利于摆脱目前困境，促进企业与市场的国际化接轨。

二、景区概况

（一）旅游区位条件

盐湖位于柴窝堡盆地东部，地理坐标为东经88°1′00″～88°13′16″，北纬43°21′14″～43°29′8″。盐湖西面30公里处是柴窝堡湖，东面20公里处是达坂城。盐湖区位条件优越，西距乌鲁木齐市72公里，东距吐鲁番110公里，交通便利，有兰新铁路、吐乌大高等级公路和312国道从盐湖区穿过，兰新铁路在盐湖设有车站，高等级公路在这里有出口，为盐湖旅游开发提供了良好的交通条件。

（二）历史沿革与民族文化特征

盐湖区人类活动历史悠久，早在新石器时代就有人类活动的足迹，历史上车师、匈奴、月氏、乌孙、突厥、吐蕃、汉等多民族都在这里生存过；古丝绸之路留下了众多有价值的遗址、遗迹，如盐湖北岸 312 国道旁边有一处古烽燧；盐湖南岸发现有唐代、元朝两位征将的古尸，戎装齐备，弓箭仍在身上，鞍具齐备的马匹也伴葬在身边。

盐湖矿区的石盐资源开发利用历史较长，早在 17 世纪前后就有乌鲁木齐一带居民成批采挖。1885 年（光绪 11 年），清政府根据新疆当时的盐业行销情况，提出在新疆建立"盐法"。1902 年（光绪 28 年），北疆开征盐税，该盐湖是主要的征收对象之一。解放后，国家再次进行大规模开发，盐湖为新疆和我国盐化工业作出了很大贡献。

（三）社会经济条件

本景区的主要依托盐湖化工厂为国家二级企业，下设分厂 13 个，在册职工 2000 余人，按照企业改革发展的要求，于 2000 年 9 月 28 日正式注册成立了盐湖制盐有限责任公司。该公司 2001 年当年实现利润近 800 万元，并顺利通过 ISO9001～2000 质量体系认证，成为天山区级精神文明先进的达标单位，逐步建立和完善现代企业管理制度和法人治理结构，制订了四年的企业发展规划和经营目标，推进双文明一体化的管理模式，收到了良好的效果。

盐湖化工厂在全国率先开展了原料水硝的机械化开采，与日本、韩国等多国企业已建立了良好的合作关系。盐湖化工厂已在网上注册了"中国新疆盐湖城"中英文域名，且已请有关机构对化工厂进行形象策划，逐渐在全厂统一标志，统一服装，树立良好的企业形象。

厂矿区面积 64 平方公里，已形成了功能齐全、自成体系的社区，学校、医院、银行、邮电、餐饮、商业、娱乐等设施，水电暖配套设施齐全，厂区道路通达，绿树成荫，环境优美，为盐湖旅游开发提供了较好的基础设施和社会依托。

（四）开发现状

盐湖化工厂企业转型的特殊阶段，旅游业被作为产业转型的重要方向之一，企业决策层对旅游业高度重视，将其作为盐湖化工总厂传统产业转型的"拉动工程"，已经作了很多前期准备工作，如在厂区清理了已堆放二十多年的废料场，铺设道路、环境改造、绿化、厂房的内外部装修，办公楼、宾馆和餐厅的装修升级等工作，使盐湖原有较差的环境在几个月内有了明显的改观，可见盐湖决策层的决心之大，管理层的工作成效之高。盐湖具备了现代旅游开发最重要的条件——人力资源条件。

盐湖已经完成了现代企业识别形象设计，创新了企业文化和企业经营理念，制定了现代企业管理制度，让游客感受到现代企业的物质和精神风貌，因此具备了开展现代观光工业旅游的基础。

目前盐湖已经拥有住宿宾馆和餐厅，客房 80 间，达二星级标准，配套餐厅可同时提供 200 人就餐的餐位。

厂区美化绿化工程正在进行之中，年内就可对外接待工业观光游客。

水产养殖园已开始进入南北大对虾的试养阶段，如果试养成功，明年就可投入规模化生产。其他的水产养殖如虾蟹类、卤虫等养殖正在研究和学习阶段。

三、旅游资源评价及开发条件综合评价

（一）旅游资源评价

本景区与新疆的大多数资源型旅游地不同，属于主题创意的人造景观旅游地，因此若按传统资源型评价方法评价本地旅游资源，则本区域不具备开发价值，因此本规划注重根据潜在旅游资源策划的开发项目的潜力评价。

1. 现有主要旅游资源评价

（1）盐湖：由大、小盐湖组成，拥有约 100 平方公里的湖盆，湖面面积23.7 平方公里，东湖较大，面积约为 17.7 平方公里；西湖较小，面积约为 6平方公里，湖水主要靠四周地表径流及地下潜流汇聚，少量水源来自柴窝堡湖，湖中的钠盐、天然碱、芒硝储量丰富。新疆盐湖和死海的矿化度都达到饱和程度，根据测试新疆盐湖湖水矿化度 21.5 克/升，死海根据不同的纬度和不同的部位周边注入淡水量的不同，盐矿化度在 23～39 克/升之间，这是因死海的纬度较低，温度高，因此饱和盐度较高。根据盐湖制盐有限责任公司 2002年 8 月的实验，新疆盐湖也能像死海一样，人在水上漂浮，新疆盐湖城具有开发"中国死海"的旅游地的资源条件。死海淤泥因富含有益于人体健康的钾、钙、镁、氯、溴、碘等多种矿物元素，而成为现代美容新时尚，新疆盐湖也拥有与死海淤泥成分相近的盐湖淤泥，进一步的分析测试正在请有关测试单位进行。同时盐湖城拥有特有的盐湖自然风光，具有一定的观赏性。

（2）湖内有采盐池和现代化的采盐船，具有一定的工业观光旅游吸引力，尤其具有较高的科普旅游价值。

（3）盐湖化工厂拥有现代化的盐化工原料加工及洗衣粉生产线，具有一定的工业观光旅游的吸引力。

（4）盐湖北依天山博格达峰，南临天山支脉乔尔克斯山，碧空万里，雪山巍峨。北岸地带有开阔的草地和带状分布的旗形树，景色别致。其中有一片长2公里宽500米~1公里不等的防风林及菜园果园区，具有郊游的吸引力。

（5）盐湖南岸拥有比较开阔的荒漠戈壁带，地势开阔平坦，可成为天然的狩猎场。

总体上，盐湖现有的旅游资源吸引力不大，必须经过深度开发建设，才能具有较强的吸引力。

2. 历史上曾经拥有的遗迹：

（1）盐湖烽火台：盐湖北岸312国道旁边有一处古烽燧，修建高速公路时被毁。可考虑在合适的地方恢复盐湖烽火台，与达坂城和乌拉泊的烽火台相呼应，让游人感受昔日丝路古道烽燧相连，传递军情的情景。

（2）古代将军墓地：盐湖南岸山麓地带，发现有唐代、元朝两位征将的古尸，戎装齐备，弓箭仍在身上，鞍具齐备的马匹也伴葬在身边，现保存在自治区博物馆，可作为湖南岸盐湖驿站的一个景点，供游客参观凭吊。

（3）丝路古道遗迹：湖南岸现存历史上的丝路古道。可开发驼队旅游，让游客伴随着悠悠的驼铃声，寻着昔日商队的足迹，感悟丝路古道的凝重与久远。

盐湖历史遗迹价值不高，旅游开发价值不大，难以构成较强的旅游吸引力。

3. 主要项目开发潜力评价：

本景区与新疆的大多数资源型旅游地不同，属于主题创意的人造景观旅游地，因此若按传统资源型评价方法评价本地旅游资源，则本区域不具备开发价值，因此本规划更注重根据潜在旅游资源策划的开发项目的潜力评价。

（1）浮力盐池

死海以其低于海平面390米、四周寸草不生的特有景观，四季适宜的热带气候，高盐度、强浮力的海水浴，海底黑泥美疗，温泉疗养等旅游项目享誉世界。近年来每年吸引世界各地几百万的游客。尤其以盐浴的美容、医疗功效而著称，每年吸引上万名肥胖者专程到死海减肥疗养旅游。在中国的中学课本中有关死海的描述是可以躺在水面上看报纸，这种场景对许多人产生强烈的吸引力，如果条件允许，大多数游客是会有这种好奇心并产生不妨一试的强烈愿望。盐湖拥有取之不尽的盐资源，加上优越的旅游区位条件，完全有条件建造一个"中国的死海"旅游目的地。

（2）盐浴美疗中心

盐浴历史悠久，功效显著，可同天然温矿泉媲美。两千年前，有一位历史学家在他的著作中描述："旅行者尽可能地在行囊中装满死海的盐，因为它能解除身体的病痛。"在很早以前，欧洲的水手们就用海盐的清洁和治疗作用防止皮肤破裂及老化，这使得他们的皮肤在阳光长期的暴晒下仍能保持最佳状态，受此启发，荷兰人也将取自深海的盐精炼成浴盐用于皮肤的保养。早在16世纪，人们就发现盐与其他物质混合可以治疗蛇咬、瘤肿、溃疡、痛风等许多疾病。1826年，波兰的 Wieliczka 已开始利用盐浴治病。1839年，已经证实有36种疾病可以通过盐浴治愈。在此后的20年中有3000多人得以治愈。在1958年，Wieliczka 利用采空的盐矿井建立了地下的盐疗诊所，用于治疗哮喘、抑郁症和过敏症等疾病。

盐浴能促进新陈代谢、深层清洁肌肤，使肌肤在清洁过程中得到滋润及补充水分，提升沐浴境界，令人神清气爽，身心舒适。同时盐浴还具有消炎、杀菌、有效的防止各种皮肤病的发生、快速治愈小伤口、祛除多余油脂和角质层、修复凹凸不平的表皮、收敛粗大的毛孔之功效，长期使用使肌肤柔滑细腻。死海黑泥目前已经成为世界各地美容护肤品中的宠儿，它突出的美容保健功效源于其中多种有益于皮肤健康的微量元素，其含量超过正常值的30倍。

自然盐中含有大量的矿物质粒子会附着于皮肤上形成矿物质的薄膜，因此它的保温效果非常高，并能使身体由内温热起来。身体温热后，血液循环将更顺畅，新陈代谢也将提高，氧气和营养更能充分地传送至身体的各个角落，达到美容肌肤的效果。另一方面，也能将体内的老化物质更快地排出体外，消除疲劳。另外，温热效果也可使肌肉、关节血液顺畅，能舒筋活络、软化角质、舒缓紧张，增强活力，减轻工作带来的压力。对于解疲消痛、肌肉痛、关节痛、风湿症、降低血压、治疗脱发等均有一定的效果。盐浴还可防治关节炎、风湿病、肩周炎等病痛；热敷在脂肪层厚的部位，能直接减少该部位的脂肪。长期坚持盐浴可减少全身脂肪，苗条身材。

盐浴以其突出的美容保健功效已成为当今沐浴美容的时尚，并成为世界许多五星级、超五星级酒店的必备洗浴用品，在日本和韩国盐浴及美容已经成为潮流，新疆盐湖的浴盐原料因其上佳品质占据日、韩两国浴盐的主要原料市场的 1/3，且份额仍在不断增加。这种世界潮流正在中国悄然兴起，其潜力巨大。盐湖因其特有的资源及地缘优势，具有开发盐浴旅游得天独厚的条件，有望建成西北最大的盐浴美疗中心。

（3）水产养殖基地

1. 水产养殖市场前景分析

（1）卤虫

卤虫养殖业是最近 10 年才开展起来的新兴行业。近年来，在大多数国家都进行了或多或少的卤虫增养殖试验，取得了相当引人注目的经济效益和社会效益。国际著名卤虫研究专家 P. Sorgeloos 曾预言，卤虫增养殖必将走向商品化。巴西、美国、泰国、菲律宾等国都已成功地引种和养殖卤虫，中国山东东营、江苏等地也已进行了成功的试验。卤虫除了作水产养殖的饵料外，还可用来作人类的医疗保健食品。研究发现，卤虫除含有 60%（干重）以上的蛋白质外，还含有丰富的胡萝卜素、核黄素、血球蛋白、长链不饱和脂肪酸以及一些激素类物质，具有医疗保健作用。目前在美国、新西兰等国的市场已有一种"卤虫薄饼"加工品，味道类似干虾，较可口，作保健食品，销路看好。卤虫是今后盐湖水产养殖的一个重要方向。

（2）其他水产

由于水产品具有高蛋白、低脂肪、营养均衡、味道鲜美的特点，深受人们喜爱。随着人口的增长，收入水平的提高，以及对外贸易的发展，水产品需求量日益增加。盐湖具有优越的区位条件、水产养殖的自然及能源优势大力发展水产养殖。

2. 盐湖水产养殖优势分析：

（1）具有养殖卤虫的天然条件

盐湖为硫酸型卤水湖，属于生物型盐湖，可生长卤虫。卤虫以盐藻为食，可提取营养丰富的天然胡罗卜蛋白素，是高价值的保健品原料，被誉为"软黄金"。目前盐湖天然卤虫的生长量较低，可以进行人工养殖。

（2）具有配制海水的资源条件

盐湖的湖水含盐度高，容易配制人工海水，对于大规模水产养殖来说，可谓具有丰富的海水来源。这是新疆其它的水产养殖区无可比拟的优势。

（3）供热基础好

盐湖热电厂的热水能提供充分稳定的热源，保证四季水产养殖，提高养殖效益（如南北对虾在露天养殖区只能进行一个周期的养殖，而盐湖室内养殖则能进行三个周期的养殖）。利用发电余热，成本较低，这也是新疆一般的养殖厂难以具备的优势。

（4）具备科学化、产业化养殖的条件

盐湖的水产养殖有盐湖制盐有限公司作依托，采用规模化工厂养殖，进行科学监测与调控，高起点的建设，高水平的管理。这也是其他小型水产养殖场不具备的优势。

（5）特殊的区位优势

盐湖靠近新疆最大的海鲜消费市场乌鲁木齐都市圈，运输成本较低。同时盐湖水产养殖基地位于盐湖综合旅游地中，海鲜可以成为盐湖的特色旅游食品，水产养殖业与旅游业可相互促进，产生集聚效应，扩大知名度。

3. 水产养殖前景分析：

（1）经投资预算，盐湖水产养殖达到一定的规模，其成本就会低于从沿海空运购进的成本。目前试养及其成本综合测算正在进行中，如果试养成功，有望占据这一大消费市场，成为新疆最大的海产养殖基地。

（2）水产养殖如形成产、供、销一体化，可成为盐湖化工厂转产的重要方向之一。

（3）盐湖旅游地是集观光娱乐，健康疗养，休闲度假于一体的大型综合旅游地，发展水产养殖业的同时，可为旅游者提供美食，还可提供水产养殖观赏等旅游活动，丰富盐湖旅游的内容和质量，增加旅游收入。

4. 工业观光园

工业旅游是旅游与工业交叉形成的一种新型旅游形式，融工业生产、观光、参与、体验、娱乐于一体，可使游客置身于工厂，亲眼目睹现代科技的神奇，以满足对生产原理、制造工艺的浓厚求知欲。工业旅游是一个潜力巨大、前景广阔的大市场，同时又是一个利国利企、不断满足人们的消费需求和拉动内需的好项目。从另一角度看，工业旅游的兴起，拉近了普通居民与现代工业的距离，逐渐培养着人们崭新的现代工业意识。工业旅游以其独特的魅力，带给人一个崭新的视野。

从厂家角度看，"比作广告花钱少，却比作广告的效果好"。这也正是越来越多的企业看好"工业旅游"的真正原因。燕京啤酒集团一年仅在电视广告上的投入就要以千万元计算，而工业旅游参观通道的投资仅为几十万元。成千上万的参观者在这里看到燕啤的计算机管理系统和世界领先的生产线，带回去的口碑比任何广告都可信。首钢总公司和海尔集团等企业也从工业旅游中获取了源源不断的"效益"，这对参观者树立企业形象的作用不可小视。

☆盐湖观光工业旅游优势

（1）种类新：目前新疆还没有真正意义上的工业观光旅游基地，新疆盐湖化工厂即将开发的盐工业观光旅游项目将填补新疆旅游业的这一项空白。

（2）组合优：国内盐业生产基地有多处，但多数加工企业同其原料基地相分离，采盐基地一般位于比较偏远或交通不便的地方。而盐湖化工厂采盐基地与生产车间相距不远，游客可以一次性参观从采盐、运输、加工到成品的整个工艺流程。

如果对现有的化工厂区及其生产线进行综合美化、绿化，可开展工业观光旅游。

5. 新疆盐湖城旅游综合吸引度分析

世界上的各种类型的盐湖达1000多个，但因大多数盐湖的可观赏度较差，地处边远，不具备旅游开发的价值。新疆盐湖城区位条件优越，处在新疆旅游热线上，因此具有旅游开发的条件。总体而言，盐湖旅游区难以作为独立目标吸引物，吸引远程的国际国内游客，但作为吐鲁番旅游沿线的补充，若开发得好，则可截留部分国际国内游客作顺道猎奇旅游，起到丰富吐鲁番旅游内容的作用；与此同时盐湖具有独立吸引乌鲁木齐都市圈的游客作周末度假旅游的潜在吸引力。

（二）景区旅游开发综合分析——SWOT 分析

1. 优势分析

（1）区位优势

盐湖区位优越，交通便利。

盐湖的区位优势体现在两个方面：

☆ 都市圈近距离优势：距乌鲁木齐72公里，距全国优秀旅游城市吐鲁番110公里，处在乌鲁木齐都市圈近郊地带，适合开发周末消闲度假旅游和青少年科普教育基地。

☆ 旅游热线优势：处在新疆黄金旅游热线乌鲁木齐——吐鲁番沿线，具有截留吐鲁番旅游流的潜在优势；若发展得好可以作为吐鲁番旅游返程游客住宿接待地和部分商务会议接待地，分流部分乌鲁木齐旅游依托城市的功能；具有很好的客源市场潜在优势。

盐湖交通十分便利，兰新铁路、吐乌大高等级公路和312国道从盐湖区穿过。兰新铁路在盐湖设有车站，高等级公路在这里设有出口，这些均为其旅游开发提供了良好的交通条件。

（2）基础设施齐全

盐湖化工厂已有长期的发展基础，交通、通讯、水、电、暖等基础设施俱全，具有新疆绝大多数旅游区望尘莫及的基础设施优势。

（3）有资源优势

盐湖、盐资源、盐化工、盐文化等旅游资源与沿线其他景点差异度大，在沿线具有垄断性和不可替代性，若加上区位优势的叠加效应，在全国也是屈指可数。盐浴美疗是现代城市人消费的新时尚，若倡导和开发得力，潜力较大。

（4）好的外部发展环境

西部大开发为新疆经济大发展提供了发展动力，开创了新的发展格局，旅游业又成为最有活力的产业之一，呈现出飞速发展的态势。国家政策、资金投入等都有一定的倾斜性，这些机遇为盐湖旅游开发创造良好的外部环境和发展条件。

乌鲁木齐是游客出入新疆的旅游集散地，处于新疆旅游的核心地位，多年的发展已形成国际国内游客去吐鲁番和天池旅游的两条热线和疆内游客去南山风景区旅游的发展格局；盐湖处于乌鲁木齐至吐鲁番黄金旅游热线上，旅游开发的大环境已经形成。

2. 劣势分析

（1）旅游资源优势不突出

盐湖原有旅游资源优势不突出，旅游吸引度不强。

（2）环境条件欠佳

多大风气候，现有旅游舒适度不够理想；现有自然景观和厂区、生活区景观有待进一步改善，整体的景观效果与旅游景区开发要求的水准之间还有一定差距。

（3）盐湖旅游知名度低

盐湖旅游开发基本空白，目前知名度很低，旅游开发难度大，宣传促销、人员培训等前期投入费用较高。

（4）旅游开发资金不足

盐湖是新疆的大型工业企业，企业负担过重，加之传统盐化工产品市场供过于求，效益欠佳，目前盐湖总厂处于产品结构调整和企业改制的初期阶段，还不能为旅游开发提供资金保障。

（5）市场的竞争

盐湖旅游开发主要是人为建设的景点，容易受到其他旅游地的竞争威胁，而造成旅游地生命周期的缩短。

3. 旅游业发展机遇

旅游业目前已成为世界第一大产业群。据世界旅游组织预测，2020年中国将成为世界最大的旅游目的地国和第四大客源国，我国将实现旅游总收入占国内生产总值8%，真正成为国民经济的一大支柱产业的宏伟目标。旅游业成为西部大开发中的热点产业之一，在21世纪的新疆产业结构调整中，自治区政府已确定将旅游业作为新疆的支柱产业来培育，旅游业发展呈迅猛增长态势。由政府和企业运作的新疆第一条精品旅游线——达坂城古道（由王洛宾音乐城、风车大世界、丝路盐湖城、轮台古城、柴窝铺新疆名吃城等项目组成）已受到自治区、乌鲁木齐市领导的充分重视，目前王洛宾音乐城已进入实质性的市场投资开发阶段，其它项目也在积极运筹之中，这为盐湖旅游开发创造了极好的时机和外部条件。盐湖作为精品旅游线上的一个重要环节，其发展将有力地推动全线旅游发展，增强精品旅游线的整体吸引力。

4. 旅游业发展的挑战

（1）提高盐湖旅游吸引力：盐湖原有旅游资源吸引力较小，环境条件较差，旅游开发项目策划的难度和投资风险度远比其它旅游区高，如何精心策划特色旅游产品，不断创新特色旅游活动，构建鲜明的盐湖旅游形象，增强盐湖旅游吸引力，将对盐湖旅游业发展的成败起到至关重要的作用。

（2）筹措旅游开发资金：如何结合国家需求运作项目，争取国家投资，如何制定对招商引资有较强吸引力的政策和措施，将关系到盐湖旅游开发建设的成败。

（3）实现旅游开发的高效益、低风险，延伸旅游产业链。如何进行综合开发，带动养殖业、旅游商品加工、餐饮、娱乐、运输、服务等产业发展，将关系到旅游经济效益的高低。

（4）如何美化和改造盐湖生态环境与视觉景观，为游客创造优美的旅游环境，同时为盐湖居民创造良好的生产和生活环境。

（5）如何协调外来旅游开发商和当地居民利益之间的关系，解决部分下岗职工的再就业问题，使当地居民从旅游开发中获得更大的利益。

四、旅游客源市场分析

（一）客源基础条件

本区靠近疆内最大的客源市场，具有明显的区位优势。乌鲁木齐是全疆的政治、经济、文化和交通中心，因此既是全疆的旅游中心城市，游客进出新疆的集散地，也是全疆最大的客源市场。乌鲁木齐都市圈人口 300 多万人，按52.4% 的全国平均出游率计算可以产生游客 160 万人，加上全疆其他地方到乌鲁木齐的游客，可达 200 余万人。据计算，到乌鲁木齐疆外游客为 110 万人，而且随着西部开发政策的进一步实施，进入乌鲁木齐的游客将会大幅度增多。如果盐湖能占据 10% 的市场份额，则每年拥有 20 万的市场潜力。新疆冬季旅游项目单调，只有滑雪旅游，盐湖旅游的主体为室内特色游乐项目，可成为新疆冬春季高吸引度的旅游目的地。

目前每年穿梭于吐鲁番——乌鲁木齐沿线的游客达到 70～80 多万人次，如果景点有较强的吸引力可望吸引 1/4 的游客，则有 15～20 万的市场潜力。

（二）客源市场定位与规模预测

1. 客源市场定位

因为本景区是即将开发的新景区，目前没有游客基础，因此只能根据本区旅游资源条件、区位条件、周边的客源市场以及项目建设时期做相应潜在游客分析：

2. 国内客源市场

一级客源市场：乌鲁木齐都市圈、吐鲁番等周边近地客源市场。

二级客源市场：内地客源市场。

三级客源市场：疆内其他地区的远程客源市场。

3. 海外客源市场

以去吐鲁番的少量海外游客为主要客源市场。

五、景区建设方案与布局

（一）景区范围

盐湖旅游开发范围包括盐湖大湖区及其湖周区、新疆盐湖化工厂区，面积约 54.7 平方公里的范围内，主要的旅游开发区域集中布局在盐湖北岸长 2.5 公里，宽约 1 公里的范围之内。

（二）景区建设的指导思想和目标

1. 景区建设的指导思想

（1）以盐为核心，构建特色旅游产品

世界上大多数的旅游地都是依赖于旅游资源优势进行旅游开发，但也有一些旅游地在旅游资源优势不明显或没有旅游资源优势的条件下依靠特殊区位优势、独特的旅游项目和特殊政策成功地开发成高吸引度的旅游目的地。盐湖的旅游开发应发挥其优越的区位条件和特有的旅游资源优势，独创特色旅游项目，构建强势旅游产品，形成独树一帜的盐湖城旅游品牌，吸引国内外客源市场。

盐湖旅游开发应以盐湖、盐文化、盐资源、盐化工业、内陆海产养殖条件为资源依托，以盐与湖相结合的自然特征为背景，以盐文化、盐艺术为内涵，康体健身和周末休闲度假为重点，研究盐湖旅游区的发展战略、确定发展方向、规模、总体布局及建筑风格，重点开发具有不可替代性的以盐为核心内容的特有项目，同时兼顾不同的客源层，开发综合配套项目使其兼具广泛吸引度。重点针对新疆冬春季节旅游项目单调问题，建设大型室内旅游度假目的地，形成与新疆大多数旅游地反季节性的旅游度假目的地。夏秋季，与"中国死海"这一主要吸引目标相结合，开发特有活动项目吸引过路性的内地游客。从旅游季节上说，本区的主要旅游项目四季都适于旅游，从效益上应优于新疆的大多数景区。

（2）旅游开发与生态环境建设

盐湖区域环境条件不够理想，旅游开发受到生态环境的制约和挑战，因此生态环境的建设将成为旅游开发的前提和重要保证。"百里风区"的气候条件，高盐度湖泊造成的大面积裸露地表环境，以及几十年积累的盐化工业污染，直接威胁到工业的持续发展和居民的生存环境。而盐湖又处于新疆吐——乌黄金旅游线上，已严重影响了旅游线的整体视觉景观，目前，高速公路盐湖段采用高大牌板遮挡游客的视线。盐湖的生态环境对吐——乌沿线的旅游造成了一定的负面影响。因此，盐湖生态改造已迫在眉睫。

如果说塔里木环境改造是新疆环境建设的核心工程，它对全球气候具有重要作用；吐——乌黄金旅游线的整体环境改造则是新疆环境建设的"面子"工程。因为大多数初次来新疆的游客都会去吐鲁番旅游，这一地区实质上是新疆目前客流量最大的旅游通道，其生态环境状况和全线的视觉形象，是游客的第一视觉印象风景线。盐湖企业应抓住"再造山川秀美的大西北"的历史机遇，以改变盐湖周边的生态环境为切入点，以生态公园的建设为突破口，以环境改造带动旅游开发，以旅游开发促进产业结构的调整，同时旅游开发又进一步促进生态环境的改善，实现经济发展与生态环境建设的良性循环。

盐湖原来在人们心目中是恶劣环境的代表，其生态环境改造投资量不大，可实现度高，黄金旅游线的区位条件使其具有很强的显示力度和很好的示范效果，能够实现环境、经济的双赢。建议自治区将其作为新疆"山川秀美"的示范工程给予支持。

2. 景区开发目标及功能

总体上要将新疆盐湖城建成"中国的死海"，西北最大的盐浴美疗中心，新疆最大的室内综合度假旅游目的地，新疆"山川秀美"的示范园区，花园式现代工业观光园，塑造"新疆盐湖城"的总体形象。根据景区的资源条件和拟开发的主要项目，将景区的目标等级确定为 AAA 级。

旅游功能：具有休闲娱乐、疗养保健、工业观览、科普教育、观光猎奇等功能。最终要实现的旅游体验类型是知识型、休闲度假型。

（三）景区建设方案

1. 开发项目

景区内包括盐博物馆、盐湖浴乐城、盐田生物园、盐文化广场、观光工业园、田园度假村、绿色营地、水产养殖基地、绿色养殖园、盐田生物园、盐湖驿站、盐湖生态公园、餐饮广场、购物街等项目。

2. 总体布局

（1）布局原则

盐湖旅游开发布局是在景观的和谐优美度、对大风气候的调节度与经济的聚集度之间寻找平衡结合点。

A. 气候舒适度

盐湖旅游总体布局与一般景区有很大的差异，其它景区布局考虑的第一因素是景观的优美和谐度，而盐湖因特殊的大风气候，其景点布局的第一要素是怎样避免大气候的缺陷，造就舒适的小气候。在景观上形成防风林体系与景点相间分布的大格局。

B. 经济集约度

尽量将景点布局在主要旅游线路两侧，以减少道路和其他基础设施的投入；主景区比较靠近厂区，便于综合利用基础设施，达到经济最节约的目标。

C. 景观优美度

主景区选择环境相对优美、绿化基础较好、离生活区较近的地段，与厂区之间有一定宽度的绿色屏障相隔离，以保证旅游景观质量。景点之间要有和谐的、情趣化的连接通道，景点内部的设计尽量利用现有的基础和现有景观，同时对景观条件不足和较差的地段要进行一定的改造和再造，以达到景观整体的和谐完美。

（2）布局方案

A. 引景工程

因盐湖旅游主景区不在高速公路、铁路和 312 国道的视线之内，因此需要一个显眼目标作为盐湖旅游的引景工程，考虑到资金的有效利用，将引景工程与盐湖的标志性旅游建筑——盐博物馆合二为一，在盐湖高速公路出口正对的湖中建造，这样有利于从高速公路、兰新铁路以及 312 国道东西两个方向都有很好的观景视线。

B. 景点布局

所有景点沿湖岸公路两侧呈环状分布，主景区分布在湖北岸盐湖化工厂西部，自西向东依次为盐博物馆、防护林带、盐湖浴乐城、广场、购物街、田园度假村、露营区、水产养殖园、观光工业园和餐饮广场，各景点之间有一定宽度的防风林带，改善局部小气候，同时避免各景点之间的视觉干扰。盐田景观园在湖东南部的盐田作业区，盐湖驿站在湖南岸，生态公园分布在盐湖北岸、南岸和西岸。各景点之间由环湖盐路沟通，北岸各景点之间还有高速公路分岔路、景点之间的游道沟通。

六、开发建设内容

（一）盐博物馆

博物馆是人类文明进程的标志，又是一地历史文化底蕴的象征。盐湖是新疆历史悠久的盐产地，又是乌鲁木齐——吐鲁番黄金旅游线上即将开发的综合旅游地，在此建造盐博物馆，营造盐文化的亮点，可构成独特的旅游吸引力。

1. 盐博物馆客源市场定位

（1）作为青少年科普教育基地，吸引周边地区青少年前来学习盐的知识，了解盐的历史，形成固定参观客流。

（2）不断丰富完善博物馆的展示内容，将其建成在国内外具有影响力的专业化博物馆，开拓更广泛的客源市场。

2. 盐博物馆外观设想

为适应当地的大风气候，盐博物馆外观呈金字塔型，以盐为主要外装饰材料，同时选取盐结晶形态（正方体）作为建筑元素与符号，使其无论从建筑外观还是从实际内容上都能体现盐文化与盐艺术的内涵。盐博物馆作为盐湖旅游区的旅游形象标志，应当体量大、造型独特、外观醒目，能够吸引游客的视线，产生到此一游的欲望。

3. 博物馆内部构成

（1）盐科普展示区

通过实物展览、文字说明、图片图表、现场模拟、情景影像资料等多种方式，运用声、光、电、多媒体等多种科技手段，集中展示以下内容：

☆ 盐的理化性质：用放大的分子模型表现盐的化学结构，展示纯 NaCl 晶体，列出氯离子与金属离子结合的优先级顺序；用实验表现盐的腐蚀性和渗透性。

☆ 盐在自然界的存在方式：盐在自然界的存在形态有固态（岩盐）和液态（卤水）两种形式，按盐资源赋存方式的不同又可分为海盐、湖盐和井矿盐等；海盐、湖盐和井盐为液态盐，矿盐为固态盐，可用实物和照片等形式展示。

☆ 盐在自然界的分布：从世界盐资源、中国盐资源、新疆盐资源这三个层次表现盐在自然界的分布。表现形式：分布图、电子地图、声像资料等。

☆ 盐的生产：海盐生产，一般采用日晒法，也叫"滩晒法"，日晒法生产原盐，可从其工艺流程——纳潮、制卤、结晶、收盐四大工序方面集中展示。湖盐可分为原生盐和再生盐两个方面来展示其生产过程。

☆ 盐的历史：以历史的时间序列为轴，向游客介绍盐的发现、盐的开采、盐的加工、盐的使用与贸易等方面的历史概貌。

☆ 盐与社会、政治、经济的关系：国家现在对食盐的生产和销售实行专营，对工业盐实行市场经营。可搜集有关盐与名人、盐与重大历史事件、古代盐商、盐政、盐税、盐吏等方面的资料，以体现盐与社会、政治、经济的密切关系。

☆ 盐的大家族：可按资源、产地、加工方法、用途划分盐的大家族，并以不同品种的盐的实物陈列展示的形式表现。

☆ 盐与生命：盐对于人类的作用，首先是从人的生理需要出发的。盐对于人类的生命至关重要和盐对人体的调节作用不容忽视。可从盐与生命和生命的盐的不同角度去展示。

☆ 盐的用途：充分表现盐的食用价值以及在工农牧渔业、医疗卫生、美容保健及其它方面具有的非常广泛的奇妙用途。

☆ 盐与健康：科学用盐的新观念正逐步深入人心。集调味、营养和健身于一体的多品种系列营养盐正逐步成为人们生活中不可缺少的伴侣。除加碘盐外，已开发研制出能满足人们不同生活需求的多品种盐产品系列。可陈列低钠盐、加铁盐、加锌盐、加钙盐、平衡营养盐等新产品。

☆ 盐的质量标准：盐质好坏，关系到人民身体健康和用盐工业企业的经济效益，同时也是扩大出口，为国家创汇的先决条件。可向游客介绍食用盐、工业盐的国家标准和检验方法及规定，让游客在轻松的氛围中获取一些知识。

☆ 盐湖的成因及历史：用图展示盐湖的地质构造，成因、演化过程，以及陈列盐湖古生物化石标本。

陈列盐湖采盐发展历史、采盐工具等。

（2）盐矿之旅

将盐博物馆的底层建成盐矿井的形式，模拟矿盐、矿井的逼真环境。墙壁、天花板上都是不同造型的盐结晶，打上不同色彩的灯光，让游客亲身体验下矿井的感觉。在各色灯光的配合下，让游人欣赏和品味晶莹剔透的盐雕艺术作品，更进一步渲染和突出盐文化的内涵。可开展以下活动：

☆ 矿井体验：设计安装类似矿井滑车的载人工具，让游客从博物馆顶端乘坐至矿井。将通道营造成矿井的逼真形式，使游人产生身临其境的感觉。

☆ 盐雕艺术观赏：展出艺术家精美的盐雕艺术作品，供游客观赏。盐雕的颜色、造型可随不同的季节、节日变换不同的主题、风格、色彩。还可用结晶的盐砖搭建或雕刻成各种工艺品。用各种造型的盐砖作为积木，进行自由创作，也可提供刻刀等工具在盐砖上进行雕刻。优秀作品可作为艺术品进行展览。

（3）儿童冰雪世界

盐博物馆第三层设置"盐的冰雪世界"，以盐替代冰雪，整体景观如同冬季的冰雪世界。策划和布局一些跟盐有关的儿童娱乐项目，改变以往博物馆单纯普及科普知识的功能，增加对儿童的吸引力。布置各种儿童喜爱的盐制实物，提供各种卡通人物或动物的模具，让儿童用各色的盐粒喷绘，以作纪念。亦可用盐制作一些儿童娱乐设施，如滑梯、盐制溜冰场、盐筑迷宫（类似圆明园中的黄花阵）等以满足儿童需求。

（4）栈桥

在湖岸至博物馆之间建栈桥一座，以盐雕图腾柱为栈桥护栏，以盐文化为主要内容。每一个盐柱上表现一段历史，一个人物或一个故事……

5. 主要建设内容：

（1）盐博物馆外观呈金字塔型，共三层，底层建筑面积2500平方米、总建筑面积5000平方米，利用构架形成大体积外观效果。一层是矿盐之旅，二层是声光电盐科普演示区；三层是盐的冰雪世界。

（2）从湖岸到盐博物馆之间修建一个长300～500米，宽1～1.2米的木质盐文化栈桥（根据盐湖长年的实践经验，木质在盐水浸泡，具有很强的耐腐蚀能力，其结实度不会受到影响）。

（二）盐湖浴乐城

前期建设盐浴中心，逐渐发展成以洗浴为主打项目并兼顾综合项目，发展成为新疆最大的室内旅游度假地，在任何天气情况下都能开放，以钢架支撑透明玻璃的结构，能够在白天毫无保留地接收户外的阳光。这里是按现代人的理想追求，适应现代旅游新潮而精心设计，使人们振奋和享受人生欢乐的旅游度假地，同时也给孩子们提供了一个集娱乐性、知识性、观赏性于一体的全新室内活动项目。

具体项目包括：（1）盐浴美疗中心（盐浴、泥浴、药浴、蒸汽浴、桑拿、按摩）；（2）浮力盐池；（3）儿童欢乐城，（碰碰船、水刺猬、雨蘑菇、儿童滑梯、水摩托、青蛙王子、时空穿梭机、轨道小火车、盐制溜冰场等）；（4）水上游乐区（游泳池、水上舞台、泡泡泉、按摩池、高空瀑布、火山攀岩及深潭、冲浪池、海盗船寻宝、悠闲漂流河）；（5）美食宫（快餐、酒吧、咖啡屋）；（6）娱乐室（虚拟电子世界、棋牌、卡啦OK、家庭影院）。

盐浴美疗中心和浮力盐池作为特色主体项目，优先开发，其它为辅助性项目，根据资金情况今后分期建设，逐渐发展成新疆最大的室内综合旅游度假地——盐湖浴乐城（以盐浴美疗为主打，以其它娱乐项目为支撑）。

首期主要建设工程：

（1）浮力盐池

建设长50米，宽50米的浮力盐池，采用抗盐腐蚀的材料，利用盐湖电厂余热保持30℃以上的水温，以保证盐的溶解度和浮力。

（2）泥浴池：长30米，宽30米

（3）建一标准清水游泳池

（4）洗浴间

根据盐湖客流量的预测和时间季节的分配特点，建设50间盐浴美疗室。

(5) 按摩室、美容室、足浴室 50 间

(6) 淋浴、更衣室等配套设施

(7) 快餐厅

盐湖浴乐城占地约 1 万平方米，建筑面积 1.2 万平方米，为钢架透明采光屋面大型现代建筑。

☆ 行动

(1) 进行盐浴美疗及其他浴身美容的医学论证，提供令人信服的科学依据。

(2) 初期在乌鲁木齐及周边各主要媒体介绍盐浴的科学机理和美容保健功效，向人们宣传"盐浴"的消费理念，推崇盐浴的消费时尚，逐步培育盐浴美容医疗保健的消费市场。同时积极寻找盐浴保健的新卖点，创出"新疆盐湖城"的旅游名牌。

(3) 加强沐浴方法和过程的研究：针对不同年龄、不同性别和不同肤质，设计不同的沐浴配方。开发设计本地特色的沐浴方式，冠以美名，如玫瑰浴、香妃浴等，以获品牌效益。还可对人体局部器官进行有针对性的美容保健服务。

(4) 培训和招聘一批水平较高的专业护理、美容、按摩师。培训一批职业素养和服务水平较高的盐浴服务人员。

(三) 盐湖生态公园

1. 依据

(1) 中华人民共和国国民经济和社会发展第十个五年计划纲要（2001 年 2 月 15 日中国人民代表大会第四次会议批准）提出加强生态建设，保护和治理环境。要把改善生态、保护环境作为经济发展和提高生命生活质量的重要内容，加强生态建设，遏制生态恶化，加大环境保护和治理力度，提高城乡环境质量。加强生态建设，组织实施重点地区生态环境建设综合治理工程，……继续加强东北、华北、西北和长江中下游重点防护林体系建设。

(2) 新疆维吾尔自治区国民经济和社会发展第十五年计划纲要（2001 年 1 月 8 日新疆维吾尔自治区第九届人民代表大会第四次会议批准）提出：加大生态建设的力度，保护和建设好绿色生态屏障，有效遏制沙漠化发展势头。……封育保护天然荒漠林、胡杨林和河谷林，形成较为稳定的防风固沙天然生态屏障。……综合治理具有重要生态功能的湖区环境。

(3) 新疆盐湖化工厂是自治区最大的盐业定点生产企业，几十年来依托

盐湖优质的矿产资源，已发展成为一个集盐、硝、合洗三大系列产品的综合性盐化工企业。但长期以来，由于没有采取有效的保护，致使盐湖周边生态环境恶化，地表植被覆盖度降低。每年雨水多发季节，大量泥沙冲入盐湖和盐池中，使盐湖及周边的资源环境受到严重破坏，企业的可持续发展面临困境。大风也严重干扰和影响了当地居民的正常生活。盐湖化工厂准备以盐湖为依托，开发旅游项目，但现实的环境条件，跟旅游者所追求的旅游舒适度还存在着一定的差距。生态公园的建设将在很大程度上改善盐湖的小环境，逐步满足旅游的需要。

2. 目标

本项目以解决盐湖周边地区环境恶化、生物多样性受损为目标，以风沙和盐碱危害为核心，以水土资源合理配置为基础，以节水工程、林业生态工程和草地生态工程相结合为原则，对盐湖周围进行保护和整治，最终实现防风固沙、绿化造林和盐湖周围的生态环境的改善。

3. 建设范围

盐湖周围 5~10 公里的范围为生态公园规划建设区，首期规划总面积 3 万亩。具体范围：西部与柴窝铺相连，东部与达板城相邻，北部与高速公路相接，南部至天山山脉 5~8 公里处。西部地域开阔，处于上风向，是重点建设和治理大风危害的地区。

4. 项目内容

（1）湖南岸区：南岸区 12 平方公里范围内，选择红柳、梭梭等沙生植物，提高南岸的植被覆盖度，主要以防风、保护地表，减少水土流失为主，减少山洪对矿区及周边土壤的冲蚀。

（2）湖区以西及其北部地区：规划面积 18 平方公里，依据盐湖的盛行风向，主要建设防风林带。树种的选择以原生的胡杨、榆树、沙枣、红柳、柳树为主。防风林应以减缓风速，降低灰尘对生活区、矿区的影响为主要目的，应高低树种合理搭配种植，在起到防护作用的同时，考虑景观的视觉效果，形成错落有致的防护林体系。

（3）沿高速公路地带：因距离生活区较近，美化环境的需求较高，应以乔木和草坪为主，创建和美化高速公路至生活区的小环境。树种选择抗盐碱、抗旱性强、抗风、易成活等特性。经有关研究单位调查，以当地原生物种为主，选择了胡杨、杨、榆树、沙枣树等乔木，红柳、梭梭、骆驼刺、沙棘等灌木为主，少量种植杏子、李子、苹果等经济林。利用高大的乔木，使低矮的灌木与经济作物相结合，合理搭配树种，适量发展经济林，起到防风、固沙、降低灰尘对生活区、矿区的直接侵蚀。

（四）水产养殖园

1. 发展目标

将盐湖水产养殖建成为规模较大的集养殖、销售、特种水产品于一体的基地。计划 5 年内建成乌鲁木齐附近最大的集育种、生产、加工、观光、休闲于一体的名、优、特、新、奇、特种海味水产养殖区。

2. 养殖重点

（1）卤虫

可采用盐田大面积引种增殖、室内高密度精养两种方法养殖。

（2）海鲜类

贝类、海珍品：对虾、文蛤、河豚、栉江桃、海龟、海藻

海水鱼：甲鱼、罗非鱼、美国红鱼、山斑鱼、史氏鲟、黄颡鱼、美国斑点鲈、大黄鱼

（3）名贵淡水鱼类

花鲈、鲶鱼、梭鱼、河蟹、乌鳢等淡水产品

3. 布局

改建原有鱼池基地，建立大型室内养殖场，利用电厂稳定热源，进行海鲜和名贵淡水鱼类的现代化养殖，向市场四季供应水产品。同时结合海鲜的养殖，进行卤虫的室内高密度精养。盐田和室内水产养殖区，建设时都应注重观赏和参与捕捞的需要，以满足游客猎奇的心理需求。在室外建垂钓区和儿童摸鱼池。

4. 工厂化养殖、科学化管理

盐湖采用大面积室内工厂化养殖，从池塘设计、品种的选择和投放、饲料投喂、饲养管理、繁殖技术、套养技术、疾病防治，水质水温监控等方面进行严格的科学管理，以实现投资风险小，产量大，周期短，效益高的经营目标。

5. 主要建设工程

在现有的鱼池区，建室内养殖工厂，占地约 10000 平方米。

（五）工业观光园

1. 开发项目

（1）化工厂参观

工业园区按照 CIS 形象识别及现代企业管理的标准，对厂房、厂区大门、

路标系统、园林等进行整体美化、绿化和亮化建设；将企业标志、厂旗、经营理念、吉祥物、盐文化雕塑、户外灯箱、公共标识牌在工业园区进行充分合理的展示和表现，将整个生产工业区作统一管理，建成花园式的现代化工厂，供游客进行参观游览。

（2）制盐和洗衣粉生产流水线参观

对现有的制盐及洗衣粉生产线流程，设置便于参观的游道，包括从原料的输入到产品的输出，使游客能看到完整的生产流程。对工作现场进行整治，绘制生产工艺流程图，配备讲解员为游客讲解生产原理、指标要求和产品品质等。提供本厂产品与现行国内几大品牌的同类产品在组成（化验报告单）、性能、价格等方面的对比图，取得游客对本厂产品的认可，起到现场广告促销的作用。

在厂区设置"民以食为天，食以盐为先"，"盐湖低钠盐（加锌盐），健康好伴侣"等广告牌。

（3）展览室

将盐湖化工厂的发展历史、对新疆经济曾经做过的贡献、制盐有限责任公司的组建、构成基本情况、各种产品以及获得奖项等在展览室中展出，使游客对企业有全方位的了解，树立盐湖企业在消费者心目中的地位。开辟一处对外招商项目专栏。

2. 盐湖企业文化创建

盐湖厂区内应处处体现盐湖企业文化，可以宣传牌等方式展示以下内容。

☆ 盐湖精神："海纳百川智慧，结晶盐湖精华"。

☆ 经营理念：把握时代脉搏，放眼全球市场，插上科技翅膀，凝聚企业合力，共创盐湖伟业。

☆ 经营战略：以盐化工业为依托，生态建设为契机，旅游开发为龙头，盐湖农业为补充，构建盐湖未来四大支柱产业，组建盐湖企业集团。

☆ 员工信则："创新争先，勤奋自强"。

3. 制高点标志化

盐湖化工厂区内有四个大烟囱，有碍观瞻，可进行改造美化，并赋予一定的企业文化内涵。四大烟囱代表盐湖未来的四大支柱产业，分别用白、绿、黄、蓝四种颜色作主色调，并配以相应的图案装饰。

因观光工业园的改造、绿化和美化工程。

（六）盐生植物园

1. 开发背景及目标

盐湖化工厂区域土壤盐碱含量高，只有少许盐生、旱生植物生长，绿化状况差。建设盐生植物园，不仅可以提高绿化面积，组成环湖绿化带，提高盐湖旅游的景观视觉效果，还可以改善盐湖化工厂的人居环境，防风挡沙，形成盐湖的绿色走廊。同时，应把盐生植物园建成以广泛收集各类耐盐、盐生植物资源为主要特色，以科研、科普、示范、推广为基本任务的耐盐、盐生植物引种培育基地。以此为契机，把盐生植物园建成盐湖的特色园区，构建盐湖富有生命力的、新的景观体系，并成为盐湖旅游的重要吸引物之一。总投资预计100万元。

2. 建设布局

植物园在湖北旅游功能区内沿湖岸线的走势进行布局，草、灌、乔木合理搭配，达到防风和美化景观的双重效果。此外，在园区内修建湖滨游道（步行道，允许景区游览车通行）和小型多媒体演播室。

3. 建设内容

（1）打点采集土样，化验分析，掌握园内土壤碱性和含盐量。

（2）投入资金先期完成园区的基本建设，如：沟、渠、路的基本配套；安装喷灌、滴灌设施。

（3）修建湖滨游览大道。

（4）对当地野生耐盐植物进行迁地保护、种植开发，并示范种植经初步选育出的抗重盐、耐旱碱植物，对有推广价值的植物进行规模种植。

（5）种植进一步精细化，对园区进行分区，科学规划，设立耐盐花卉种植区、耐盐蔬菜种植区、耐盐草坪、牧草种植区、果树耐盐试验区、耐盐树木繁育区等。

（6）从国外引进宝贵种质进行试种，提高园区植物的丰富度和特色。

（7）修建多媒体演播室，作为一个分区接待中心和讲解中心，配备多媒体演示设备和讲解员，对盐田生物园环境背景、开发项目进行讲解和介绍。同时以盆栽、玻璃缸、小花圃等方式展览盐田生物园的产品（需配以解说牌或卡片），在游客参观之前，给他们一个全面的和理性的印象，从而提高旅游效果和盐湖旅游区的品位。

（8）与大专院校、科研单位形成科研合作关系，开展盐生植物研究项目，不断提高开发水平，为盐碱地的生态建设探索出一条可持续发展的道路。

4. 其它辅助设施

在带状的盐生植物园内、游览道两侧修建一些茶座、水吧、咖啡屋、精品店、自行车出租点等以丰富景点之间的游览内容；其它游览设施如休息椅、遮阳棚、废物箱等按距离合理配置。

总之，最终把盐生植物园建成一个集科研、生产、示范、推广、观赏为一体的独具盐碱地特色的植物园区。

（七）盐田景观园

（1）盐桥

在盐田景观园入口建盐桥一座，仅供游客通行。内部用木质结构支撑构架，外部用盐砖、盐雕、盐结晶粒等材料处理外表。

（2）盐路维护

盐田中的道路大多是由盐粒组成，这对很多游客来说都是很新鲜的事物，但是由于混入了泥土和沙尘路面与普通简易路面相差无几，可以选择一段路面，定期铺盐，保持盐铺路的风貌。

（3）盐池美化

粗糙的盐池难以达到观赏的效果，应把道路两边的盐池修砌规整，池边树立导游标志解说牌，说明结晶原理和结晶成分。盐池的主要功用是结晶出盐，围绕不同的结晶核能够产生不同的结晶造型，如果人为地在盐池中置入一些形态各异的结晶核，形成的结晶造型将会为盐池增色不少。

（4）采盐船的美化

采盐船原来只是作为单纯的采盐工具，不适合游客参与和参观。应装饰美化采盐船，开展采盐船观光活动。保持船体内外的清洁卫生，设置必要的安全防范设施，保证游客在游览参观和参与活动时的安全。

（5）五彩池（观赏性）

可根据与四川黄龙钙华形成五彩池的相同原理，设计和构思有创意的盐田景观。以不同的色彩和造型协调完整地表现各自的主题，同时各盐池又符合整体构思形象。以上景观通过模型引导盐的结晶，从而完成人工和自然完美结合的景观创作。这些项目围绕一个主题来设计，既能体现主题，又别具一格，使整个盐田景观园步移景移、充满乐趣。

（6）观景台

在盐田与五彩池之间建一个观景台，高约 10 米，能够达到俯视盐田景观园全貌的视觉效果。

总面积 200000 平方米，总投资预计 100 万元。

（八）盐文化广场

主要功能为大型事件性广场，同时又是盐文化雕塑艺术集中展示地，主要建设内容有：中心升降式舞台、盐文化回音壁、盐雕塑、图腾柱、文化石、浮雕、彩绘铺地、草坪、花坛等展示和再现盐业的历史、人物和传奇故事。内容包括盐的起源——夙沙氏煮海为盐；盐的战争——黄帝与蚩尤涿鹿之战；盐税——唐代"天下之赋盐利居半"；盐币——唐代元稹奏状中有"自巴以外以盐帛为交易"，直到民国时期云南、西藏、内蒙一带还使用的货币；第一口盐井——战国时期水利学家李冰率众开凿的广都盐井；第一个池盐——五帝时解池的开发；清朝新疆盐湖开发盐商故事；盐业经济现代化的奠基人——张謇；核心展示新疆盐湖城以盐带动经济腾飞的大型盐雕塑。

盐文化广场的功能　首先是盐文化艺术的露天展览馆；其次是休闲娱乐功能，此外是绿化功能。

☆ 夜景设计：利用灯光加强中轴线的景观（如采取地灯的方式），路网用灯光形成优美的弧带，同时灯杆、灯座等应造型别致并采用金属、木材等多种材料。音乐喷泉照明也是夜景的组成部分。

☆ 出入口设计：根据功能需要设计多个出入口，地面以彩色铺地引导人流，主出入口为盐业的起源——夙沙煮海为盐的主题盐雕塑；出口处为盐湖城的主体雕塑——腾飞的盐湖城，赋予文化内涵，主线路沿途按照历史的时序安排响应内涵的雕塑。

盐文化广场总面积约 40000 万平方米。

（九）田园度假村

在盐文化广场以东，利用原有的绿化基础，开发绿色蔬菜瓜果园，供游客观赏、采摘、购买。在其中建别墅、音乐茶座、中心人工湖（冬季滑冰场）等项目，创造令游客舒适、安逸和轻松的环境，营造一片"理想家园"。

人工湖面积：9000 平方米。

别墅 12 栋，二层楼，欧式花园建筑，框架结构，建筑面积每栋 300 平方米。

（十）盐湖购物街

为了让更多盐湖当地居民参与旅游开发并直接从旅游中受益，以及方便游客购物，在田园度假村与盐湖浴乐城之间建一条旅游购物街，出售盐湖旅游商品。

建筑面积 3000 平方米。

（十一）盐湖驿站

为反映盐湖的历史、再现昔日盐商和运盐驿站的活动场景，在湖南岸建设（1）盐湖驿站、（2）丝路古道遗迹（古道、盐烽火台、将军墓等）、（3）动物竞赛场区（赛马、赛狗、鸵鸟和骆驼表演等活动）、（4）野味烧烤园。

占地面积 30000 平方米，建筑面积 2000 平方米。

建筑风格：用盐盖、盐砖或木屋上喷盐结晶等方式修建盐屋、烽火台增强旅游新奇度。

（十二）绿色养殖园

盐湖南岸东南部有一处特殊地形，条件非常有利于开发围栏养殖，南面是陡峭的山地，北面为盐湖，东西长约 5 公里，宽约 500 米～1.5 公里，只需在东西两侧设置围栏，就可以形成范围较大的绿色养殖园。可打井种植一些苜蓿等饲草，投放人工饲养的鸵鸟、野兔、狐狸、野鸡、火鸡等猎物，让其自然生长，保持一定野性，可以开展动物观赏和捕捉活动，并提供野味美餐。

（十三）绿色营地

在田园度假村与养殖园之间的密林中设置一片帐篷露营区，作为青少年夏令营活动基地。划定范围，划分野营单元区、篝火区和竞赛项目区。开展对抗激烈、刺激性极强的青少年体能训练活动，如：猛龙过江、圆滚木桶、独木桥、同舟共济、空中漫步、脚踏风车等。这些项目需要共同协作完成，因此是大、中、小学生更愿选择的自助旅游方式。

营区占地 300 亩，主要是利用现有林地建设一些投资量不大的游乐设施和帐篷。

（十四）餐饮广场

在盐湖浴乐城与田园度假村之间修建餐饮广场，三层现代建筑。一层为大众餐厅，二层为雅座包间，三层为歌舞厅。占地面积 2000 平方米，建筑面积 5000 平方米。

以上项目中，生态园的建设是改善盐湖环境条件的重要保障，应与西部大开发中生态环境建设先行的战略相结合，作为首期重点工程进行建设。旅游开发项目以浮力盐池、盐浴美疗中心、水产养殖园为重点，优先开发；观光工业园、盐田景观园为特色项目，因与生产相结合，专项旅游投资不大，也应优先开发建设。

其它项目为辅助性项目，主要目的是吸引更多更广的客源层，扩大盐湖旅游规模，增强盐湖城旅游综合吸引力。优先安排投资不大的主景区旅游配套项目，如：田园度假村、盐文化广场、盐生植物园和防风林带等。南岸的绿色养殖园、盐湖驿站等项目与生态环境建设项目结合开发。

七、游览方式及游程安排

盐湖旅游以乌鲁木齐都市圈游客一日游为主，其次是去吐鲁番的过路性游客，逗留时间2～3小时。

本着便捷、安全原则，将车行交通与步行游览结合起来，通过规划道路，可以步行，也可以使用电瓶车，以串联形式游览全景区。

近期：广场——洗浴中心——购物街——田园度假村——绿色营地——水产养殖区——工业区。

远期：广场——洗浴中心——购物街——田园度假村——绿色营地——水产养殖区——工业区——生产区——盐田景观区——盐湖驿站——盐湖狩猎场——戈壁赛车场——盐博物馆。

八、旅游商品开发

（一）旅游商品开发规划

旅游商品是旅游消费弹性最大的一项，旅游商品开发的成功与否，不但影响着一个地区旅游业的发展，而且直接影响当地的财政收入和就业水平。目前许多旅游业发达的旅游地，游客购买旅游商品的支出远比其它各项旅游综合消费高。盐湖尚处于旅游开发的起始阶段，在旅游商品的开发方面应设计出具有盐湖特色和不可替代的旅游商品，做到设计新颖，加工精细，包装美观，携带方便。

1. 盐浴美疗保健品

与内地厂商联合开发新疆盐湖城的盐浴美疗系列保健品，结合中草药开发医疗保健药品。

（1）浴盐洗浴护肤系列

浴盐以它天然的成份、清淡的香气、迷人的色彩、超凡的功效成为护肤新宠。可开发五颜六色、粗细不同的盐粉末或颗粒，装在造型各异，精致玲珑的瓶罐中，配上色彩柔和的绸带，成为即有美艳华丽的"外表"，又有无法估量的"内涵"的洗浴护肤品。

（2）浴盐饰品系列：不同的浴盐散发着不同的"味道"，在浴盐中加入沁人心脾的多种名贵香料，制作成香囊，成为时尚、独特的装饰品或是典雅别具风格的礼品。

（3）盐浴保健品系列：用矿物盐和独具保健疗效的果蔬、中草药为原料，经过特殊先进工艺技术加工制成。可开发美体瘦身盐、纤体修复露、纤体盐浴乳等。对人体局部器官（头发、面部、手、足、腹等）有针对性的进行美容保健，可开发秀发营养液、盐浴洁面乳、浴足盐，局部按摩盐液等；针对人体的某些病症，可开发浴盐醒脑霜、防风祛痛盐、关节保护盐、舒筋活络盐等系列产品。

2. 卤虫保健品

卤虫以盐藻为食，含可提取营养丰富的天然胡罗卜蛋白素，为高价值的保健品原料，新鲜的卤虫价格为18万元/吨，干卤虫为80万元/吨，被誉为"软黄金"。盐湖养殖的一个重点方向是卤虫养殖，并开发系列保健品供游客选购。

3. 海鲜类、高档鱼类

盐湖开发的水产养殖可为近地游客提供物美价廉的水产品。

4. 特产野味

利用湖南岸广阔的空间人工驯养野鸭、野兔、野鸡、鸽子、鹅等，开发出富有特色的野味餐饮。在讲究营养，烹饪技巧的同时，赋予一定的文化内涵，使盐湖的饮食文化层次不断提高。还可以利用当地人工放养的野生动物，加工成便于携带的真空包装熟食，作为当地特色的旅游食品。

5. 盐雕工艺品

让游客自己参与制作倒模、压缩自己属相或其他具有纪念意义的盐雕工艺品，上面印上盐湖标志图案出售。

6. 盐湖吉祥物纪念品

用充气塑料或各种材料制成盐湖吉祥物，作为旅游纪念品出售。

（二）旅游商品生产及销售规划

随着旅游业的迅速发展，包括旅游商品开发在内的旅游业竞争势必日益激烈，旅游者面临着更多的选择机会，因此，旅游商品生产和营销就显得更为重要。盐湖旅游商品开发应做好以下几方面的工作：

1. 强化旅游商品研制，加大生产的开发力度。

2. 加强与内地和国际水平的商家联合开发，力创旅游商品名牌。

3. 加强对旅游商品生产、加工及销售的扶持，鼓励国家、集体、个体投资者等多元化的投资形式。

4. 旅游商品营销，应开展游客参观旅游商品加工现场的活动，由专职讲解员介绍商品的特点和品性，让游客对旅游商品有感性的认识，激发游客的购买欲望，现场购买。

5. 加强旅游商品销售市场的协调管理以及价格和服务质量的管理，要保护旅游者的合法权益，保证旅游商品发展的可持续性。

6. 旅游商品应采用统一的盐湖标志性的旅游商品包装设计，使游客对盐湖城旅游品牌产生认知和认同感，进一步加强盐湖旅游品牌的知名度。

（三）旅游商品销售管理

在旅游商品市场要树立起良好的旅游商业形象，限制低劣旅游商品进入生产和销售行列，改变伪劣商品充斥市场的局面。旅游商品的价格由统一的权威机构监管，同一质量，同一规格的商品价格基本保持一致，使游客买得放心。

九、主要结论

旅游开发与环境治理及产业结构调整相结合，将在促进区域社会经济和生态环境的可持续发展方面具有深远的战略意义。根据乌鲁木齐——达坂城沿线旅游区位条件、旅游资源条件、潜在客源条件以及盐湖在其中的重要度，乌鲁木齐市政府应将其作为重点之一，给予资金和宣传促销方面的支持和帮助。盐湖作为新疆反季节旅游目的地，为开辟新疆的淡季旅游市场起到重要作用；冬季与冰雪旅游构成新疆旅游主体，晚秋和早春季节在新疆旅游市场中独树一帜，将为平抑新疆旅游市场的淡旺差异起到重要作用。

第二节　山东乳山金洲矿业集团工业旅游项目

一、项目总论

（一）项目概述

1. 项目名称：山东乳山金洲矿业集团工业旅游项目

2. 建设地点：山东省乳山市

3. 建设单位：山东乳山金洲矿业集团有限责任公司

（二）范围

山东乳山黄金矿山公园位于乳山市下初镇东北的乳山金矿，该金矿已开采38年。规划用地位于矿区内，占地面积约3.60平方公里。

（三）项目规划指导思想

1. 以资源为依托、市场为导向、产品为中心、文化为灵魂，发挥乳山金矿旅游开发的后发优势，高起点规划设计，力争推出"卖点"抢眼并切合实际的旅游项目，打造精品旅游景区。

2. 依托主导产业，大力促进矿区工业旅游资源优势向旅游产业优势转化，实现旅游业与矿区主导产业的有机结合、协调发展，同时促进矿区社会经济的可持续发展。

3. 把握旅游主题定位和形象定位，突出重点开发项目，体现乳山黄金矿山公园的资源特色和区位环境。

4. 把黄金文化挖掘和演绎到位，努力提高旅游产品及项目的文化内涵和科学品位。

5. 坚持旅游资源开发与保护相结合，确保矿业遗迹景观的原生态，保持和提升自然生态环境。

（四）项目规划目标

☆ 世界惟一黄金活矿旅游体验公园

☆ 亚洲规模最大的黄金矿山公园

☆ 国家级工业旅游示范点

☆ 国家级矿山公园

☆ 山东半岛文化主题休闲旅游新名片

（五）项目规划原则

1. 依托主导产业原则

金矿产业是山东黄金集团及其下属的金洲矿业集团的主导产业和经济支柱，必须依托主导产业发展以黄金文化为核心的特色旅游，才能提升旅游竞争力。另一方面，旅游业是对主业的拓展和接续产业。

2. 展现人性化原则

胶东半岛城市居民收入水平和旅游需求层次较高，项目选择、项目策划和景区景点设计都要注重游客的舒适度、愉悦度和享受度，创造一个旅游者追求的充分体现黄金文化内涵的旅游环境。

3. 突出个性原则

"个性即魅力，特色即价值"。深入挖掘和展示黄金文化是本景区开发的灵魂，特色是旅游目的地吸引力、竞争力和生命力的源泉。抓准品位高、特色浓，甚至是具有一定垄断性的黄金文化旅游资源，开发标志性、支撑性的旅游主导产品，并辅以配套产品，塑造旅游精品乃至极品，并通过精心策划宣传，形成鲜明而独特的旅游总体形象。将黄金文化科普教育与休闲度假相结合，最大限度地提高旅游业的文化内涵和科学品位，为提升乳山市旅游形象和山东黄金集团的企业形象，提高旅游业层次起到重要作用。

4. 引导市场原则

旅游者具有追求新、奇、特的心理需求，旅游规划只有超前于现阶段的市场需求，开发能引导和占据未来市场的旅游产品，才具有竞争力。"引领时尚，推动市场"应成为乳山黄金矿山公园的旅游开发特色。市场需求是旅游业发展的重要依据，影响旅游业发展的方向、规模和速度。本景区旅游开发要从买方市场需求入手，预测市场需求，适度超前发展系列化、有竞争力的旅游产品。规划项目要与旅游市场发展态势、旅游资源条件和所具备的基础条件相适应，符合景区总体开发方向。

5. 保护与开发并重原则

切实保护好黄金矿山公园及其周边的旅游资源和生态环境，根据总体规划划分的范围，对乳山金矿的厂区、采矿区及其生产设备、遗址进行保护和维护。对现有的开采遗址、遗迹进行合理的保护性开发，借助现代的艺术、科技和景观设计理念，重塑和展现采矿景观及黄金文化。

6. 实现阶段递进原则

通过统一规划、分期实施、滚动投入，实现阶段递进式开发，可以避免旅游开发的无序性，同时延长旅游目的地的生命周期，为乳山黄金矿山公园的旅游可持续发展奠定基础。通过统一规划、整体开发、分期分区实施，重视启动项目的建设和开发，使旅游项目相互配合、相互补充，促进良性循环，协调近远期发展，以快速推动项目的建设和运营。

7. 贯彻因地制宜原则

尽可能结合本景区原有的自然环境进行功能用地布局的合理规划，因地制宜地设立景点及为游人服务的必要设施。在原有地形地貌、植被、湿地和矿业遗迹的基础上，根据设计要求进行必要的地形改造，充分体现真山实景的自然景观特点和风格。

二、景区概况

（一）旅游区位条件

本项目位于乳山市下初镇东北的乳山金矿。乳山市地处山东半岛东南端，北纬 36°41′至 37°08′，东经 121°11′至 121°51′。东邻文登市，西毗海阳市，北接烟台市牟平区，南濒黄海，与韩国、日本隔海相望。309 国道、青威高速公路和济威铁路穿境而过。乳山地处青岛、烟台、威海的中心腹地，乳山到威海、烟台、青岛的车程都是在一个半小时之内，相当于同时拥有三大国际机场、三大港口、三大火车站，并且乳山境内的乳山口港可与全国沿海港口通航，交通优势明显。

（二）区域自然条件

本项目东侧多为山体高差变化较大，西侧多为农田、果园坡度较缓，景区内山丘起伏，沟壑纵横，地形极具变化，已建有两个蓄水坝。区内山坡阔叶植被及黑松植物保存尚好，但品种单一，多为刺槐、黑松和小柞木，常绿树种不足，严重缺乏色叶树及花灌木。地形相对高差变化小，缺少自然山石景观，地质土壤条件不好，生态环境非常脆弱。交通便捷，主要交通要道牟浪线途经该处。规划范围内无居民。

（三）社会经济条件

1. 乳山市社会经济概况

乳山市总面积1668平方公里，人口57.4万，辖2个省级开发区、14个镇和1个街道办事处，601个行政村。乳山环境质量优良，是最适合人类居住的城市之一。乳山市经济发达，是中国最早的沿海对外开放城市之一，现已形成拥有冶金、机械、电子、化工、食品、服装、玩具、建材等30多个行业、3600多家企业、3000多种产品的工业体系；同世界上40多个国家和地区建立了长期稳固的经贸合作关系，兴办外贸生产企业280多家。全市国民经济一直保持稳定、快速发展态势。2006年，全市完成地区生产总值217亿元，比上年增长16.3%，人均37795元；实现地方财政收入8.9亿元，比上年增长26.8%。乳山海岸线长达185公里，年产海产品20多万吨，是以生产贝类、名贵鱼种著称的沿海城市；乳山丘陵地多，盛产水果，年产水果及干杂果20万吨，是胶东水果大市；乳山产金出银，素有"金岭银滩"之美誉，年产黄金10万两以上，居全国第5位。

近几年来，乳山市先后获"全国县级计划生育先进单位"、"全国科技实力百强县（市）"、"中国县（市）投资环境100强"、"国家环境保护模范城市"、"全国科技工作先进市"、"中国优秀旅游城市"、"全国安全诚信城市50佳"、"全国综合发展百强县（市）"、"2005年度中国特色魅力城市200强""山东省精神文明建设工作先进市"、"山东省社会治安综合治理模范市"、"山东省双拥模范城"、"山东省社会文化先进市"、"山东省园林城市"、"平安山东建设先进市"等荣誉称号。

2. 本景区依托企业概况

本景区的主要依托——山东黄金集团有限公司成立于 1996 年，是直属山东省政府的国有大型企业。截止到 2006 年末，集团拥有资产总额 95 亿元，职工 20000 余人，黄金产量、经济效益、资产质量、科技水平及人才优势，均居全国同行业前列，为国家重点扶持的 520 户企业之一。2003 年，"山东黄金"股票在上海证交所发行上市，并先后荣获"2006 年度中国上市公司市场投资者（股民）满意信赖十佳品牌单位"，以及"2006 年度中国上市公司成长百强第八名"两项殊荣。作为全省黄金行业的"龙头"企业，山东黄金集团同时行使"山东省黄金工业局"的职责，充分挖掘"山东是全国第一产金大省，黄金产量已连续 32 年居全国之首，占全国总产量的四分之一强，经济效益占全国同行业的一半以上"这一得天独厚的区位优势。集团不断完善黄金地质勘探、采选、冶炼、科研、工程设计与施工、设备制造与安装、电力物资供应，以及黄金精炼与深加工等一体化产业链条，于 2006 年提出"用两年半时间实现黄金矿山脱胎换骨的转变，打造环境美化、本质安全的矿山企业"，"争做全国第一"的战略目标。山东黄金集团统一企业标识，秉承"关怀、公平、忠诚、责任"的核心价值观，以及"让尽可能多的个人和尽可能大的范围因山东黄金集团的存在而受益"这一终极目标，集团全力营造"尊重创新、尊重创造、尊重人才、宽容失误"的文化氛围，由矿业、旅游、地产三大板块合力打造的"山东黄金"品牌优势与影响力与日俱增，集团向着更加美好的明天阔步前进。

山东黄金集团为黄金矿山公园的旅游开发提供了较好的经济社会依托条件。

（四）规划区主要旅游资源概况

1. 自然旅游资源

（1）地貌景观

规划区为典型的胶东丘陵地貌，地势舒缓，张弛有度，具有优美的田园风情。

（2）水体景观

公园水资源丰富，开矿每天需提水 4000 立方米，形成充足的水源。溪流、水库四季不枯，形成了公园的特色景观。

（3）生物景观

松林景观：以黑松林为主，主要分布在金顶周围。松林四季常青，林相整齐，劲风吹拂，松涛阵阵。

刺槐林景观：主要分布在较陡的堤堰上，金带溪沟首有集中分布，形成季相变化明显的森林景观。林相整齐茂密，春天槐花如雪，槐香四溢。

板栗林景观：主要分布在金带溪中段，树龄长、树体大，环境优美，景观价值高。

麻栎林景观：主要分布在金带溪两侧的山坡上，虽然树龄短，但秋季景观优美。

动物景观：鸟类种类多，栖息量大，常见种有大山雀、鸢、喜鹊、伯劳、野鸽、杜鹃、红隼、柳莺、斑鸠、兰矶鸫、云雀、翠鸟、戴胜等，更有国家一级保护鸟"金鵰"。这些鸟类栖息在林中，游人在林间小路上可随时听见鸟鸣声，这种"声景"更增加了自然情趣。

2. 人文旅游资源

主要以金矿坑道、黄金生产工艺车间、矿业遗迹和企业文化为主，是生动的黄金科普课堂。

（五）规划区现状及旅游业发展分析

1. 规划区现状

规划场地呈"山田环抱"之势，东南为山，西北为田，北端为金矿开采区。规划总用地面积为3.6平方公里。场地现状用地分为城市建设用地、村镇建设用地、对外交通用地、道路用地、山地、水域、绿地、农田等。规划区环境条件天然质朴，保持了纯天然、无污染的自然生态环境，是回归大自然、享受大自然的理想之地。

2. 旅游业发展分析

规划区为典型的胶东丘陵，地形起伏，但相对高差较小，所分割的自然空间有利于设置旅游项目和参观游览。

规划区场地的地形地貌可以塑造不同的旅游场景，融合各种旅游项目，特别是水资源条件优越，可以营造不同类型的水体景观。更有别于其它黄金主题公园的最大特点为，它是基于在生产矿区开发的主题公园，游览与生产同步进行，互不干扰，生产的过程就是最生动的科普过程。

本景区处于旅游发展初期阶段，各项基础设施还不完善，资源开发利用程度较低。

本景区旅游业发展存在的问题，主要表现在以下几个方面：

（1）规划场地内坟墓、电线杆等设施影响了视觉景观和景区的开发建设。

（2）拥有较高品位和知名度的黄金文化旅游资源，但与之相对应的旅游项目还没有表现出自己的特色，缺少富有竞争力的旅游品牌，旅游资源的利用率尚未达到最佳。旅游活动项目尚未充分开发，旅游产品的内容有待丰富。

（3）宣传、推广力度不足，在营销上缺乏策划，尚未形成鲜明的旅游形象，也没有明确的可反映黄金文化资源特色和时代特征的宣传口号。

（4）尚未形成完整和高档次的旅游接待体系，旅游业六大要素还有待完善。

三、旅游开发的 SWOT 分析

（一）优势（Strengths）

1. 优越的区位条件

乳山市地处青、烟、威三市腹地，与日本、韩国隔海相望，青威高速公路、309 国道、济威铁路横贯全境，融入青、烟、威一小时经济圈，相当于同时拥有三大火车站、三大港口、三大机场，海陆空交通便捷。尤其是随着山东省环半岛沿海高速公路和环海旅游路的构建，乳山独特的区位优势将日益凸显。乳山黄金公园项目位于乳山青威高速入口处，更是乳山门户之地和形象窗口。

2. 独特的差异市场

在乳山市旅游格局中，逐渐形成银滩、大乳山、小汤温泉、岠嵎山以及黄金公园等"五朵金花"。除了黄金公园外，其它项目都是以休闲度假、旅游观光为主题，旅游资源具有趋同性、大众性。而黄金公园则是以休闲体验为核心，它利用游客对黄金的未知感、神秘感，从而激发起强烈的探究欲，形成了强烈的、充满新鲜感的视觉冲突，与周边景点形成差异性市场，因此具有互补性，不具屏蔽性。若与周边联合，充分发挥周边地区高品位和多样性资源的优势，通过高水平的旅游组合，将形成双赢互补的格局。黄金公园的旅游开发不仅能够提升乳山以及威海的城市形象，而是能够带动当地旅游产业的发展，打造成山东半岛旅游的特色项目和新品牌。

3. 政府的高度重视

旅游业已成为乳山市和威海市的重点发展产业。山东黄金集团下属的金洲矿业集团目前是乳山市重点企业之一，乳山市政府对于金洲矿业集团发展十分关注。黄金公园更是得到威海及乳山两级政府的重点扶持，项目于 2004 年就纳入威海市旅游产业发展总体规划，并列入近期优先开发的 20 个重点项目工程之中。黄金公园也已被作为乳山市的五大重点旅游项目之一，其战略价值显而易见。金洲矿业集团与政府这种融洽的关系是一笔难得的资源财富，在未来的项目开发及推广中势必会得到政府的大力扶持。

4. 项目依托企业的良好基础

山东是中国主要的黄金生产消费大省。本项目依托的企业——山东黄金集团作为黄金生产的大型龙头企业，有着悠久的黄金生产历史，并已形成特有的企业文化。

黄金公园旅游项目也符合山东黄金集团的战略发展需求，因此开发黄金公园有着雄厚的基础优势，必将有力地推动黄金公园旅游的发展。黄金公园已经酝酿多年，目的就是为了打造一个世界精品项目，山东黄金集团及其下属的金洲矿业集团领导也为此考察了世界各国的有关黄金文化的旅游项目，对于黄金文化的理解已非常透彻，金洲矿业集团还为此储备各种资源。这些都为黄金公园的顺利开发奠定了良好基础。

（二）劣势（Weaknesses）

1. 现有旅游资源开发不足

黄金公园虽已拥有较高的知名度，但是以目前规划区自身的美观度而言，其外观效果还欠佳，不能在视觉上构成理想的旅游吸引物，现有旅游资源可观赏度较差，旅游开发项目策划的难度高于其它旅游区。至今未能在景点建设上形成有代表性的突破点，

缺乏个性鲜明的旅游主题形象和宣传口号，游客参与性、体验性和娱乐性的旅游开发项目不足。

2. 旅游配套设施滞后

金洲矿业集团矿区的工业旅游资源已被越来越多的人们认识，但相应的旅游配套设施还未跟上。目前，还没有专门为游客服务的住宿、餐饮、商业零售点、路标、停车场等相关的旅游配套设施，这给前来观光的游客带来了不便，同时也对当地的旅游开发造成了不利的影响，破坏了当地旅游的整体形象。

3. 场地交通不够便捷

本项目场地与乳山市区、乳山银滩之间没有建立完整、便捷的区域交通联系网，与市区及外围主要景点缺乏直接便捷的交通联系，影响了与周边地区的旅游资源与市场整合以及区域联动发展。

（三）机遇（Opportunities）

1. 主题旅游已成热点

中国大旅游时代已经到来，中国旅游产业开始进入"黄金时代"，在这种

大旅游浪潮的影响下，以黄金公园为代表的主题旅游势必会成为中国乃至世界旅游的新热点和新亮点。

2. 区域经济的强势发展

胶东半岛城市群的崛起、青烟威旅游城市的强势发展以及环渤海经济区的崛起都将极大地促进乳山旅游业的快速发展。黄金公园作为山东半岛黄金海岸的重要节点，具有承上启下优势。黄金公园的旅游开发，必将打造成为山东半岛旅游的新亮点。

3. 交通基础设施进一步完善

山东省环半岛沿海高速公路和环海旅游路的建设，将使乳山的可进入性更强，从而促进乳山旅游业的快速发展。汽车时代的到来，使城际间的自驾车旅游成为可能，促进了城际间的旅游消费。

4. 乳山房地产开发将为旅游聚集人气

乳山市在打造"生态型花园式滨海旅游城市"的同时，还提出了"建设青岛后花园"的战略，在沿海滨一带开发了众多的房地产项目，并且已有越来越多的山东省内陆城市和其他省市居民到乳山居住。这将为乳山黄金矿山公园的旅游发展创造良好的契机、聚集大量的人气，并通过口碑传播效应进一步提高乳山黄金矿山公园的知名度，同时也为乳山黄金矿山公园的旅游房地产发展创造了良好机遇。

（四）挑战（Threats）

1. 如何实现旅游业与矿区主导产业的有机结合，协调发展；
2. 能否成功塑造充满个性和魅力的黄金公园旅游形象和旅游品牌；
3. 能否策划对游客产生强大吸引力、符合市场需求的特色旅游产品；
4. 能否与周边区域分工合作、互动发展，形成"大旅游"的格局；
5. 如何在旅游开发的同时，保护好矿业遗迹和自然生态环境；
6. 能否为乳山和周边城市居民创造一个良好的休闲度假场所。

（五）结论

在中国大旅游时代和山东半岛滨海旅游发展背景之下，乳山黄金矿山公园作为以体现黄金文化为主题的特色旅游项目，既处于青岛、烟台、威海黄金海岸旅游的核心节点之中，又能以黄金主题彰显项目个性特色。黄金矿山公园的旅游开发要与周边旅游资源形成差异化，以黄金文化价值演绎为主，融汇黄金休闲等内容，体现出自身特色，把黄金文化挖掘和演绎到位、宣传到位，才能在乳山和威海旅游格局中脱颖而出。黄金矿山公园必将会成为山东乃至中国旅游的新热点和新亮点，成为乳山和威海旅游的一张新名片。

黄金工业旅游是黄金矿业可持续发展的一条必由之路。本项目对保护矿业遗迹及生态环境、改善矿工生活环境、为当地提供较多的就业机会、推进企业文化建设和企业管理水平的提高、促进矿区经济拓展、弘扬黄金文化、进行金矿科学普及和科学研究、丰富游客体验、实现矿区经济社会可持续发展，提高人们的文化素养和对财智人生的理解，具有重要作用和深远意义。其市场前景广阔，具有可观的经济效益和广泛的社会效益、环境效益。本项目将大力促进矿区工业旅游资源优势向旅游产业优势转化，以实现矿区社会经济的可持续发展。

四、客源市场分析及开拓对策

旅游开发必须根据客源市场的现实和潜在的需求，去选择值得开发的资源，并据此确定旅游资源开发的方向、时序和规模。所以，准确分析和把握旅游区客源市场需求，大力开发潜在的客源市场，对于乳山黄金矿山公园的旅游开发具有重要的意义。

（一）区域市场定位

☆ 国内客源市场：

1. 核心市场

乳山本地居民、胶东地区的居民以及青烟威的分流游客是乳山黄金矿山公园旅游业的主体和基础。

这部分市场基数大、消费能力较强、胶东地区本地居民的再访率高，且距离乳山黄金矿山公园较近、交通便利，在今后的一定时期内都将是乳山黄金矿山公园旅游业的主体市场。

2. 基础市场

主要包括：山东省内其他地区；大庆地区；以北京、天津为重点的环渤海地区；长江三角洲地区。

（1）山东省内其他地区

山东省人口众多，经济比较发达，消费能力较强，出游意愿强。随着乳山黄金矿山公园的旅游开发，将会有越来越多的本省居民前来游玩。

山东省中部和西部地区均为山区，与东部沿海地区的旅游资源有较大差异，乳山黄金矿山公园可利用其鲜明的特色重点吸引这部分游客。

（2）大庆地区市场

大庆在乳山投资了众多的房地产项目，并且已有越来越多的大庆地区居民到乳山居住。由于这种地缘关系，加之乳山黄金矿山公园与东北旅游资源相比有较大的互补性，将吸引众多大庆及其周边地区的游客。

大庆居民到乳山居住，有利于提高乳山的知名度，为乳山旅游树立口碑效应，拉动乳山旅游的人气。而且这部分游客收入高，旅游消费能力强，也将有利于增加乳山黄金矿山公园的旅游收入，并拉动整个乳山市旅游经济的发展。

（3）京津地区市场

京津地区是国内旅游的三大客源地之一，一直是全国各地旅游景区争夺的重要市场。虽然乳山距离京津相对较远，但由于京津旅游客源市场规模较大、旅游消费意愿较强，乳山黄金矿山公园完全可以凭借其鲜明的特色获得一定的市场份额。

（4）长江三角洲地区市场

长江三角洲地区是全国城市化水平最高的地区，也是经济最活跃的地区。江浙沪三省市每年出游人数超过1亿，旅游支出超过600亿元人民币。虽然对于长江三角洲地区的居民来说，乳山黄金矿山公园属于中程距离目的地，但如果特色鲜明、产品对路，将具有足够的吸引力，长江三角洲地区也将成为乳山主要的客源地之一。

3. 机会市场

除核心市场和基础市场以外的国内其他地区市场，主要为珠江三角洲地区、辽东半岛和内地大中城市。

☆ 国际客源市场：

1. 核心市场

主要是：韩国、日本

（1）韩国

近年来，随着乳山对外开放的不断扩大，交通等基础设施的不断完善，投资环境的不断改善，越来越多的韩国客商到乳山投资；而韩国与威海等城市在文化和经济上又有着深厚的亲缘关系。利用这些特点，以及在乳山消费相对较低的特点，乳山黄金矿山公园可利用与韩国旅游资源的差异性，对韩国的家庭市场、商务市场和会议市场产生强大的吸引力。

（2）日本

日本是世界主要客源输出国之一，亚洲最大的客源市场，我国海外旅游者首位客源国。鉴于中日两国文化传统及近距离等有利因素，乳山黄金矿山公园可以将日本作为今后主要的海外旅游客源目标市场。

2. 基础市场

主要是：港澳台、东南亚、俄罗斯

（1）港澳台市场

港澳台在我国接待的入境旅游者中占有特别重要的地位，也是青烟威最重要的海外客源市场之一。近年来，也有许多港澳台同胞到青烟威和乳山投资、居住。乳山黄金矿山公园可以通过特色鲜明的高品质旅游产品和优良的旅游服务招徕港澳台游客，同时，分流青烟威的这部分游客。

（2）东南亚市场

东南亚市场是我国最重要的海外旅游客源地之一。同时，与青烟威在文化、经济上有着紧密的联系。今后，这部分游客也将成为乳山的主要客源之一。

（3）俄罗斯市场

俄罗斯是近年来来华旅游市场中发展最快的一个客源国，大量的俄罗斯游客开始涌向距离较近的中国内地滨海旅游地，并且已经延伸到威海、乳山等地。预计今后俄罗斯市场将保持持续增长的势头，乳山黄金矿山公园可以将俄罗斯作为今后主要的海外旅游客源目标市场。

3. 机会市场

主要是西欧、北美、澳洲等其他国家和地区。

（二）细分目标市场

乳山黄金矿山公园旅游市场类型可以划分为广义旅游市场和狭义旅游市场。狭义市场指黄金及相关行业的专家、学者科考市场，而广义市场指观光、休闲、探奇、科普和健身等功能的大众旅游市场。因此在进行旅游产品的设计时两种市场均要考虑到。乳山黄金矿山公园的旅游产品开发既要面向专业化市场（专家学者科考旅游、一般科技工作者科考旅游、学生修学旅游），又要面向大众化市场（普通旅游者科普教育旅游，普通旅游者观光、休闲、探奇、度假旅游），而后者更是黄金矿山公园生存和发展的基础。

乳山黄金矿山公园旅游市场可以细分为以下几个市场：

（1）黄金矿井体验探奇、休闲、观光市场：以大众旅游者为对象。

（2）黄金科普和科考旅游市场：以广大旅游者为对象的科普旅游；以中、小学为主体的修学旅游；以大专院校、研究机构的专业人员为主的科考旅游等。

（3）周末度假旅游市场：以乳山及其周边城市居民为主体。

（4）商务、会议等高端旅游市场：以黄金及相关行业白领阶层高消费群体为对象。

（5）寻根旅游市场：以早年闯关东人群、解放战争时期南下西进的兵团指战员及其后裔为对象。

（三）以距离为参数的乳山黄金公园客源市场特征

乳山黄金矿山公园近、中程旅游客源市场具有如下特征：客源市场吸引半径约在 500 公里以内，以胶东地区的居民为主体；游客的基本动机是休闲娱乐、观光游览，寻求回归自然、返璞归真的意境，缓解城市快节奏生活的压力；旅游特点为短程、短时、少花费，国家法定节假日、双休日游客量明显增大，黄金周期间为相对高峰期；组织形式以会议旅游、单位组织和个人组织为主，散客所占比例较大；黄金科普和科考人员前来参观交流。

远程客源市场的游客具有以下特征：游客的主要动机是猎奇和观光，对黄金文化旅游资源的独特性要求较高，对大众性旅游项目需求较低；对景区质量等级的要求较高；主要为一次性观光旅游。

（四）客源市场规模预测

乳山黄金矿山公园尚处于待开发阶段，本景区开园前，相关旅游统计尚属空白。历史资料和统计数据的缺乏，限制了常用的趋势外推模型、引力模型、仿真模型等旅游需求预测模型的应用。可依据本景区所处的乳山市旅游发展相关统计数据，以及前述的乳山黄金矿山公园旅游市场支撑条件，预测未来的本景区客源市场规模。

2003～2007 年乳山市游客人数和增长情况

年　份	2003	2004	2005	2006	2007
游客人数（万人次）	56.7	84.5	106	152.9	220
比上年增长（%）	−16.6	49	25.4	44.2	43.9

根据旅游地生命周期理论，旅游发展前期迅速增长，随着旅游地发展逐步成熟，客源市场趋于稳定，旅游增长速度有所下降。乳山黄金矿山公园近期主要以胶东半岛客源市场为主，依托其所处的良好区位优势和经济优势。中远期加大市场开拓和宣传力度，优化升级产品结构，进一步树立乳山黄金矿山公园整体旅游形象和品牌，吸引更多的中远程游客。

乳山黄金矿山公园游客量的发展规模预测（单位：万人次）

年 份	2009	2010	2011	2012
低方案	10	20	25	30
高方案	15	30	45	60
综 合	10～15	20～30	25～45	30～60

（五）市场拓展战略

1. 区域联动的空间战略

通过本地市场（乳山）与周边市场（威海、烟台、青岛等）的区域联动，共同开拓客源市场。

2. 产业联动的互助战略

如黄金产业联盟、稀有金属产业联盟、财智论坛等，利用黄金及相关产业的关系和行政关系，必要时借助名人和行政官员促销。

3. 精品品牌的辐射战略

通过黄金公园精品品牌的塑造，除开拓近程市场（青烟威地区）外，辐射中程市场（济南、淄博、潍坊等）和远程市场（北京、天津、上海、广州等）。

4. 合作伙伴双赢战略

通过与旅行社合作纳入旅游线路，以及开行旅游专列、联手自驾车协会等，实现合作伙伴的双赢。

5. 举办节庆假日活动

通过举办节庆假日的系列主题活动，如学生夏令营、爱国主义教育、修学旅游、法定节假日活动、金婚银婚庆典等，扩大乳山黄金矿山公园的旅游知名度。

五、旅游发展总体战略

（一）旅游发展总体思路

本项目依托乳山黄金文化资源和自然生态元素，塑造一个以黄金文化为主题、集黄金文化博览及休闲娱乐于一体的具有较高科学品位和文化内涵的新型国家级矿山公园，通过"黄金开采"、"黄金文化"、"自然生态"、"时尚生活"四大主题，表现"财智乳山"、"绿色乳山"、"活力乳山"和"休闲乳山"，打造一个寓知识性、趣味性、体验性、娱乐性为一体的精品旅游目的地。本项目同时也是矿业遗迹景观及生态环境的重点保护区，以及科普教育和爱国主义教育基地。

（二）旅游主题定位

东方黄金文化博览园

（三）旅游功能定位

紧扣黄金文化主题，具有工业观光、探险猎奇、休闲娱乐、科普修学等功能。

（四）景区目标等级

根据景区资源条件和拟开发的主要项目，将景区目标等级确定为 AAAA 级，争取三年内评为 AAAAA 级景区。

（五）建园风格

现代、时尚、简约、粗犷

（六）旅游形象定位及品牌策划

旅游发展品牌形象驱动和广告策划已成为现代旅游营销的重要手段。通过旅游地形象策划与设计，可以增强旅游地的识别度，引起游客注意，从而可以招徕大量的旅游者。特色是旅游的灵魂和生命。乳山黄金矿山公园必须找准和突出自身的特色，形成鲜明的、富有个性的旅游形象，并加以精心包装，大力宣传，才可能成为对国内外游客有强大吸引力的旅游目的地。

1. 旅游主题形象

"体验黄金文化，寻找财智人生"

诠释：黄金代表财富、智慧、权力，但是寻求财富的过程需要凭借人类的智慧，通过艰苦的拼搏和奋斗才能取得，以此达到人类生活的安宁、荣誉和幸福。

2. 参考性旅游宣传口号

"乳山黄金矿山公园——探险家的乐园"

"乳山黄金矿山公园——世界惟一黄金活矿旅游体验公园"

"乳山黄金矿山公园——黄金文化大观园"

"黄金的世界，我们的世界"

"黄金王国，梦幻生活"

"探黄金秘，圆黄金梦"

"探寻黄金矿藏神秘，体验黄金文化传奇"

"品味黄金文化，感悟人生哲理"

"黄金是怎样炼成的"

"黄金王国，神奇体验"

3. 乳山黄金矿山公园标志物建设

在通往乳山黄金矿山公园主要道路的岔道处建黄金公园的标志和吉祥物。

4. 旅游引景牌

青威高速乳山入口处附近，是乳山门户之地和形象窗口，在来去两个方向设置一系列大型广告牌。内容以黄金公园的典型形象标志为主设计，成为景区的引景和送景，提高乳山黄金矿山公园的旅游知名度。

5. 市内广告宣传牌

在乳山、威海和周边城市的市内选择几处交通节点和人流集散处，设置大型的乳山黄金矿山公园电子广告宣传牌。

6. 软广告形式

以组织黄金文化写生、散文、游记、新闻报道、科普、摄影和举办黄金文化艺术节等多种软广告的形式展开。利用黄金文化艺术节，作为标志性的旅游节事活动吸引游客。

（七）旅游发展阶段性目标和战略

1. 2008～2009：建设核心项目，打造黄金文化旅游知名品牌

通过黄金博物馆、井下神奇采矿体验、入口迎宾区等核心项目的建设，以及旅游基础设施和基础服务设施的建设，注重主要节点的景观环境美化，逐步树立中国黄金体验第一品牌，实现开园的目的。

2. 2010～2012：形成标志性景区品牌系列

完善项目体系和配套设施，完善整体景观环境美化，完善经营管理和营销体系，人员配备合理、高效，旅游产业链基本形成。

3. 2013～2015：打造成世界级黄金文化旅游休闲主题公园

进一步优化项目体系和配套设施的功能，旅游服务质量和管理水平达到国际水平，景区整体竞争能力得到提升，成为旅游设施完善的成熟旅游目的地。实现旅游经济与矿业经济互动持续发展，形成完善的旅游产业体系，把整个园区打造成世界级黄金文化旅游休闲主题公园。

六、旅游产品体系与项目策划

（一）总体空间布局

结合黄金矿山公园所在区域的地形地貌以及公园自身要实现的各种功能，构建一个重点突出、主次分明的聚合式空间分布格局，把公园的景观总体结构

规划为"一核、一环、三片（版块）、七区、十点（重点项目）"的布局形式（如下表所示）。

乳山黄金矿山公园旅游开发空间布局表

布　局		内　容
一核		黄金文化体验核心精品区
一环		古朴小火车环线
三片	黄金文化体验版块	1. 金荷花迎宾区（重点项目：黄金赋台）
		2. 黄金文化体验区（重点项目：黄金博物馆，金色阳光小镇，金矿探秘）
		3. 金梦湖区（重点项目：梦溪淘金）
		4. 金色婚庆文化区（重点项目：金石之盟）
	园艺观光版块	5. 园艺观光区（重点项目：财智论坛，乐活庄园）
	山地休闲版块	6. 板栗沟探秘区（重点项目：丛林探秘）
		7. 山地休闲区（重点项目：金顶揽胜）

（二）分区发展策略

1. 一核：体现黄金文化的核心精品区

（1）井下采矿体验

范围：原有废弃矿井

开发定位：神秘采矿体验区

主题功能：体验黄金采掘的艰辛、探险而快乐的过程

总体思路：通过下井过程、采矿过程、财富梦想过程的情景化设计，打造一个神秘的采矿体验空间。

核心项目：坑道改造工程、环境塑造工程等

（2）黄金文化体验

范围：黄金文化博物馆、黄金剧场

开发定位：黄金文化体验区

主题功能：黄金采矿过程的景观化体验功能；黄金文化史、黄金饰品、黄金文化艺术品的展览、展示功能；解读财智人生的功能

总体思路：通过对黄金文化的挖掘，通过采矿过程、黄金文化的情景化表现，让游客体验黄金文化的内涵，促使游客对于财智人生的重新解读。

核心项目：黄金博物馆、黄金文化主题广场（含黄金剧场）、"金梦湖"水面改造等。

2．一环

范围：大门—淘金河—板栗沟—薰衣草园—玫瑰园—金顶—黄金文化博物馆—金色阳光小镇—百果园—大门

开发定位：串连整个景区的主要功能区

主题功能：黄金矿山公园全景观光

总体思路：游线设计注重景观的多样性和体验的古朴性。多样性表现在该线路连接了景区的各种景观类型；古朴性体现的是旧式的轨道小火车，车站为古式车站，小火车在运行时发出轰隆轰隆的声音，随地势的起伏而蜿蜒盘旋。

核心项目：小火车车道、古式车站、古朴小火车

3．七区

（1）金荷花迎宾区

范围：大门、入门自然景观、生态停车场、黄金赋台等

开发定位：黄金矿山公园的基础功能区

主题功能：第一视觉景观功能；游客导入功能；基础的接待服务功能。

总体思路：大门服务区是游客对整个公园的第一印象，是对黄金文化的意向式的感觉，所以大门的设计需要体现黄金主题文化；通过景观美化强化公园的生态性；停车场设计景观化、生态化。

核心项目：大门、停车场等。

（2）黄金文化体验区

范围：黄金主题文化广场的西侧

开发定位：矿工生活文化体验区（重要支撑项目区和基础功能区）

主题功能：矿工生活体验功能；基础的接待服务功能；金工艺品体验功能。

总体思路：通过矿工的餐饮、购物、娱乐方式以及金饰品加工体验的设计，为游客提供一个体验矿工生活的场所，同时也是游客餐饮、住宿、金工艺品制作体验、娱乐的旅游服务区。

核心项目：茶馆、酒肆、邮局、票号、当铺、夜总会、金工艺作坊、小火车站等。

（3）金梦湖区

范围：梦溪淘金、百果园等所在的区域。

开发定位：水文化体验

主题功能：自然生态观光

总体思路：通过田园景观的打造，充分表现水体文化，满足旅游者对自然生态水景的审美要求和沙里淘金的乐趣。

核心项目：梦溪淘金、百果园等

（4）金色婚庆文化区

范围：薰衣草园、玫瑰园等所在的区域

开发定位：婚庆主题文化体验（重要支撑项目）

主题功能：浪漫的金色爱情体验

总体思路：通过婚庆文化的表现，培育爱情旅游市场，设计针对情侣的金色爱情体验区。

核心项目：金石之盟、薰衣草园、玫瑰园等

（5）板栗沟探秘区

范围：板栗沟

开发定位：黄金矿山公园生态旅游项目（支撑项目体验区）

主题功能：体验深邃幽静的自然生态环境

核心项目：打造板栗沟丛林的游步道和栈道，建造两座林中矿工小屋和庭院供旅游者休憩。

（6）园艺观光区

位置：金色阳光小镇西侧

开发定位：休闲度假和财富论坛旅游区（支撑项目体验区）

主题功能：休闲度假、商务会议、乐活天地

总体思路：依托乳山矿山公园的黄金文化体验和原生态的自然环境，建设乐活山庄等体现健康生活方式的深度文化旅游体验区。

核心项目：乐活庄园、财智论坛等

（7）山地休闲区

位置：景区东北山地

开发定位：旅游地产

主题功能：休闲度假

总体思路：现为观光休闲，后期预留地（旅游房地产、后续项目等）。

核心项目：自驾车俱乐部、金顶揽胜

（三）旅游产品体系和项目策划

1. 井下神奇采矿体验旅游产品体系

主题定位：艰辛到梦想的历程

目标群体：所有游客

体验方式设计：下井—采金—梦想

下井体验——一种震撼心灵的生活方式体验。

位置：竖井

体验过程：游客在更衣室换上井下采金工人的服装，在起降塔的指定位置集合，由旅游引导员介绍注意事项，通过下井检测后进行分组，然后在原状的起降梯下到井下的不同深度（根据分组、游客分流等情况决定），在此过程中，游客主要是通过黑暗、潮湿的竖井通道感受，闭目想象，体会井下采矿的艰辛。

场景设计：完全保留原有的竖井现状和设备，不做任何装饰，保持竖井通道黑暗、滴水，经过不同深度平井的时候可以看到灯光，增强体验的原真性和刺激性，让游客有一个闭目思索的场景。

建设项目：更衣室以及下井人员配备物品；保留原状的升降塔作为该区的标志性景观，配备下井的检测仪器，真实的体验是该区的重要特色。

☆ 采金体验——一种砺炼身心的工作方式体验

位置：采矿地点

体验方式设计：安全确认——采矿

体验过程：首先由引导员或小组组长和地面检测部门通过通讯联系，确定排水、通风、照明等装置安全运行，岩层稳定等情况后，通过一段积水的坑道后，进入采矿地点。让游客在已经遗弃的采矿剩料中通过敲打、搬移等活动寻找、运输含金矿石，并提醒游客安全警示。鼓励游客采用不同的方式进行协作。

场景设计：平井高度控制让游客只能弯腰前行，井壁用木桩支撑，井壁的棱角不做任何处理，灯光中有可视的烟尘弥漫。

建设项目：通讯、排水、照明、通电、检测等设施建设，现状尽量保留；井壁木桩加固工程（景观性的）；景观灯光、积水过道、烟尘渲染等。

☆ 思索财富——一种憧憬梦想的隧道光影体验

位置：斜井

体验方式设计：许愿门——财富梦想——洗浴

体验过程：游客经过实景开采金矿的体验后，手中拿着金矿石，憧憬着美好的希望，通过一个许愿大门，进入一个光怪陆离的光影时空隧道，五彩的灯光投放在光滑的斜井壁上的是皇冠、金元宝、金戒指、金项链、金衣服、金色的殿堂等，然后走到地面，进行沐浴。

场景设计：通过声光电模拟世界上珍奇的黄金物品，人在其中经过，展示梦幻的理想世界。

建设项目：斜井改造、光影电子设备、洗浴室等

2. 智者的思考——黄金实景剧场

主题定位：黄金文化情景化剧场

目标群体：所有游客

设计思路：结合旧井南边的缓坡和人工湖面，通过深度挖掘金州矿业的黄金文化，通过情景化的创意手法，将采金的整个过程通过景观空间的过渡表现出来，景观的设计元素来源于采金技术、采金设备和黄金文化的抽象演绎、创意，形成游客体验黄金文化的、流动的、情景化的体验空间，通过流动空间的景观组合形成故事性的、序列的、系统的体验剧场。

体验方式设计：勘查——采矿——选矿——置换——成金——博物馆黄金文化展览（景观空间的序列化表现）

体验过程：游客首先体验的是金矿勘测的表意景观，从表征海洋的小湖到世界黄金的勘测空间，到表征艰辛的采矿空间，到科普性的选矿和置换空间，再到表征收获的喜悦的成金空间，然后体验表征智慧和财富的博物馆空间，实现一个金矿文化精神游历体验和智慧财富思索的体验流程。

场景设计：坡地做成世界金矿分布的铺装广场（结合水面的光影，晚间可以进行自然的实景演艺活动），景观小品可以提取抽象的定位罗盘等元素进行设计；然后是采矿景观，整个格局由模仿坑道的线性河流进行分割，河流之间是由电转、推车等工具的抽象雕塑组成；然后是选矿空间和分解空间，中间是表征财富梦想的金娃娃的广场中心雕塑（与博物馆和湖面形成一个天际景观梯度），选矿和分解设备的抽象的雕塑分列两旁；然后是成金空间，作为雕塑和博物馆之间的过渡，该空间的绿化可以金黄色的菊花作为景观背景，上面点缀着表征分解设备的抽象雕塑；最后是整个广场的标志性景观和视觉焦点——黄金博物馆，里面陈列着世界黄金矿业发展史、仿制的珍贵黄金饰品以及黄金文化延伸的人类对于财富和智慧的艺术品。

重点项目：黄金博物馆、黄金文化主题广场等

3. 金色浪漫爱情旅游产品体系

主题定位：浪漫的婚庆文化

目标市场：婚庆市场

体验方式设计：

针对婚庆市场：婚纱摄影（婚照）——走入爱情殿堂（婚礼）——幸福共享（婚宴）——夜光花卉

针对情侣市场：花海盟约（薰衣草园盟誓）——夜光花卉

体验过程：针对婚庆市场的游客，可以从紫色浪漫的薰衣草婚纱照开始，在浪漫的紫色空间中留下永恒的回忆，然后到体现区域特色的乡村婚礼殿堂，最后和亲朋好友共同享受幸福的甜蜜的婚庆（婚庆酒宴放在金色阳光小镇）。

场景设计：薰衣草的种植依据引种薰衣草的种类，考虑土壤状况。尽量不改变原有的地形。薰衣草的栽植使用条播方法，形成蜿蜒起伏的、有韵律的视觉感受，外边点缀着金黄色的野菊花；玫瑰园的种植同理，形成浪漫的示爱空间；百果园按照现有的行列式种植，形成有规则、有秩序的劳作空间。

重点项目：紫色薰衣草园、玫瑰园、金色百果园等

4. 快乐户外拓展（夺宝奇兵）

位置：金顶东北方向的山沟和丛林

主题定位：快乐刺激的野外协作 PK

目标市场：富有活力的中青年市场

项目卖点：HASH + PAITBALL + 营地狂欢的过程式体验

体验方式：营地集结——赌博分组——GPS 定向 HASH——遭遇 PAIT-BALL 对抗——营地胜利狂欢

体验过程：游客身穿迷彩服，配备彩弹枪，在营地集结分组后，两组约定会战地点，路线团队成员自行拟定，然后利用 GPS 定向引导，互相追逐（HASH），挺进藏有宝藏（黄金做成的奖品）的地点，不经意间的遭遇都会引起枪战冲突，最先找到宝藏的一方获胜，然后护送宝藏回到营地，在营地进行篝火狂欢，共同庆祝胜利。

场景设计：两沟和坡地现有景观不作改变，保持原有的丛林、野草的荒野景观场景。

重点项目：营地，GPS、PAITBALL 等游戏设备

5. 矿工生活体验

位置：金色阳光小镇

主题定位：狂放而不奢侈的生活方式

体验方式：黄金饰品作坊、餐饮、娱乐（博彩、表演、酒文化等）等休闲夜生活（解决游客晚上的休闲娱乐）

场景设计：以酒店为主体建筑，以中心休闲广场为公共空间，外边围合黄金饰品作坊、酒肆、餐馆等，酒店在景观上对应着"淦湖沁月"水面。金色阳光小镇建筑的外立面悬挂灯笼、匾额、幌子等装饰，营造喧闹、兴隆的气氛。

重点项目：博彩、酒肆、咖啡馆、台球厅等休闲设施、宾馆、黄金饰品作坊、邮局、休闲广场等。

6. 休闲度假产品体系

位置：乐活天地

主题定位：可持续的健康生活方式

体验方式：注重节能和适应当地气候的生态建筑（如通过朝向、植物种植等解决通风、采光等问题，利用环保建筑材料、使用清洁能源和节能设备等）；提倡生态环保的生活方式，结合黄金主题公园的生态环境充分接近自然，通过庄园周边景观的美化，强化生物对社区居民的心理治疗作用；建立和谐的度假社区邻里关系，提倡互助、合作、共享的生活理念，通过宽容、民主、协商的方式组建松散型的社区组织，强化度假体验的和睦性。

场景设计：以论坛中心为主体建筑，乐活庄园围绕论坛中心呈自然式布局，街道设计符合人的尺度，从而塑造高品位的和睦社区生活。

重点项目：乐活庄园、论坛中心等

7. 节事活动类产品体系

核心节事活动：黄金财富论坛（黄金论坛永久举办地；精英论坛）

借鉴博鳌论坛的成功经验，依托金州矿业的黄金主题文化，举办黄金财富论坛和世界精英论坛，研讨黄金采矿的技术交流、黄金文化的传承、黄金与人生的哲学思考等专题，通过重大的节事活动，对乳山黄金文化进行轰动性营销，并将公园作为黄金论坛永久举办地。

特色节事活动：浪漫之约——全国婚庆摄影大赛；执子之手——浪漫情侣金饰品雕刻设计大赛

依托人工湖、薰衣草园、玫瑰园以及玲琅满目的黄金饰品等资源，充分发挥新婚男女对于浪漫爱情的梦想，举办浪漫之约—全国婚庆摄影大赛，同时也是营销黄金主题公园爱情旅游的重要手段。

在金色阳光小镇的金工艺作坊中，浪漫情侣可以根据自己的喜好共同制作象征爱情的金饰品，作为美好爱情回忆的永恒见证，以此为基础，举办执子之手——浪漫情侣金饰品雕刻设计大赛，逐步将乳山黄金主题公园打造成创造爱情故事的场所。

常设性节事活动："我行我塑"——金矿石自我形象设计大赛

依托乳山黄金主题公园大量的金矿石，突出黄金纯洁、高贵、个性的文化内涵，通过游客的创意，将游客个人的形象雕刻到金矿石上，作为自我表达的一种方式。乳山黄金文化主题通过这种常设性的节事活动，增强游客对于黄金文化的体验，也促进游客从黄金文化体会到生活、生存、生命的含义。

8. 旅游购物类产品体系

依据乳山黄金矿山公园丰富的矿石标本、深邃的黄金文化，开发矿石标本、金饰品、情侣特色食品、用具、奇石纪念品、情侣饰品等富有金矿特色的旅游商品。

（四）重点项目设计

1. 大门服务区

大门设计思路：鉴于现有景区大门的选址处距离主要过境道路较远，为了更好对过境游客起到一个宣传景区的作用，规划建议设置两个大门。第一大门位置在矿区服务主干道和过境道路的交汇处，第二个大门在景区主干道区段的山体处（现有选址位置）。

☆ 大门1：

位置：矿区主干道和过境道路的交汇处

功能：第一视觉景观，客流导入

需要解决问题：

现有凌乱建筑的拆迁

与过境河流的空间关系

设计要求：

具备第一视觉景观功能

体现区域的海洋特色

体现黄金矿山公园的主题形象

☆ 大门2：

位置：景区主干道区段的山体处（现有选址位置）

功能：作为景区入门标志性景观起到分开景区和矿区的作用；游客导入

需要解决问题：

门前景观环境的美化，主要是小溪、小湖面的利用

与周边山体的空间关系

设计要求：

具备景区标志性景观功能

体现黄金矿山公园的主题形象

☆ 南门：

功能：景区的次入口；游客导入

设计要求：

具备景区标志性景观功能

体现黄金矿山公园的主题形象

☆ 北门：

功能：景区的次入口；游客导入

需要解决问题：

主要和矿区的协调问题

设计要求：

具备景区标志性景观功能

体现黄金矿山公园的主题形象

☆ 生态停车场：

主题功能：景观化的交通换乘停车广场

设计思路：严格控制私家车进入景区，景区的游客运输以环保车为主，特建造交通换乘广场。广场以大门为主体景观，结合山体、河流等自然地势地貌特征，按照游客车辆换乘的功能需求，分设游客集散广场和环保停车场；停车场采用绿化型的生态停车场，栽植大树作为车位分割的界限，树枝的最低高度为 3 米，以避免树枝对车辆的影响，减少硬质路面铺装，采用植草砖进行路面铺装；

停车场用地面积：环保车车位 10 辆，占地面积 300 平方米；外来车车位：大车 50 辆，小轿车车位 150 辆，占地面积 6600 平方米。总用地面积 6900 平方米。

坡度：1~2%，结合竖向设计和排水设计，满足排水要求。

黄金赋台：利用原始崖壁，镶嵌平整磨光大理石雕刻而成．

2. 井下采矿神秘体验区

重点项目：坑井改造

位置：原有废弃矿井

功能定位：神秘的采矿体验

个性特征：原始的下井体验；强化的采矿体验；梦幻的财富体验

形态：保持现有坑道系统，挖通通向地面的斜井

建设内容：

◆ 开挖通向地面的斜井，配备光影电子设备

◆ 保留原有的下井、通讯、排水、照明、通电、检测等设施建设

◆ 井壁木桩加固工程（景观性的），境内的灯光渲染

◆ 完备更衣室、洗浴室、厕所、垃圾桶、标识系统等旅游配套服务设施

◆ 采用先进的立体投影技术再现矿工生活

建设时序：一期开发项目

投资主体：企业

3. 黄金文化体验区

重点项目：黄金剧场

☆ 黄金文化主题广场

位置："金梦湖"水面北侧的缓坡

功能定位：黄金文化的体验功能

个性特征：采矿过程的景观表现，序列化的流动空间

形态：从湖面——广场主题雕塑——博物馆形成一个梯度视觉走廊

建设内容：

◆ "金梦湖"水面改造、河流的引入、绿化的配置、雕塑的设计建造等。

◆ 完备环保厕所、垃圾桶、照明系统、标识系统、体验设施等旅游配套服务设施。

建设时序：一期开发项目

投资主体：企业

☆ 黄金文化博物馆

位置：广场的北侧

个性特征：通过建筑空间递进、嬗变，形成金矿——黄金——精英的建筑空间分割。

规模：博物馆占地面积4000平方米，建筑面积10000平方米

建设内容：

◆ 黄金文化博物馆建设，包括博物馆的设计建设、展品的收集制作等

◆ 完备厕所、垃圾桶、照明系统、标识系统、体验设施等旅游配套服务设施

◆ 相应的基础设施建设

建设时序：一期开发项目

投资主体：企业

4. 金色阳光小镇

重点项目：博彩、酒肆、咖啡馆、台球厅、分布式酒店、黄金饰品作坊、休闲广场等

功能定位：矿工生活体验区

矿工之家（博彩、酒肆、咖啡馆、台球厅等休闲设施）

位置："金梦湖"水面西北侧的台地，酒店东侧

功能定位：矿工休闲娱乐场所

个性特征：错落有序的空间结构，热闹粗犷的环境氛围

形态：围绕休闲广场的弧形，和金色小镇其他建筑形成围合空间，面向湖面开敞

建设内容：

◆ 酒肆、咖啡馆、台球厅、博彩等

◆ 配备邮局、当铺、银行等服务设施

◆ 完备厕所、垃圾桶、照明系统、标识系统等旅游配套服务设施

建设时序：一期开发项目

投资主体：企业

☆ 分布式酒店

位置："金梦湖"水面北侧的缓坡，正对"金梦湖"水面

功能定位：基础的旅游服务功能；景观节点功能；后期黄金论坛的举办地

个性特征：分布式酒店群，即酒店的美容、保健等附属功能和主体建筑分离

形态：半围护形态

建设内容：

◆ 分布式酒店的设计建设等

◆ 景观美化

◆ 完备厕所、垃圾桶、照明系统、标识系统、体验设施等旅游配套服务设施。

建设时序：一期开发项目

投资主体：企业

☆ 黄金饰品作坊

位置："金梦湖"水面北侧的缓坡，酒店的右侧

功能定位：黄金工艺文化的体验功能

个性特征：前店后坊的结构

形态：错落有致

建设内容：

◆ 黄金饰品作坊的设计、建设、装修等

◆ 完备厕所、垃圾桶、照明系统、标识系统、体验设施等旅游配套服务设施。

　☆ 休闲广场

位置：金色阳光小镇的公共空间

功能定位：组织周边建筑组群的景观功能；休闲功能；演艺功能

个性特征：大众性休憩场所

形态：由周边建筑和湖面围合

建设内容：

◆ 景观小品、绿化、铺装等

◆ 完备垃圾桶、照明系统、体验设施等旅游配套服务设施

建设时序：一期开发项目

投资主体：企业

5. 金石之约爱情体验区

重点项目：薰衣草园、玫瑰园、金色爱情小巢

　☆ 薰衣草园

位置：现有人工湖区域

功能定位：浪漫的盟约地；优美的景观视觉功能

个性特征：浪漫田园

形态：结合地形和湖面的紫色起伏纹理

建设内容：

◆ 薰衣草园

◆ 盟约石、连心锁石柱等

◆ 晚间荧光花卉等

◆ 完备厕所、垃圾桶等旅游配套服务设施

建设时序：二期开发项目

投资主体：企业

☆ 玫瑰园

位置：薰衣草园东北侧

功能定位：浪漫的爱情盟约区；优美的景观视觉功能

个性特征：采用中国古典的造园手法建造的主题园

形态：自然式

建设内容：

◆ 玫瑰盟约种植、景观美化等

◆ 完备垃圾桶、种植工具等旅游配套服务设施

建设时序：二期开发项目

投资主体：附近居民

☆ 亲情院落

位置：园艺观光板块内

功能定位：浪漫的家居体验；休闲功能

个性特征：和周边果园联为一体

形态：具有山东沿海民居特色的小院

建设内容：

◆ 亲情院落建设，包括餐饮（花饭、情侣餐具等）、住宿、休闲（双人藤椅等）、中国结装饰等具有情侣特色设计，院落内可以洗香草（薰衣草）浴等

◆ 完备厕所、垃圾桶、照明系统等旅游配套服务设施

建设时序：二期开发项目

投资主体：企业

6. 快乐户外拓展区

重点项目：营地，GPS、PAITBALL 等游戏设备

位置：板栗沟

功能定位：快乐的野趣 PK 体验区

个性特征：快乐、刺激、粗野、原生态的特征

建设内容：

◆ 以粗野的风格营地建设，准备篝火晚会、烧烤等活动的设备

◆ 配备 GPS 定位仪、PAITBALL 枪、迷彩服等游戏设备

◆ 矿工小屋

建设时序：二期开发项目

投资主体：企业

（五）游线设计

内部游线：体现过程的体验路线：意向——深度体验——思索——娱乐

整体体验路线：黄金意向（大门服务区的景观表达）——神秘的矿井体验——对于黄金文化的智慧思索（黄金主题广场和黄金文化博物馆）——浪漫的金色爱情体验——快乐的户外拓展体验——真情的释放（营地篝火狂欢和矿工生活体验，在户外营地和金色阳光小镇）

黄金文化主题线路：神秘矿井体验——黄金文化广场——黄金文化博物馆——淘金

浪漫金色爱情体验主题线路：薰衣草园——玫瑰园——百果园——甜蜜爱情小巢——夜光花卉

小火车野趣主题旅游线路：大门——板栗园——薰衣草园——玫瑰园——金顶——黄金剧场——金色阳光小镇——百果园——大门

外部旅游产品线路的串连和组合：区域互补式整合

两日游旅游线路：

乳山市—银滩—大乳山—乳山黄金矿山公园

乳山市—银滩—岠嵎山—乳山黄金矿山公园

乳山市—银滩—堕崮山—乳山黄金矿山公园

多日游旅游线路：

泰山—曲阜—乳山黄金矿山公园

青岛—烟台—乳山黄金矿山公园—威海

青岛—乳山黄金矿山公园—威海

济南—青岛—乳山黄金矿山公园

济南—淄博—潍坊—乳山黄金矿山公园

七、景观概念策划

（一）景观规划原则

1. 系统化和区域化原则

乳山黄金矿山公园总体地形地貌特征为缓坡丘陵，景区的开发应注重视觉

空间的连续性、功能的互补性和生态系统的完整性，以开敞的绿地系统、标志性的节点景观、便捷的交通系统，结合游客的体验过程将整个园区的景观构成系统性的流动体验空间。

人文景观的塑造应充分考虑黄金文化和胶东区域的海洋文化；自然景观的塑造充分考虑地域气候和缓坡丘陵的地形地貌特征，绿化配置的植物物种以本土物种为主，体现景观的区域化特征。

2. 生态性原则

依据景观生态学的原理，恢复自然景观，加强生态绿地的防护，保护生物多样性，增加景观的异质性，促进自然循环，架构滨水区的生态走廊，实现景观的生态学特征。

3. 艺术美学原则

旅游区的景观设计应充分利用游客对于区域性景观的心理感知，从游客的心理行为角度进行文化景观、水域景观、绿地景观的设计。人文景观的设计需通过黄金文化的挖掘、黄金物理特性的演绎、黄金采矿的流程和设备以及矿工生活进行创意性设计，体现公园设计的艺术美学特征。

（二）景观结构

景观结构主要包括建筑景观、田园景观、道路绿化景观、休闲绿地景观、河流景观、滨水休闲景观、绿篱防护景观等。

1. 建筑景观

园区的建筑景观主要有大门、黄金博物馆、金色阳光小镇、酒店等，依据建筑功能特征以及生态景观的空间关系，遵从沿坡地高程分布的水平空间肌理，黄金文化主题体验区形成博物馆——广场——湖面的景观结构；

金色阳光小镇以酒店为主题建筑，形成围合式的景观空间特征。根据规划的产品项目内容，单体建筑通过现代化的建筑手法进行改造，充分利用区域的生态特点和文化建筑景观特征，突出黄金主题文化特征。

乐活天地以论坛中心为主景，引入水面，以小水面组织周边散布的自然式乐活庄园，以院落为主要的景观元素；植物的配置主要不同植物对于人体健康的精神治疗作用。

2. 田园景观

依据乳山市的区域地理环境，选用当地观赏性植被修建薰衣草园、玫瑰园、苹果园、桃园等，结合现有栽植的果木，苹果园、桃园等呈行列式排布；薰衣草和玫瑰园完全按照地形的起伏进行条播，形成舒缓的秩序性。

3. 道路绿化景观

依据规划道路的级别以及相应的交通系统的组织，确定绿化景观的设计。

机动车道（消防道路、矿业生产道路以及至大门的道路）方便、快捷、舒适的特征，因而道路形态依据地质地貌特征以直线为主，景观绿化具有引导性、便宜性的特征；

环保车道路须依据地形坡度、串连的分功能区等特征以及环保车的动力情况，设计为高低起伏、蜿蜒有趣的观光型景观大道；

小火车的路线设计需要尽量通过不同的景观类型，原则上不改变原有地形的坡度，使之成为富有生态野趣的观光路线；

园区内的人行道考虑使用者的行为特征，依据地质地貌特征可直可曲，在适应地段可以盆栽花卉。

4. 休闲绿地景观

休闲绿地景观包括黄金文化广场的景观绿地、乐活天地的休闲绿地景观。

黄金文化广场的休闲绿地依据广场的总体结构和主题体征，在黄金博物馆前种植金色的野菊花，以便和黄金主题文化相吻合；广场边缘栽种当地乔木，在适宜的地方配以绿化，形成黄金文化广场的景观绿地系统。

乐活天地的休闲绿地以新建湖面为中心，采用中国古典园林的造林手法，充分利用植物、水体和周边建筑景观的空间关系，注重湖面空间以小见大的空间分割，增大水面的利用效果，形成一个半公开、舒适、安静的休闲绿地空间。

5. 河流景观

河流景观设计应充分考虑黄金矿山公园缓坡丘陵的地形地貌特征，保持水面线条的舒缓、曲折、蜿蜒有趣，如薰衣草园处的湖面处理为肾形，与凸出河岸形成很好的映衬关系；淘金河段为避免水体污染，采用分支河道沉淀除淤的办法，形成分叉河道景观；大门区的湖面处理成两个小湖面的形态，增强湖面形态的多样性和趣味性。

6. 滨水休闲景观

"金梦湖"水面包括休闲水上平台、卵石游乐滩以及疏林草地等景观。水上休闲平台和黄金文化主题广场和金色阳光小镇联系，以挑台式木结构为主，形成一个亲水空间；卵石游乐滩主要位于休闲平台的对面，规划建议用卵石进行水下滩地（临岸 10 米内）的铺设，形成独具特色的卵石亲水游乐区；树林草地景观包括乱石游乐滩上的疏林地，疏林草地采用中国古典园林的造林手法，充分利用植物、水体和周边景观的空间关系，设置茶室、桌椅等休闲设施，形成一个舒适、安静的休闲空间。

入门区的滨水景观主要考虑和大门、山体、停车场的关系，着重处理两个小湖面的形态和周边的果木、花草等景观，设置桌椅、石凳等休闲设施，形成游客候车、集散的一个休闲空间。

7. 绿篱防护景观

公园周边须考虑地形和植被特点、与公园功能的协调以及美观等因素，建议采取乔灌木结合的方法，灌木以带刺植物为主，保证园区的安全，同时具有防护作用。

（三）景观线

依据旅游景观格局，可以分为小火车车道景观线、水景观线、建筑景观线、防护绿化景观线等。

小火车车道景观线——连接各种景观类型的野趣式景观线；

水景观线是指连接原生态林地—薰衣草园、玫瑰园、人工湖、淘金河大门的自由式景观；

建筑景观线包括黄金文化体验线和金色阳光小镇景观轴线，黄金文化体验线沿垂直等高线方向，从"淦湖沁月"水面——滨湖休闲码头——黄金主题广场——黄金主题博物馆的黄金成金过程和智慧思索的文化主题线；

金色阳光小镇景观轴线为"淦湖沁月"水面——滨湖休闲码头——演艺广场——酒店（由金色阳光小镇围合）的矿工生活体验轴线；

防护旅游绿化景观线是指园区外侧具有防护功能和绿化功能的景观。

（四）重要景观节点

1. 主要景观节点

入门广场、黄金博物馆、酒店、乡村爱情小巢（亲情院落）、起降塔、金顶

2. 重要景观节点的视觉分析

入门广场：主要景观视觉控制点为景区大门，作为第一视觉景观，起到地标性的景观引入功能，是形成主题公园第一视觉意向的导入性主题空间。

黄金博物馆：主要景观视觉控制点为金娃娃雕塑、金顶迎风送月阁、金色阳光小镇，形成一个黄金文化主题体验空间。

亲水平台：主要视觉走廊控制点为黄金博物馆、起降塔、酒店和金顶休闲阁，形成一个黄金文化体验空间。

演艺广场：主要视觉控制点为酒店、金色阳光小镇、"金梦湖"水面，形成一个矿工生活体验空间。

亲情院落：主要视觉走廊为薰衣草园、玫瑰园、百果园、乡村小屋等，形成一个浪漫的乡村爱情体验空间。

金顶：主要视觉走廊控制点为黄金博物馆、起降塔、酒店、大门等，是观览整个园区的制高观赏点。

第三节　中国石油独山子石化工业旅游项目

一、项目总论

（一）项目概述

1. 项目名称：中国石油独山子石化工业旅游项目

2. 建设地点：新疆独山子

3. 建设单位：中国石油独山子石化公司

（二）区域概况

独山子位于天山山脉北麓，准噶尔盆地西南缘，是一个典型的石油加工专业化城市。独山子经济的发展源于石油资源的开发和石油加工业的兴起，其他产业依托石油和石油化工业的发展而繁荣兴旺。独山子的经济是单一的工矿型经济结构，长期以来石化工业一直是独山子的主导产业和经济支柱，石油炼制和石油化工在经济结构中占绝对优势，第一产业和第三产业所占比例很小。独山子是一个以石油化工为主的工业城区，是我国石油工业的发祥地之一；曾与甘肃玉门、陕西延长油田齐名，是我国西部集炼油——化工为一体的重要石油化工基地。随着举世瞩目的中哈石油管道的建设，独山子石化公司已被确定为1000万吨级炼油和120万吨级乙烯项目生产基地，目前正在进行前期准备工作，其目标是建成国家级现代化综合型的石油化工基地。独山子总体发展水平较好，城市基础设施完善、环境优良。但是城市个性和文化主题挖掘不够，城市形象不能彰显于众多城市，影响了城市吸引力和旅游吸引力。

（三）项目规划指导思想

以独山子工业旅游资源为基础，以区位、资源、市场、社会经济为背景，旅游发展与城市建设、主导产业、区域经济发展相结合，以提高居民生活质量为宗旨，塑造独山子独具吸引力的旅游整体形象，完善旅游要素配置，突出重点，讲究特色，适度超前，有序发展，使社会效益、经济效益和环境效益相协调，全面带动独山子第三产业和国民经济健康发展。

（四）规划目标

本规划目标如下：

1. 将独山子建成全国最具代表性的石化旅游名城；

2. 将独山子建成新疆次级旅游枢纽和客流中心；

3. 建设天山北坡经济带城市居民中高档休闲度假区；

4. 以"旅游金三角"为牵引项目，建设北疆经济窗口。

（五）规划原则

1. 区域合作原则

根据奎——独——乌"金三角"地区各城市的特点和优势，加强区域旅游合作，建立合理的分工体系，克服传统行政体制束缚和近距离重复建设、恶性竞争等问题，进一步增强区域整体优势，促进该地区旅游业的全面提升和旅游经济的互动发展。

2. 依托主导产业原则

石化工业是独山子的主导产业和经济支柱，其他旅游资源吸引力不强，必须依托主导产业，发展以工业旅游为核心的特色旅游，才能提升旅游竞争力。

3. 创新原则

独山子旅游资源先天不足，而独山子的核心旅游项目如石化工业旅游、泥火山旅游等均为新兴旅游项目，目前在国内外尚无成熟的范例。旅游规划创新对于提升独山子旅游吸引力和综合竞争力，以及成功塑造充满个性和魅力的独山子城市旅游形象尤为重要。

4. 特色化原则

"个性即魅力，特色即价值"。首先城市景观设计、景区景点建设、旅游商品生产、宣传营销，都要与现代石化工业相结合，并且与"中国石油工业摇篮"、"独山子精神"、"西部最大的石化基地"主题与口号相吻合，其次，突出独山子旅游的休闲特性，加大现有的"西部的人造绿洲"和"理想的居住家园"的宣传，适当修建中高档的休闲度假区。

5. 人性化原则

独山子区城市居民收入水平较高，主要消费群体旅游需求层次较高，从项目选择、项目策划到景区景点设计都要注重游客的舒适度、愉悦度和享受度。

6. 引导市场原则

旅游者具有追求新、奇、特的心理需求，旅游规划只有超前于现阶段的市场需求，开发能引导和占据未来市场的旅游产品，才具有竞争力。"引领时尚，推动市场"应成为独山子旅游开发特色。

二、旅游基础环境概况

（一）自然环境

1. 区位条件

独山子区地处天山山脉北麓，准噶尔盆地西南缘，西以奎屯河为界，南以巴音沟居民点以南山脉为界，东南沿依什克塔乌的西边和北边划界，西、西南和东南与乌苏市接壤，东与沙湾县相接，北以乌鲁木齐——伊宁公路为界、与奎屯市相邻。地理坐标：$44°7'30'' \sim 44°23'30''$N，$84°43'40'' \sim 85°6'40''$E。总面积 448 平方公里，呈不规则的 "L" 形，东西最长 31.4 公里，南北最长 29.4 公里。

独山子北距克拉玛依市区 152 公里，中间被奎屯市隔断。本区位于天山北坡经济带的地理中心，与奎屯市、乌苏市并称为"金三角"。

2. 地质

独山子位于准噶尔盆地西南缘、天山北麓山前凹陷西部的第三排褶皱带上。喜马拉雅运动使得第三系及以前的地层褶皱、断裂，形成独山子背斜与独山子断裂。新构造运动使得现今独山子仍以每年约 0.18 毫米的速度抬升。独山子背斜与独山子断裂形成构造岩性封闭，形成独山子油田。独山子的基岩由石炭系构成，在独山子油田开发时井下钻遇最老的地层为下第三系。在独山子界区内，南界山麓丘陵地带可见地表出露白垩系、侏罗系地层。

3. 地貌

独山子山海拔高度1282.9 米，由山脚至山顶的相对高度 400 米，面积 32 平方公里。独山峰突起，四周不与其它山体连接，故称"独山子"。又因山体中分布有大量的深灰色、灰绿色砾石，远看呈黑色，居民也称"黑山"。独山子山主峰的北面，有一座被泥火山喷出物覆盖的山丘，称为"泥火山"。海拔 958.3 米，相对高度 200 米，坡度一般在 18～22 度。由于山周围有大量的石油露头，又称为"油山"。泥火山山顶平坦，存有古泥火山喷出口，直径约 180 米，深度为 6 米。20 世纪 80 年代以后泥火山有新的喷发现象，山顶形成了 4 个小的泥火山喷发口，喷出泥浆与天然气，天然气可以点燃，喷出的泥浆形成直径 5 米，高 2 米左右的小型泥火山锥体。

4. 油气资源

石油、天然气是独山子的主要自然资源，具有油层浅、原油质地优良，天然气中乙烷含量较高的特点。独山子油田的油气地质情况未完全掌握清楚。曾在独山子背斜东部探明含油面积 1.2 平方公里，原油地质储量 239 亿吨。背斜西部及独山子断裂下盘等领域尚未完全勘探。

（二）社会环境

1. 人口与民族

独山子区人口的状况和独山子石油炼化工业的发展密切相关。民国时期，由于时局动荡和石油钻采、炼制的兴衰，人口数量极不稳定。建国后，随着石油和石化工业的不断发展，人口数量不断增加。2003 年末，全区总人口 6.5 万余人，由汉、维、哈、回等 31 个民族组成。

2. 历史沿革

1954 年 11 月 27 日，为适应独山子石油工业发展的要求，新疆省政府批准成立独山子地方行政委员会，直辖于新疆省人民政府。12 月，由新疆省民政厅、塔城专署、乌苏县人民政府、中苏石油股份公司派员组成的工作组进驻独山子，进行建政工作。1955 年 2 月 22 日，成立县级建制的独山子矿区地方行政工作委员会。1956 年，依据新疆维吾尔自治区人民委员会《关于工矿区政权设置的决定的命令》，独山子成立县级建制的独山子镇，行政工作委员会改称为镇人民委员会，直辖于新疆维吾尔自治区人民委员会。1958 年 5 月 29 日，国务院全体会议第七十七次会议批准设立克拉玛依市，划独山子镇为克拉玛依市的一个县级区。6 月 17 日至 23 日，独山子区第一届人民委员会成立，组成克拉玛依市独山子区首届人民政府。1982 年 2 月 16 日国务院批准克拉玛依市为设区的地级市，独山子为其下辖区。2004 年，独山子区人民政府机构设置共有 34 个局、委、办，3 个派出机构，3 个街道办事处。

3. 社会经济状况

独山子经济的发展源于石油资源的开发和石油加工业的兴起。1936 年，新疆地方政府与苏联合营成立独山子炼油厂，开采和提炼独山子石油，但由于政局动荡不定，油田隶属关系不断更替，石油生产发展缓慢。1951 年，中苏合营重新开发独山子油田，发展石油炼制，独山子经济开始复苏。1956 年，克拉玛依油田开发之后，独山子以石油炼制为主，经济开始快速发展。改革开放后，独山子经济体制改革步伐加快，石油企业向规模型和化工型方向发展，炼油厂扩大加工量，乙烯厂开始动工建设。

独山子的经济是单一的工矿型经济结构，石油炼制和石油化工在经济结构中占绝对优势，第一产业和第三产业所占比例很小。到1999年，独山子已是一个石化工业为主，城市功能齐备，居民步入小康生活的现代化工业城区。国内生产总值（GDP）达到16.7亿元，是1992年的3.3倍。综合经济效益指数117，高于全国平均值17个百分点。2003年独山子区国内生产总值达到了24.01亿元，人均GDP为4.5万元，位居全国前列。

三、旅游资源特色及旅游发展综合分析

（一）旅游资源特色与开发潜力

1. 旅游资源类型较少，品质不突出

从独山子区旅游资源分类来看，只有地文景观、遗址遗迹和建筑与设施三个旅游资源主类型，总体上类型较少，比较单调。另一方面，独山子区缺乏可观赏度强、品质突出的强势旅游资源，旅游开发项目策划的难度和投资风险度高于其他地区。

2. 石化特色工业旅游资源优势较突出，但需要精心设计

独山子是我国石油工业的摇篮和西北重要的石油化工基地，有中国石油独山子石化公司等知名企业，可以挖掘的工业旅游资源丰富，所依托的龙头企业和工业园区具有鲜明的特色，工业旅游发展具有较好的前景。经过精心设计，可望建设成为一个集科普、观光、体验、娱乐于一体的高品位的石化特色工业旅游品牌。

3. 遗址遗迹旅游资源丰富，有一定开发潜力

独山子区拥有新疆最早的油井——独山子油井遗址、新疆最早的蒸馏釜——独山子蒸馏釜遗址，以及新疆独山子中苏石油公司办公旧址、独山子油田遗址、石油工人俱乐部旧址、矿物局党委办公旧址等一批社会经济文化活动遗址遗迹。充分挖掘这些旅游资源，将石油石化文化与城市景观旅游组合，在独山子石化博物馆中以"创业追踪"为主题，展示独山子石油会战初期的办公和生活场景，将与克拉玛依石油地质陈列馆、矿史陈列馆等共同构成整体石油石化文化形象。

（二）石化工业旅游资源的内涵

前已述及，独山子的石化特色工业旅游资源优势较突出。经分析归纳，对

独山子石化工业旅游资源的内涵细分如下：

（1）石油石化企业的发展历史（即独山子创业史）；（2）企业不同时期对国家的贡献；（3）具有历史社会意义的老厂房、老建筑；（4）具有一定先进水平的石油化工生产线和生产劳动场面；（5）典型的石油化工生产工艺及加工状态，如高科技加工方法，自动化的运作程序等；（6）石化产品的加工、制造过程；石化产品的科研开发条件，如比较先进的设计条件，试验与检测条件等；（7）独山子石化企业的科研成果；（8）企业有史以来的各种产品；（9）中国特色的石化企业职工社区建设及历史变化；（10）党和国家对独山子石化企业的关怀，包括主要领导人对企业的视察、题词等；（11）独山子石化企业对外交往及合作，包括某些馈赠品；（12）企业著名人物，包括他们的贡献和事迹；（13）企业的管理经验；（14）企业文化等。

（三）旅游发展综合分析

1. 优势条件

（1）区位优势

独山子地处北疆旅游环线和天山旅游环线的交汇点，是乌鲁木齐以西的旅游交通枢纽。新疆北至喀纳斯、南至和田的旅游线路（南北线），北疆乌鲁木齐至伊犁的旅游线路（东西线），恰好在独山子穿越。在面向乔尔玛、巴音布鲁克草原、巩乃斯草原、库车的旅游方向上，独山子堪称天山旅游的门户，具有"天山旅游的桥头堡"之美誉。良好的区位和可进入性为独山子区发展旅游业提供了极为有利的条件。新疆与中国东部的石油管线以独山子为起点，中哈石油管线以独山子为终点，这又提高了独山子在中国石化工业的战略地位和新疆交通区位的重要度。

（2）经济优势

独山子区紧邻亚欧大陆桥，与奎屯市、乌苏市构成新疆天山北坡经济带的核心发展区域之一。2003年独山子区国内生产总值达到了24.01亿元，比2002年增长了47.2%，人均GDP为4.5万元（是自治区人均9686元的4.6倍），经济实力比较雄厚，发展速度很快，为旅游业发展提供了良好的支撑条件。

（3）观念优势

在独山子石化产业和城市发展中形成的大力开展对外交流，积极引进新技术的开拓观念，独山子人"干就干一流、争就争第一"的发展理念以及"追求卓越、永不服输"的拼搏精神，成为独山子旅游业发展的最大优势。对于独山子的旅游开发，克拉玛依市和独山子区领导都非常重视。规划先行，高起点开发经营旅游业，已得到全区上下的普遍认同。由此，避免了其他地方先破坏后治理的弊端。

（4）城市发展基础条件好

独山子区城市基础设施和文化娱乐设施优良，环境优美，绿树成荫，曾先后被评为"全国绿化先进单位"、"全国绿化300佳"、"全国造林绿化400佳"、"自治区绿化先进单位"，2002年被自治区人民政府命名为"园林城区"，"天山杯"竞赛优秀城区，获"中国人居环境范例奖（城市绿化）"。城区防护林面积达101.25公顷，城市绿化总面积466.5公顷，绿化覆盖率达36.85%。绿化率高，卫生条件好，空气清新，人民纯朴好客，为独山子旅游业大发展提供了可靠的保证。

（5）人才优势

独山子以石化工业为主导产业，石化企业资金密集和技术密集的特点对职工素质要求较高，加之改革开放以来企业重视人才的培养和引进，独山子拥有雄厚的人才储备。独山子区各级领导的创新观念、创新意识以及较高的市民素质为旅游业发展提供了良好的软环境和人才基础。

2. 劣势分析

（1）旅游资源优势不突出，先天不足

独山子旅游资源优势不突出，旅游吸引度不强。如前所述，独山子区总体上旅游资源类型较少，比较单调，只有地文景观、遗址遗迹和建筑与设施三个主类型。并且缺乏可观赏度高、品质突出的强势旅游资源，旅游项目策划的难度和投资风险度高于其他地区。

（2）旅游开发比较薄弱

独山子区旅游局成立较晚，与独山子区经贸委、交通局合署办公。目前，承担全区旅游行业管理工作的人员仅有2人，各项工作刚刚起步，行业管理还十分薄弱。无论是旅游经营管理人才，还是一般的旅游服务人员都明显不足。特别是独山子区旅游开发项目大多是新兴旅游项目，经验丰富的旅游经营人才更加缺乏。

（3）城市个性和城市文化主题挖掘不够

目前，独山子总体发展水平较好，城市基础设施完善，环境优良。但是城市个性不够突出，文化主题不够鲜明，城市形象不能彰显于众多城市之外，影响了城市吸引力和旅游吸引力。

3. 旅游业发展机遇

（1）国际国内旅游业蓬勃发展

目前旅游业已成为世界第一大产业群。据世界旅游组织预测，2020 年中国将成为世界最大的旅游目的地国和第四大客源国，我国将实现旅游总收入占国内生产总值 8%，真正成为国民经济的一大支柱产业的宏伟目标。旅游业也将成为西部大开发中的热点产业之一。

（2）疆内旅游业快速发展

在 21 世纪的新疆产业结构调整中，自治区政府已确定将旅游业作为新疆的支柱产业来培育，旅游业发展呈迅猛增长态势。2003 年新疆维吾尔自治区旅游局推出"乌鲁木齐——天池——乌尔禾魔鬼城——喀纳斯湖"和"独山子——乔尔玛——唐布拉——库车"等黄金旅游线后，克拉玛依凭借其雄厚的经济基础和其所处优越的地理位置，在新疆大旅游的链条中，确立了"北疆游客集散地"的定位，并且打出了"双游"（油）的牌子（地下的石油、地上的旅游）。"十五"期间，克拉玛依市政府对过去只能起降小型飞机的克拉玛依机场进行迁建，以快速发展新疆支线航运。克拉玛依机场建设开通了内地直达通道，这对于改善独山子区域的交通运输条件、投资环境，促进对外贸易发展，方便居民生活都有着极为重要的意义。

（3）独山子城市及主导产业迅速发展

独山子区是我国石油工业的发祥地之一，也是我国西北重要的石油化工基地。其城市发展趋于完善，主导产业规模和水平不断上升。随着举世瞩目的中哈石油管线原油输送管道的建设，独山子石化正加快千万吨原油和百万吨乙烯项目的扩建，独山子将成为中国最大的石化基地，其作为石化工业城的形象更加鲜明。这为其城市建设和旅游业的发展提供了深厚的石化文化内涵。

（4）领导重视

对于独山子的旅游开发，克拉玛依市和独山子区领导都非常重视，为促进旅游业健康发展，独山子区政府已成立了专门的旅游管理机构，区人大、政协和宣传部门对旅游业给予极大关注，形成了以石化工业为主导产业、依托城市良好的经济基础，高起点、高标准的规划建设，以旅游业提升城市形象，带动第三产业发展的共识。

4. 旅游业发展的挑战

如何实现旅游业与主导产业的有机结合，协调发展；

能否成功塑造充满个性和魅力的独山子城市旅游形象；

能否策划有吸引力，符合市场需求的旅游项目；

能否与周边区域联合构建北疆"金三角"旅游枢纽；

能否为独山子和周边城市居民创造一个良好的休闲度假场所。

四、客源市场分析及开拓对策

（一）客源市场现状

独山子虽享有"天山旅游桥头堡"的美誉，具有金三角的区位和经济优势，但是由于其旅游业起步较晚，资源优势不明显，城市旅游形象不突出，对外宣传力度不足，致使其旅游业发展缓慢，影响了旅游吸引力及外界客源的进入。

但是，独山子及克拉玛依区域经济发展水平较高，居民素质较好，观念较新，目前旅游业的发展以对外输出客源为主，因此，本区成为新疆最重要的客源输出地之一。根据2002年乌鲁木齐市调查的结果显示，疆内客源的输出，克拉玛依地区仅次于乌鲁木齐，列居全疆第二位。

（二）客源市场定位

独山子位于天山北坡经济带的地理中心，地处北疆旅游环线和天山旅游环线的交汇点，312国道、217国道在独山子十字交汇，独库公路穿越天山连接南北疆，使独山子成为乌鲁木齐以西的旅游交通枢纽。以距离为参数，其客源市场可分为三部分：

1. 疆内客源市场

针对疆内游客，大力开发特色城市旅游及城郊度假休闲游等短程旅游产品，满足新疆主要城市居民日益增长的郊游、近距离游的市场需求。按距离远近划分的客源市场如下：

◆ 一级客源市场："金三角"及周边客源

主要包括克拉玛依、奎屯、乌苏及独山子本地客源。金三角区域人口约55万（含农业人口），克拉玛依市人口20多万。独山子凭借独具特色的旅游产品和旅游环境，可吸引本区域大量观光度假游客。

◆ 二级客源市场：北疆旅游环线和天山旅游环线客源

主要包括去喀纳斯的游客、去伊犁的游客和穿越独——库公路的游客。喀纳斯近两年游客迅猛增涨，近20万人次/年；去伊犁和独库公路的游客也在十几万人次，独山子作为旅游北疆枢纽，可充分发挥旅游节点城市的优势，吸引和截留这部分客源。疆内客源主要包括以乌鲁木齐、昌吉、克拉玛依等为主的天山北坡经济带及以库尔勒、吐鲁番等为主的南疆、东疆经济及交通条件较好的地区的游客。独山子可凭借拟开发的高档次、现代时尚旅游产品吸引此区域的游客前来观光度假、猎奇探险。

　　◆ 三级客源市场：

　　疆内其它地区市场。居民经济收入相对较高，具备一定旅游需求，除了上述一级和二级客源市场之外的疆内其他各地州县，均可作为独山子的三级客源市场。

　　2. 疆外国内客源市场

　　针对疆外国内客源，以建设全国最具代表性的石化旅游名城为目标，重点是推出石化工业旅游及企业文化游，展示大型化、国际化、现代化、城市化的石化基地旅游形象。

　　疆外国内客源地分布：对乌鲁木齐市各星级宾馆 2002 年的接待情况进行抽样调查分析（其样本数近 2 万）的结果表明，疆外国内游客最多的是来自以下地区：①以北京为核心的京津唐地区；②以上海为中心的沪宁杭地区；③以广东为主的珠江三角洲地区和以山东、福建为主的东部沿海地区；④以陕西、甘肃、四川为主的西北、西南等邻近省区；⑤以河南、湖北、湖南为主的华中地区；⑥以辽宁、黑龙江为主的东北地区等。客源市场的分布明显受经济发展水平、政治中心和距离的影响。

　　独山子是我国石油工业的摇篮，随着千万吨原油和百万吨乙烯项目的扩建，将成为中国最大的石化基地，其在全国石化行业的地位和影响力将会显著提升。独山子在建设全国最具代表性的石化旅游名城过程中，会吸引更多的石油石化系统对口单位的客人到此参观、学习和交流。因此，国内石油石化系统对口单位也是重要的客源组成部分。

　　3. 海外客源市场

　　独山子目前还难以吸引海外客源市场，但随着喀纳斯世界级景区的建设，将吸引部分日本、西欧、北美、亚洲其他国家及澳大利亚等国家或地区的游客，独山子因为北疆环线和天山环线的搭便车项目，可吸引部分海外游客顺便旅游。

　　（三）市场细分与营销

　　根据旅游者属性和旅游行为对市场进行深入分析，有利于旅游宣传和市场营销的开展。

1. 旅游性质市场细分

独山子向外促销的主要是休闲度假、工业观光、康体健身等旅游产品。（1）从一般经验来看，休闲度假旅游市场再访率高、消费水平不高，独山子周边的乌苏、奎屯经济发展水平一般，但是具有近距离、人口众多的特点，可吸引这部分游客前来休闲度假，而面向克拉玛依、独山子、乌鲁木齐等区域游客主要推出以中高档次为主的休闲度假旅游产品。（2）工业观光旅游者主要有两类：一类是求知修学性的大众旅游者，以观光娱乐为目的，消费水平较低。另一类是石油化工对口行业的专业旅游者，以参观考察、技术交流、会议商贸旅游为主，消费水平较高。（3）康体健身旅游者，主要向其推出独山子特有的泥火山泥浴美疗旅游产品。随着社会时尚潮流的发展及泥浴美疗宣传促销的加强，将来这项旅游产品将成为最具潜力和经济效益的旅游产品之一。

2. 职业构成市场细分

按职业可把目标市场细分为蓝领市场和白领市场。蓝领市场较易接受消费低的旅游产品，而白领人群喜欢时尚、新奇、刺激的高档旅游项目。因此，在独山子旅游项目策划中，应规划有不同消费档次的旅游项目，以同时争取蓝领和白领目标市场。

3. 学生市场

从观念上讲，教育改革的总体方向是实现从应试教育向素质教育的转变。从教材改革看，"大理科、大综合"的教育模式把历史、地理等知识综合为一门课程，强调知识的综合与能力的培养教育。独山子石油化工文化底蕴突出，区内还有著名的自然景观（300万年历史的泥火山、第一口油井遗址等），通过实地考察，加强学生的感性认识，引导学生的兴趣，显然是一个难得的旅游市场。

4. 年龄构成市场细分

18岁至55岁这年龄段由于学习、工作压力大，为放松身心调整心态，短距离本土旅游的机会较大。加之本地旅游相对旅游花费较少，所以目前我们应该以中、低收入的中青年客源市场为基础，同时还应积极开发中年高收入市场。对于退休人群，虽然收入不高，消费力较弱，但他们没有工作干扰，时间充裕，所以也有相当部分的离退休人员外出旅游，应努力争取这一目标市场。

按年龄和收入来确定的目标市场为：以中青年（18～55岁）和中低收入（500～2000元/月）的大众旅游为基础，积极开发中青年高收入（2000元以上/月）的高档游客，努力争取退休（55岁以上）游客。

综上，根据独山子市场类型突出，旅游消费层次齐全的特点，近期将以近距离休闲度假旅游为主，逐步加大宣传促销力度，推出中高档次旅游产品，旅游淡旺季市场可以得到互补。

（四）旅游宣传促销对策

1. 城市营销——成立独山子旅游形象推广委员会

根据独山子旅游业刚起步的特点，要变景点营销为城市营销。成立独山子旅游形象推广委员会，与推广工作关系密切的党委和政府办公室、规划、旅游、宣传、外事、经贸、计划、交通、园林等单位和部门人员参与。推广委员会制订推广计划，包括推广内容、策略、程序、时间安排及费用预算等。总之，使城市品牌成为独山子旅游的广告，利用城市的美誉度提升刚刚起步的旅游业的知名度，另一方面，凭借独山子已有的"中国人居环境范例奖"、"自治区园林城区"等城市美誉与旅游相结合，发展城市旅游，使城市营销与旅游宣传推广融为一体。

2. 公关营销——利用各种联系实现联动

利用各系统的关系，必要时借助名人促销。

（1）利用行政关系

旅游业是政府主导型产业，通过行政官员在其参加各类会议及接待工作时予以涉及。

（2）利用"泥火山"。积极争取与高等院校、科研机构、中小学校建立联系，炒作独山子。

（3）利用"石化"。与国内外石油石化系统的主要相关单位建立联盟，与石化产业链的主要客户建立联系，加大营销力度。

3. 渠道营销——授权专业公司统一包装

旅游产品的销售，最直接的还是由旅行社等专业公司进行营销。建议公开招标，并给予优惠政策，授权一家专业公司对独山子旅游进行统一策划、设计包装和销售；或者与专业公司联合成立销售公司，统一进行景点的营销；或采取由公众媒体参与的独山子形象设计大奖赛活动，一来通过竞标获得最佳形象设计，二来通过本活动让更多的人参与、知道和认同独山子形象。

4. 整合营销——旅游形象营销与旅游产品营销相结合

把旅游形象营销与旅游产品营销密切结合起来进行，针对目标旅游市场与传播受众不同，采取不同的营销策略。对主题旅游形象进行持久的宣传，加强旅游形象营销的多层面合作，使之成为系统工程。坚持旅游宣传促销的专业化、规范化和高技术化方向。

5. 广告营销——利用大众传媒

大众传媒是人们接触最多、直观性很强、很有效的传统营销渠道。主要利用《新疆日报》、《都市消费晨报》、《新疆经济报》、《乌鲁木齐晚报》，以及客源集中的大中城市如乌鲁木齐、克拉玛依、昌吉、石河子、库尔勒等地的电视台、电台等媒体，在黄金时段播出旅游广告。

6. 网络营销——建立独山子旅游信息网

借鉴国际旅游业的发展经验，通过内容完善、功能强大的专业旅游网站进行营销已是通行做法。利用国际互联网介绍独山子城市形象和旅游产品，提供快捷、准确的旅游信息和咨询服务，进行旅游宣传和市场开发。在网上一展独山子旅游风采，以吸引国际国内游客。网络特有的第四媒体优势集中体现为：不受地域限制；信息传播速度快；受众面广；互动性强；信息采集批量化，数据处理自动化；可与其他旅游推介活动有效整合；与传统营销方式相比较，费用少，成本低。

7. 主题营销——如举办以"石化工业"为主题的系列活动

独山子是我国西北重要的石油化工基地。石化工业文化是其旅游文化的核心和形象。通过举办征文、摄影展、石化工业雕塑大赛、中国石化博览会等系列活动，可进一步树立独山子石化企业形象和石化工业旅游的品牌，扩大独山子工业旅游知名度，同时为塑造独山子城市个性和魅力提供选择方案。

8. 内联外引，共赢营销——与新疆区内区外旅行社加强合作

团体旅游仍然是当今旅游者选择的主要旅游形式，旅行社在旅游业中的作用至关重要，加强旅游地和旅行社之间的合作，对于旅游地吸引客源，提高知名度，以及游客数量稳定之后，反过来提高旅游地接待服务水平和改善旅游设施具有非同寻常的意义。所以，适当让利给新疆区内外的广大旅行社，实现旅行社和旅游目的地联手，共同开发客源市场，这种模式一旦形成，对独山子旅游的迅速发展无疑会起到立竿见影的效果。

五、旅游形象建设与品牌经营

（一）旅游形象塑造

旅游形象塑造必须从城市的整体特征出发，并赋予其深厚的文化内涵，提升城市品位。独山子旅游定位，要以石化主导产业为主，旅游为辅的战略方针，坚持旅游与城市建设一体化战略，旅游形象与城市形象相一致。

1. 旅游形象

"独山子——中国石化旅游名城"

2. 参考旅游宣传口号

对内地：

"中国大石化——新疆独山子"

"西部中国最大的石化基地——新疆独山子"

"魅力独山子——新疆石油工业的摇篮"

"新疆石油发展历程的见证——独山子"

"中哈石油管线的终点——中国独山子"

"喀纳斯之旅的驿站——新疆独山子"

对疆内：

"独山子——休闲娱乐大哥大"

"天山旅游桥头堡——新疆独山子"

"魅力独山子——石化工业游"

"独山子——你我的理想家园"

3. 旅游行为形象

（1）树立"人人都是旅游形象，处处都是旅游环境"的行为风貌形象。

（2）展示独山子人热情、好客、时尚、开放、进取的优秀品质形象。

（3）体现体制法规健全，行业通力协作，全民关注旅游的社会形象。

（二）旅游品牌策划

21世纪是个性化的时代，品牌是旅游目的地的一张独特名片。旅游目的地品牌建设是体验经济时代的要求。一个目的地能否深入消费者心中，关键在于品牌的三个"度"，即知名度、美誉度、忠诚度。品牌是目的地的重要无形资产和目的地竞争的利器。品牌建设提出了目的地鲜明而独特的市场形象、定位了清晰的细分市场、并对将获得的旅游体验的质量以及环境等方面做出了综合保障。

独山子特色在于石油化工基地，是城市形象区别于其他旅游地的主要特征。标志区是乙烯厂、炼油厂、泥火山，它们是独山子城市特色的精华所在，须重点保护。结合公园、广场、街头绿地的建设增加新的石化艺术景观，让石化这一主题韵律充满标志区。

（三）城市形象系统建设

城市形象设计是城市形象的外在体现，包括城市标徽、标准字、象征图形、吉祥物、市花、市歌等，还包括城市建筑布局、建筑风格规划，城市绿化、美化、净化，城市雕塑风格等硬件设施。每个元素的设计都必须为支撑"中国石化旅游名城"的形象服务。因城市形象设计属于城市规划范畴，本规划仅以国内外成功经验，提出城市旅游景观设计和品牌经营的理念和思路，供独山子下一步的城市规划参考。

独山子作为一个旅游交通枢纽、游客集散地和旅游目的地，营造一个全新的、独立的、有别于其它旅游城市的"中国石化之都"视觉形象系统十分重要。旅客从外地进入独山子途中，就开始观赏感受独山子石化城市景观，所提供的一切视觉形象都将变成口碑，流传四方。在符合旅游形象策划理念的基础上，创造一个具有持久力、视觉冲击力的形象系统。

◆ 城市景观建设

在城市景观建设中，要"打好石化之都牌、做足石化工业文化"。以富含现代石化工业文化内涵的雕像、形象标志以及代表独山子城市符号的园林景观来塑造独山子城市景观，使之艺术化、系列化，成为独山子有别他乡的城市风景线。石化大道可以运用石化工业的核心象征——管道艺术雕塑来装饰美化，管道可用不同的色彩和造型加以艺术化。对石化公司炼油厂和乙烯厂林立的炼塔、高耸的火炬作为特有的石化城景观加以美化，将石化大道、大庆路、北京路、南京路等城市主干道建成石化工业文化主题街道，并设立石化特色工业品展示橱窗，以展现现代石化工业形成的城市轮廓线和景观格局。

此外，独山子大型商场超市、长途客运站等城市窗口地区人流密集，是本地市民及外来游客主要的聚会之地，成为传播城市形象极为理想的平台。

◆ 城雕

雕塑的功能应该是美化城市，是人们的视觉中心，公众看也得看，不看也得看，并且，雕塑应该准确表达城市个性和文化品格，且符合大多数市民的审美认同。建议独山子城市标志性雕塑采用抽象艺术化的石油化工元素符号结构造型。

◆ 城徽及吉祥物

城市标徽和吉祥物在城市及企业形象、品牌宣传方面有着重要的作用，对于城市和企业来说都是一种巨大的文化财富和不可估量的无形资产。同时还具有利于促进石化工业的发展，推进独山子旅游，渲染城市气氛的作用。

独山子城市标志建设，必须反映现代石化工业城市水平；且具备灵活性及商业开发价值，适用于各种应用领域。建议请专业人士进行设计或面向社会广泛征集城徽及吉祥物。将标识图案广泛应用于标志性建筑、园林绿化、市政设施及其他城市景观的规划建设的各个环节，以有利于营造城市整体形象。

◆ 公共信息图形符号

旅游景点、服务设施、运输工具及其它公共场所采用国家 GB/T 10001《标志用公共信息图形符号》规定的旅游设施与服务符号、通用符号、运输服务符号和体育运动符号等公共信息图形符号。

（四）城市旅游形象建设重点

1. 城市门景建设

在乌奎高速公路独山子出口处，312 国道与石化大道交叉路口处，以及独库公路独山子出口处，设置大型灯箱广告宣传独山子旅游景点，树立独山子旅游形象。

2. 城市标志性建筑

借助大型雕塑、大厦、高塔、体育场馆等建筑物的雄伟立体空间，以单独或组合方式展示城市形象主题，给人以强烈的震撼感。用文化雕塑和石油管道艺术点缀石化城市形象。

3. 城市中心广场

城市中心广场不仅是一个城市的象征，人流聚集的地方，而且也是城市历史文化的融合，塑造自然美和艺术美的空间。广场在城市中具有特殊地位，城市中心广场被喻为城市的客厅。规划建设好城市广场，对提升城市形象、增强城市的吸引力尤为重要。独山子中心广场应突出石化文化主题，建成石化文化广场。

4. 城市园林绿化及小品配置

城市形象应与市树、市花等城市形象元素有机地融为一体。将城市周围的环城绿带、城市生态防护隔离区、城市中心公共绿地和城市道路系统绿化串联起来，形成完整的生态绿化景观，为建设现代生态工业城市提供可靠保证。绿地建设以完善城市功能、美化环境、恢复城市生态平衡为主要目标，提高中心城区生态环境和城市景观质量，为市民和游客增加休息场所，创造环境优美、景色宜人、富有特色和文化品位的生态城区。绿地设计以生态理论为指导，贯彻可持续发展的战略，遵循"以人为本、以绿为主、尊重自然、特色突出"的原则，形成开放式公共绿化空间。

5. 市政设施

道路、灯光、标牌、车站、电话亭、邮箱等市政设施，让人们在日常生活中近距离感受城市形象。统筹规划建设独山子区内的旅游引导标识系统。在主要道路和主要景区景点设立各种引导标志（包括游览导游图、标识牌、景点介绍牌等），要求外观美观醒目，文字准确规范，符合 GB10001 的规定。街名牌、标识牌和景点介绍牌位置合理、数量充足。

6. 城市夜景建设

结合独山子城市规划，将夜景照明和城市建设的发展紧密地结合起来，优化市民夜生活环境，改善城市景观，塑造优秀的石化工业旅游城市特色和时代风貌，树立独山子旅游城市新形象，实现夜景照明和城市建设协调同步持续发展。聘请设计院或专业公司对泥火山夜景进行详细规划设计，以各具特色的亮化彩灯点缀城市的夜景。建议选取以下区域作为亮化的重点：城市主干道及其外侧四周的一定延伸区域；对石化公司炼油厂和乙烯厂林立的炼塔、高耸的火炬作为特有的石化城景观加以美化，火炬的柱体可用霓虹灯装饰；城市主要标志性建筑、广场、雕塑、小品、广告、路标等。设计以道路照明为基础，厂区、广场、建筑照明为主体，绿化、水体、山体照明为映衬，广告、路标照明为烘托，营造多层次的主题灯光景观，形成景观功能与环境协调一体的夜景环境，同时夜景所在地段要充分考虑游客的舒适度。

（五）夜间休闲规划

启动夜间休闲消费市场，引导并改变广大消费者的购物习惯和消费观念，吸引游客和市民享受独山子美好的晚间生活，培育第三产业发展新的增长点，提升独山子的整体形象，共同擦亮"中国石化旅游名城"的城市品牌，推动晚间休闲经济健康发展。公交车做好延时准备，广场文化方兴未艾，夜市如火如荼，露天餐饮热热闹闹，漫步夜幕下的独山子，使游客清晰地感到夜生活的浓郁气息。

1. 商场超市夜卖场

各大商场、超市是激活夜间经济的主角。夏天气温一高，人们白天很少出来购物，许多人喜欢将购物计划安排在晚上。白天工作很忙，双休日也难得休息，只有晚间还有些空闲时间，一般选择晚上购物。针对居民的即时消费需求延长营业时间。

进入旅游旺季，商场晚上的营业收入占很大比例。各大商场 6 月底至 11 月坚持晚间延时经营，用电电价享受有关优惠政策，晚间可利用门前空地或自有停车场开展多种形式的促销活动，开办小型夜市。

2. 广场文化建设

晚间休闲经济靠人气，而人气旺盛则要靠丰富多彩的文化活动。各部门和单位充分利用中心广场、公园等公共场所，组织开展丰富多彩的晚间文体娱乐活动和旅游休闲活动，吸引广大市民走出家门，吸引游客积极参与。可开展例如"激情广场大家乐""夏季广场纳凉晚会"等广场文化娱乐活动。

3. 夜市、餐饮

繁荣夜间经济，开办经营小商品、旅游商品和各类小吃的专业夜市及晚间各类餐饮小吃是重要内容。晚间的大排档、露天烧烤、火锅等等，属于经济实惠的夜间消费，他们和酒店、宾馆的高档消费一起，构成了餐饮经济的主体。对城市年轻人和外地游客而言，大排档既方便又实惠，是不错的选择。但是，对露天餐饮，要管理与服务相结合，引导业主们规范经营，在不扰民、不污染环境、不影响市容、不阻碍交通的原则下进行经营。作为经营业主和消费者来说，应该珍惜这个经营环境，规范自己的经营行为，保证夜间经济健康发展。

六、工业旅游开发现状和存在问题

（一）开发现状

独山子政府部门和石化企业已形成了以石化工业为主导产业、依托城市良好的经济基础，以石化工业旅游开发为契机，进一步提升城市品位、完善城市功能、打造城市形象和魅力的共识。作为克拉玛依油田工业旅游项目的组成部分，2004 年已成功申报了全国工业旅游示范点，独山子工业旅游已经有了一定的市场知名度。目前对独山子第一口油井、第一套蒸馏釜等遗址遗迹进行了合理的保护，石化公司炼油厂和乙烯厂夜景建设已有一定基础，但石化企业还未对公众开放，虽然已成为全国工业旅游示范点，但尚未得到真正意义上的工业旅游开发。

（二）存在的主要问题

（1）旅游活动项目尚未充分开发，旅游产品的内容有待丰富。

（2）工业旅游在目标顾客的定位上，仍侧重于企业间的参观与交流，多属于商务旅游的性质，面对大众旅游尚开发不足，因而市场还未形成。

（3）拥有较高品位和知名度的工业旅游资源，但与之相对应的旅游项目却没有做出自己的特色，缺少富有竞争力的工业旅游品牌，工业旅游资源的利用率尚未达到最佳。

（4）政府与企业的宣传、推广力度不够，在营销上缺乏策划，尚未形成鲜明的旅游形象，也没有明确的可反映石化工业资源特色和时代特征的宣传口号。

（5）尚未形成完整和高档次的旅游接待体系。旅游业六大要素中，游、购、娱等要素还很不完善。

七、旅游总体布局及重点景区项目策划

（一）旅游定位

1. 性质定位

"独山子——中国石化旅游名城"

2. 功能定位

融工业观光、休闲度假、疗养保健、科普修学、探险猎奇于一体的综合旅游区。

（二）旅游总体布局

根据区域资源组合和开发条件，独山子旅游总体构架：

◆ 一条工业观光线：石化大道——大庆路——炼油厂——油城路——乙烯厂——北京路——石化工业雕塑园——石化博物馆。

◆ 一条城市景观轴：石化大道——南京路——大庆路——广场

◆ 一条峡谷风景线：独山子大峡谷

◆ 四大休闲度假区：滑雪场、泥火山、城市公园和度假村

◆ 一个旅游枢纽：旅游"金三角"

（三）工业旅游项目策划

工业旅游作为独山子独具特色的旅游项目，其建设应与独山子大石化项目建设同步进行，大石化项目建设过程中，应考虑其旅游功能建设，并为将来的旅游开发做好基础设施建设。

1. 资源依托

独山子是一个以石油化工为主的工业城区，是我国石油工业的发祥地之一，曾与玉门、延长油田齐名。独山子作为我国西北重要的石油化工基地，有中国石油独山子石化公司炼油厂和乙烯厂等知名企业，为发展工业旅游提供了稳定可靠的载体，可以挖掘的工业旅游资源丰富，所依托的龙头企业和工业园区具有鲜明的特色，工业旅游发展具有较好的前景。独山子石化公司已被确定为千万吨级炼油和百万吨级乙烯生产基地，目前正在进行前期准备工作，其目标是建成国家级现代化综合型的石油化工基地。

独山子的石化工业旅游资源，主要包括以下几个方面：石油生产线、石化产品、石油工业历史、现代石化企业风貌等。

2. 旅游功能

石化工业观光、科普教育、参与体验

3. 景区建设目标

（1）目标等级：AAAA 级

（2）新疆工业旅游示范景区

（3）独山子标志性的旅游精品

4. 旅游线路

本着便捷、安全原则，将车行交通与步行游览结合起来，以城市道路和厂区内部道路串联各景点，可以步行，也可以乘坐观光车游览全景区。

旅游线路：石化大道——大庆路——炼油厂——油城路——乙烯厂——北京路——石化工业雕塑园——石化博物馆。

5. 项目安排

（1）现代工业园区参观

对现有的炼油厂和乙烯厂的厂区进行综合美化、绿化，开展工业观光旅游。工业园区按照 CIS 形象识别及现代企业管理的标准，对厂区大门、厂房、厂区管道、设备、路标系统、园林等进行整体美化、绿化和亮化建设；注重企业形象和文化理念设计，将企业标志、标徽、厂旗、经营理念、吉祥物、户外灯箱、公共标识牌等在工业园区进行充分合理的展示和表现，将整个生产工业区作统一管理，建成花园式的现代化工厂，供游客进行参观游览。

（2）生产流水线参观

以"石油怎样变成汽油"为吸引主题让游客参观生产流水线。对现有炼油厂和乙烯厂生产线流程，设置便于参观的游道，包括从原料的输入到产品的输出，使游客能看到完整的工业生产流程。对工作现场进行整治，绘制生产工艺流程图，配备讲解员为游客讲解生产原理、指标要求和产品品质等。提供本厂产品与现行国内几大品牌的同类产品在组成、性能、价格等方面的对比图，取得游客对本厂产品的认可，起到现场广告促销的作用。

（3）石化博物馆

充分挖掘独山子丰富的遗址遗迹旅游资源和石油石化文化，以"创业追踪"为主题，对独山子油田遗址、第一口油井遗址、第一套蒸馏釜遗址、新疆独山子中苏石油公司办公旧址、石油工人俱乐部旧址、矿物局党委办公旧址、朱德同志视察独山子下榻处、职工疗养院旧址等遗址遗迹进行保护和美化，展示独山子石油石化会战初期的创业历程和生活、工作场景。

可选择石油工人俱乐部或石油工人疗养院遗址等有历史纪念意义，但现在没有充分利用的场馆资源，建设独山子石化博物馆。按独山子石油石化开发生产的历史顺序，通过文字说明、图片图表、模型、实物展览、全景电控微缩沙盘和现场模拟等形式，运用声、光、电、多媒体等多种科技手段，集中展示以下内容：世界石化工业发展状况；独山子石化企业的发展历史；企业产品的科研开发条件、科研成果；企业荣誉奖项、企业著名人物；领导人题词、企业对外交往及合作等。独山子石化博物馆将与克拉玛依石油地质陈列馆、矿史陈列馆等共同构成完整的石油石化文化形象。

（4）石化城市景观廊道建设项目

在炼油厂和乙烯厂之间，以及石化大道、大庆路、油城路、北京路、南京路等城市主干道，充分利用以下资源，构建一个特色鲜明、亲和力强的景观走廊，创造出具有时代特征、现代石化城特色的城市形象。

◆ 利用沿途的厂房、围墙、烟囱等载体，建立一条前卫的现代工业行为艺术画廊。

◆ 以石化企业标识系统来装点厂区街道，突出企业文化氛围。

◆ 将沿途的小区空地、街头绿地、公交车站等设计成体现石化工业文化、环境优美的休闲空间，如街头休息走廊、石化主题雕塑、石化产品（如塑料）艺术化的座椅等。

（5）石化工业雕塑园

工业雕塑丰富了艺术语言，赋予了工业废弃物以新的内涵，使其焕发出新生命。改造独山子现有的城市公园，增加通透性，以石化工业为主题，创建一处石化工业雕塑园。将沥青、石蜡等石化工业产品及废旧机器设备进行重组、再塑主题雕塑。对现代新型材料如废弃生产设备、纵横交错的管道、齿轮、螺丝、沥青等重新处理，制作成为色彩鲜明、造型前卫的工业雕塑群，展示独山子的工业文明，让游客感受到高层次的雕塑艺术带来的文化冲击，并在未来的岁月里能感知这个城市历史的辉煌。

深入挖掘独山子民间文化、民族文化、传奇故事等，以雕塑等城市小品形式进一步展示城市文化，体现城市精神。通过建设石化工业雕塑园，使独山子的城市特征更加鲜明，有效地整合城市文化优势，起到重视城市文化、弘扬城市精神、打造城市品牌，增强对外来游客的吸引力的作用。

6. 相关配套措施

（1）精心设计导游路线

遵循如下原则设计导游路线：一是按工厂发展和技术进步的先后次序进行展示；二是先零件、后总成，到最后出成品，体现出生产过程；三是考虑游客身体和视觉疲劳因素，将生产场景与其它展示内容合理地交叉进行，走路观看与坐下听讲相结合，做到有张有弛，令游客保持舒适、轻松的心态。

（2）配备游览专用车

独山子炼油厂和乙烯厂厂区范围广，在景点与景点之间以及较长的生产线上，配备舒适、方便的游览专用车。游览专用车外型设计、包装要充分体现企业文化。同时，游览车一定要符合厂区安全规范，游客只能在游览车内观光、旅游。

（3）设立良好的接待服务场所

在工业园区内设置游客接待室、游览过程中的休息室、餐饮服务场所以及卫生间等，并要有良好的条件以适应旅游的需求。

（4）培训一支高素质的导游服务队伍

要求形象好、口才好，具有一定的石化工业专业知识，熟练掌握运用解说词，并能解答游客提出来的一般问题。

（5）礼品与宣传材料的准备

设计制造一批带有企业特点的旅游纪念品，有的用来赠送给游客，有的供选购。企业概况、游览景点介绍以及本企业的旅游意义等，要通过宣传材料送到游客手上，以作纪念和加深认识，并能起到间接宣传的作用。

（四）区域旅游合作

突破行政区划的局限与分割，开展区域合作，建立资源互用、客源互送、产品互补、效益互享的区域旅游网络，是实现旅游业可持续发展的必然选择。

独山子旅游资源类型较少，品质不突出，在一定程度上限制了其作为"天山旅游桥头堡"的区位及城市经济优势的发挥。因此，必须加大资源组合，区域联合的力度，充分利用区内外的周边旅游资源的优势，大力开拓区内外及中远程客源市场，才有利于实现"将其建设成为新疆次级旅游枢纽和客流中心"的目标，区域旅游合作也是实现旅游"大中心、大产业"发展战略的关键。

以独山子区、奎屯市、乌苏市"金三角"地区区域一体化为动力，走区域联合与合作的旅游发展道路，旅游区域合作是提升旅游竞争力的必然选择。

发挥独山子的资金、技术、人才优势和"天山旅游的桥头堡"的独特地位，争取取得周边地区和天山旅游线沿线景点的开发经营权，把独山子区域内旅游与区域外旅游组合成一个大产品，这是实现区域联合与协作的重要战略内容。

在外部线路联合方面，重点作好"四条线"：

北疆环线：加强与石河子、克拉玛依、魔鬼城、喀纳斯等景区及城市的合作；

天山环线：加强与赛里木湖、霍尔果斯口岸、伊宁市等景区及城市的合作；

独库公路线：加强与乔尔玛、唐布拉、那拉提、天山大峡谷、克孜尔等景区景点的合作与联合经营；

新疆石油观光线：克拉玛依（采油）——独山子（石化）——精河（储油）

在外部区域联合方面：与以乌鲁木齐为核心的天山北坡经济带形成联动的关系，吸引更多的疆内游客和国内远程观光、商务客人。从地缘上来看，独山子与奎屯、乌苏合作，也能增加对乌鲁木齐和天山北坡经济带游客的吸引力。

在内部区域合作方面：通过独山子区域内各景区、各旅游企业的合作，降低发展旅游的成本和风险，丰富旅游产品，增加游客的旅游体验，形成独山子旅游的整体优势，提高独山子旅游整体吸引力。

在市场整合策划方面：通过共同协商，设计和编排适应对方旅游者需要的旅游线路，并相互推介和开放旅游市场，争取开通周边地区重要旅游景区（点）和天山旅游线沿线景点的旅游专线车。同时，积极推动周边有实力的企业以资本为纽带建立风险共担、利益共享的旅游企业集团等合作组织，促进旅游企业获得更好的经济效益。

（五）旅游日程及游览线路

从外部交通条件看，游客可从北疆铁路、乌奎高速公路、乌伊公路或独库公路抵达独山子。游客到独山子后，进入各景区可通过公交车或出租车、自备车到达。主要采取一日游的方式游览各景区，其次为二日游或三日游。以独山子城区为核心向四周形成辐射游览线路。

◆一日游：

以天山环线和北疆环线的顺道旅游的外来游客为主，包括内地游客和疆内游客。游览内容为：

"金三角"、石化工业观光、城市公园、泥火山公园

◆二日游或三日游：

近地游客为主，包括克拉玛依和独——奎——乌客源市场、乌鲁木齐都市圈居民周末休闲度假旅游和内地来金三角和克拉玛依的商务和会议游客。包括：度假村、滑雪场、石化工业观光、城市公园、泥火山公园、"金三角"等项目。

八、旅游商品规划

（一）旅游商品开发原则

1. 地方特色原则

2. 针对性原则

3. 经济性和适用性原则

4. 艺术性和纪念性原则

5. 便携性原则

（二）旅游商品开发类型

1. 吉祥物

旅游吉祥物是向外宣传区域旅游形象的重要载体，如大连将老虎滩海洋极地动物馆从国外引进的白鲸"彼得"（后征名为"海娃"）定为大连市旅游吉祥物。独山子也可以采取类似的方式，以具有特色的动物、植物、民间传说、民间工艺为候选内容，通过网络、报刊杂志、电视等宣传媒体在全国范围内发起吉祥物设计的征集活动，吸引全国的读者、观众和专业设计团体的参与，组织独山子旅游吉祥物的评审组，从中选定最合适贴切的作品。

2. 旅游文化商品系列

高品位的纪念徽币和艺术品（可以石化为代表）、具有一定深度的地方文化著作和介绍书籍、地图、明信片，介绍本地风景、风情的光盘等。

3. 石化及后续产品系列

工艺美术蜡制品、蜡烛、凡士林、橡胶制品、塑料制品、编织袋、打包带等。

随着国内外，尤其是周边地区旅游业的迅速发展，包括旅游商品开发在内的旅游业的竞争势必日益激烈，旅游者面临着更多的选择机会，因此，旅游商品生产和营销就显得更为重要。

1. 强化旅游商品的研制与开发力度

◆与科研、设计、生产单位合作，成立旅游商品专门研制、开发机构，并结合独山子的产业和地方文化特色，进行有目的性、针对性的开发。

◆挖掘民间工匠和艺人在传统地方特色的商品、土特产品、纪念品制作、开发的能力。

◆资金、技术、工艺、生产、销售等方面发展横向联合，促进商品的设计、研制、生产和销售。

◆用新闻媒介和宣传组织力量，壮大旅游商品设计和营销力量。

◆有重点地树立和强化一批旅游商品名牌。

◆逐步建立几个主要的具有研制、生产、销售多功能于一体的旅游商品生产基地，以形成竞争、比优的良好氛围。努力拓宽旅游商品的旧概念，将一切能被游客接受，并愿意购买的产品均可开发成旅游商品。

2. 加强对旅游商品开发的扶持

政府及相关部门在政策的制定上应考虑到扶持旅游商品的发展，对重点旅游商品生产厂家应扶持发展；建立、健全旅游商品管理机构，以协调全市的旅游商品生产、经营和销售，与工商、城监等部门密切配合，监督旅游商品的质量、商品价格，规范市场行为；建立起有利于旅游商品研发的良性机制，培训旅游商品销售人员和导游，提高旅游商品生产、销售人员的服务意识。

3. 创名牌旅游商品

对旅游商品项目进行分析、整理，形成不同系列，完善产品系列化，提高品位，强化深度、力创名牌。在现代市场竞争中，旅游商品生产企业要面对市场，实施名牌战略，提高产品的竞争力。对旅游商品项目进行分析、整理，形成不同系列，完善产品系列化，不断提高产品质量及文化品位。坚决杜绝粗制滥造产品进入独山子市场，培育有信誉的独山子旅游购物市场。通过旅游商品力争保名牌、力创具有独山子特色的名牌，提高旅游商品市场占有率，为企业带来良好的经济效益和社会效益。

4. 建立适应不同游客需求的旅游定点购物网络

针对游客需求多样化的特点，从独山子现有的商业网络中精选出一批有独山子特色的商店作为旅游定点商店，组建类型齐全的旅游定点购物网络，便于导游为客人导购，同时也让游客感受独山子的城市商业形象。

5. 加强对旅游商品价格的管理

整治景区、旅游定点商场内的高价"宰客"和导游不法经营（强迫游客消费等）行为，让游客愉快购物，还有利于塑造独山子的旅游形象，实现旅游购物可持续发展的措施。如果规范旅游商品价格，游客购物时就有一种安全感，从而乐于购物。更重要的是，游客由此对旅游地留下了美好印象，为旅游地带来更多的客源。

6. 将旅游与购物在内容上和线路上有机地结合起来

凡是旅游购物水平高的地区，这项工作一般都做得比较好。例如到新、马、泰的珠宝店、锡工艺品店、腰果店旅游购物时，导游向旅行团介绍行程时都说是参观生产，"看看宝石如何加工切割，锡工艺品如何铸造打磨"等等。这些都是旅游者喜闻乐见的，参观生产，既增长了见识，又增加了对产品的信心，因而当导游在参观结束后把游客带到产品展销厅时，游客都踊跃购物。这种让游客游得开心，购得放心，称心的"前店后厂"式旅游购物发展模式值得独山子借鉴。

7. 加大旅游商品的市场促销力度

实现销售手段方式的多样化，应用高科技于旅游商品销售中，以独山子旅游网站为基础，发展电子商务，方便游客，特别是散客的购物；利用各种传统、现代媒介，加大宣传独山子旅游商品、旅游购物的宣传力度，举办旅游商品博览会等节庆活动，扩大独山子旅游商品的影响力，逐步树立起独山子旅游商品、旅游购物的良好形象；建立、健全、完善旅游商品销售网络体系；重视重点市场的培育、各目标市场游客的导购策略制定等。

8. 筹建集购物和文化娱乐于一体的大型商业文化中心

当购物日益成为人们的一种休闲方式、一种文化生活方式时，就应该适时地创造一种相应的购物场所，以满足人们的需求。独山子应该迎合城市旅游特色，选择有利地段，经充分可行性分析后，兴建一个融购物、游憩、休闲、娱乐、会务等多种功能为一体的大型商业文化中心。

九、工业旅游发展对策

1. 加强工业旅游配套设施的建设

建设相应的保护设施，以保证游客在游览过程中的人身安全；建造适当的路标、休息处、商业零售点等旅游基础设施，方便游客的游览、满足游客在游览过程中的基本需求；充分挖掘企业潜力，利用闲置设施，盘活存量资产。独山子石化企业有过去接待各级领导和相关单位的参观的丰富经验，现在只要将原有设施进行加工、改造并加以利用，就可以产生效果，同时降低了工业旅游的成本。

2. 做好人才培养和导游人员培训

发展工业旅游，既要重视硬件建设，又要重视软件强化，其中关键是旅游人才的培养。对工业旅游而言，它在很大程度上取决于相关旅游经营人员，导游人员更是至关重要。因为在工业旅游中，游客们所看到的大部分都需要导游人员进行讲解，尤其是导游人员的专业知识和讲解艺术的完善结合程度。因此，作为一名合格的工业旅游导游员不仅要对游客所参观的工业企业有一个全面的了解，而且在某些方面甚至要具有很深的专业知识，这样才能使游客"游有所得，游有所获"。因此，使工业旅游发展壮大，必须做好导游员的培训，尽快培养出适合工业旅游发展的导游员。

3. 加强企业与旅行社的合作与联合

工业旅游的纵深发展要求彻底消除企业对旅游资源的垄断障碍，将工业旅游资源推向市场，实现市场化运作。一个行之有效的方法便是加强与旅行社的合作与联合。在工业旅游开发中，企业与旅行社是互惠互利，相互依托的关系。旅行社要在线路的开发和宣传、市场的推广及客源的组织方面发挥优势；而企业则可在提供旅游吸引物、商品、纪念品，完善旅游配套设施，优化、美化环境等方面施展自己所长。改革开放以来二十多年的发展历程，使我国旅行社的运作模式已趋于成熟，形成了较为广泛的营销网络。独山子石化企业可以通过加强与旅行社的合作与联合，充分利用旅行社的客流资源，将工业旅游融入常规旅游和国内外旅游的网络体系，扩大工业旅游的影响力，拓宽营销网络，实现资源共享、合作发展。

4. 加强企业与政府间合作，实现工业旅游与城市发展的双赢

对专业化城市而言，一个重要特征是"小政府大企业"，这一特征决定了在发展独山子工业旅游时，企业和政府部门合作联手，密切配合，共同打造独山子工业旅游和城市品牌的必要性。发展工业旅游不仅是工业企业涉足第三产业的投路石，同时也是城市经济的一个推动器。一个工业旅游项目的成功与否，是和政府的关注与支持密不可分的。政府在相关政策配套、投资行为引导、旅游线路设计与审批、旅游工程项目立项与指导等方面都发挥着关键的主导作用。工业旅游作为城市旅游资源的一个重要分支，政府部门应对工业旅游资源统一进行规划，将其作为独山子旅游经济新的增长点，在工业旅游配套设施的建设上，通过政府与企业间合作联手，精心打造工业旅游的城市品牌，形成独山子旅游经济中的特色旅游项目，形成工业旅游和城市发展的联动效应。

附录

附录 1

全国农业旅游示范点、工业旅游示范点检查标准（试行）检查验收须知

（一）农业旅游点是指以农业生产过程、农村风貌、农民劳动生活场景为主要旅游吸引物的旅游点；工业旅游点是指以工业生产过程、工厂风貌、工人工作生活场景为主要旅游吸引物的旅游点。

（二）申报全国农业旅游和工业旅游示范点的单位，请按此《标准》进行自查和整改，认为达到分数线的，向所在省级旅游局申报初评。省级旅游局对初评合格的单位进行汇总，并向国家旅游局申报验收。

（三）申报单位必须提供真实数据，不得造假。

如发现有造假问题，则取消初评和验收资格。

（四）有统计数据的检查项目，一般以上一年实绩为准。如申报单位开展旅游经营活动的时间不满一年但已满上半年或下半年，则以本年度上半年或下半年实绩为准，以达到《标准》规定的年度指标的一半分数比照计分。

（五）林、牧、渔业旅游点，比照农业旅游点的标准检查计分。

（六）科技、教育及对海内外旅游者开放的军队、武警训练等旅游点，比照工业旅游点的标准检查计分。

（七）有＊号的检查项目，如存在差距，可以扣分。

（八）本《标准》检查得分最高为1000分，另有加分项目最高为50分。农业旅游点合计得分在700分（含）以上、工业旅游点合计得分在650分（含）以上，方具有被评定为"全国农业旅游示范点"和"全国工业旅游示范

点"的资格。

（九）对西部地区采取扶持发展的特殊政策，农业旅游点合计得分在 650 分（含）以上，工业旅游点合计得分在 600 分（含）以上，即具有被评定为"全国农业旅游示范点"和"全国工业旅游示范点"的资格。

（十）关于几个检查项目的指标解释的说明：

1. 示范点的接待人数：是指在标准规定的时间内，示范点所接待的所有参观人数的总和；

2. 示范点的旅游收入：是指在标准规定的时间内示范点通过提供"食、住、行、游、购、娱"旅游服务所取得的各项收入总和；

3. 间接提供劳动就业岗位数：是指通过示范点兴办旅游业而在区内、外增加的间接提供劳动就业岗位、有相对固定收入的人数；

4. 本单位因兴办旅游业而增加的纳税额：包括实际缴纳的税额和依据国家政策而减免的纳税额；

5. 示范点内"已形成的参观点数量"：是指示范点区域内能够自成一体、具有独特观赏性的参观点。

序 号	检 查 项 目	最高得分	分档计分	检查得分
1	**示范点的接待人数和经济效益（200）**			
1.1	**示范点的年接待人数**	**100**		
1.1.1	农业点 30 万人以上、工业点 15 万人以上		100	
1.1.2	农业点 20～30 万人之间、工业点 10～15 万人		80	
1.1.3	农业点 10～20 万人之间、工业点 5～10 万人		60	
1.1.4	农业点 5～10 万人之间、工业点 2．5～5 万人		50	
1.1.5	农业点 5 万人以下、工业点在 2．5 万人以下		20	
1.2	**示范点的年旅游业收入**	**100**		
1.2.1	年旅游业收入 500 万元以上		100	
1.2.2	年旅游业收入 400～500 万元		90	
1.2.3	年旅游业收入 300～400 万元		80	
1.2.4	年旅游业收入 200～300 万元		70	
1.2.5	年旅游业收入 100～200 万元		60	
1.2.6	年旅游业收入 50～100 万元		50	

续表

序 号	检 查 项 目	最高得分	分档计分	检查得分
1.2.7	年旅游业收入 50 万元以下		20	
2	**示范点的社会收益（150）**			
2.1	**直接吸纳劳动就业人数**	**70**		
2.1.1	农业点在 100 人以上、工业点在 50 人以上		70	
2.1.2	农业点在 60～100 人、工业点在 30～50 人以上		60	
2.1.3	农业点在 40～60 人、工业点在 20～30 人		50	
2.1.4	农业点在 30～40 人、工业点在 10～20 人		40	
2.1.5	农业点在 30 人以下、工业点在 10 人以下		15	
2.2	**间接提供劳动就业岗位数**	**30**		
2.2.1	农业点在 200 人以上、工业点在 100 人以上		30	
2.2.2	农业点在 100～200 人、工业点在 50～100 人		25	
2.2.3	农业点在 50～100 人、工业点在 25～50 人		20	
2.2.4	农业点在 25～50 人、工业点在 10～25 人		15	
2.2.5	农业点在 25 人以下、工业点在 10 人以下		5	
2.3	**带动本单位产品及纪念品销售等附加效益**	**30**		
2.3.1	农业点在 500 万元以上、工业点在 100 万元以上		30	
2.3.2	农业点在 300～500 万元、工业点在 60～100 万元		25	
2.3.3	农业点在 200～300 万元、工业点在 40～60 万元		20	
2.3.4	农业点在 100～200 万元、工业点在 20～40 万元		15	
2.3.5	农业点在 100 万元以下、工业点在 20 万元以下		5	
2.4	**本单位因兴办旅游业而增加的纳税额**	**20**		
2.4.1	年增纳税额 100 万元以上		20	
2.4.2	年增纳税额 50～100 万元		15	
2.4.3	年增纳税额 20～50 万元		10	
2.4.4	年增纳税额 20 万元以下		5	
3	**示范点的生态环境效益（50）**			
3.1	**规划科学，绿化美化好，已通过省级环保部门环境评估**		**50**	
3.2	**规划较好，绿化较好，已通过地（市）级环保部门环境评估**		**40**	

续表

序　号	检　查　项　目	最高得分	分档计分	检查得分
3.3	*示范点未造成对生态环境的破坏和建设性破坏		30	
4	示范点的旅游产品（100）			
4.1	已形成的参观点数量	30		
4.1.1	农业点在 10 处以上，工业点在 6 处以上		30	
4.1.2	农业点在 6～10 处，工业点在 4～5 处		20	
4.1.3	农业点在 3～5 处，工业点在 2～3 处		15	
4.2	检查组对各参观点的吸引力评价	30		
4.2.1	全部具有较高吸引力		30	
4.2.2	大部分具有吸引力		20	
4.2.3	总体吸引力一般		15	
4.3	旅游线路数量及旅游内容编排	20		
4.3.1	有 3 条以上旅游线路，编排科学，内容丰富		20	
4.3.2	有 2 条旅游线路，内容编排科学，内容丰富		15	
4.3.3	有 1 条旅游线路，内容编排科学，内容丰富		10	
4.4	游客一般逗留时间	20		
4.4.1	一天以上		20	
4.4.2	一天		15	
4.4.3	半天以内		10	
5	示范点的旅游设施（140）			
5.1	*有游客接待中心，能通过集中讲解及播放录像等，向游客比较系统地介绍本旅游点参观内容及参观须知		30	
5.2	区内旅游交通	30		
5.2.1	*各条旅游线路道路通畅、干净、卫生		10	
5.2.2	*1km 以上的旅游线路上配有专用车辆或船只运送游客		10	
5.2.3	*农田或厂房内辟有专门参观通道		10	
5.3	*有餐饮设施，干净卫生，服务优良		10	
5.4	*有购物设施，场地整洁，无假冒伪劣商品		10	
5.5	*有旅游娱乐设施或场地，游客多时能进行文娱表演，表演内容富有特色		10	

序　号	检　查　项　目	最高得分	分档计分	检查得分
5.6	区内主要通路上有中英文对照的交通指示牌		10	
5.7	区内主要参观点有中英文对照的说明牌		10	
5.8	厕所设施	30		
5.8.1	*在数量上能满足要求，分布合理		15	
5.8.2	*所有厕所管理良好，清洁卫生，无污物，无异味		15	
6	**示范点的旅游管理（60）**			
6.1	**旅游行业管理**	**20**		
6.1.1	有机构健全、职责分明、统一管理旅游业的管理机构		20	
6.1.2	有兼职管理机构，能做到职责分明，管理有效		18	
6.1.3	*有专职管理人员，管理基本有效		15	
6.1.4	*有兼职管理人员，管理基本有效		10	
6.2	**旅游市场管理**	**20**		
6.2.1	有专职旅游市场管理队伍，市场秩序优良		20	
6.2.2	有兼职旅游市场管理人员，市场秩序优良		15	
6.2.3	*无专职或兼职的市场管理人员，但基本做到旅游秩序健康正常		10	
6.3	**旅游质量与投诉管理**	**20**		
6.3.1	设有面向公众的旅游咨询电话，接听及时		5	
6.3.2	设有面向公众的旅游投诉电话，接听及时		5	
6.3.3	旅游者投诉的质量纠纷能得到及时圆满解决		10	
7	**示范点的旅游经营（130）**			
7.1	**有独立核算的旅游经营实体**		**20**	
7.2	**宣传促销**	**20**		
7.2.1	有介绍本地旅游点旅游事项的小册子或折页		8	
7.2.2	在地（市）新闻媒体上做过促销广告		4	
7.2.3	在省（区、市）新闻媒体上做过促销广告		4	
7.2.4	在国家级新闻媒体上做过促销广告		4	
7.3	**客源招徕**	**30**		
7.3.1	*已开办旅行社且经营良好		30	

序 号	检 查 项 目	最高得分	分档计分	检查得分
7.3.2	＊已同一批旅行社建立良好的业务合作关系，客源稳定		25	
7.3.3	＊已同少数旅行社建立业务合作关系		20	
7.3.4	＊无主动招徕行为，客人完全靠自发而来		10	
7.4	**游客接待**	**30**		
7.4.1	＊接待制度健全，各接待环节协调有序		10	
7.4.2	＊讲解内容健康生动，积极普及农业和工业科技知识		10	
7.4.3	＊服务人员统一着装，态度热情，服务优良		10	
7.5	游客满意度现场调查结果	30		
7.5.1	满意度在95%以上		30	
7.5.2	满意度在80～95%之间		20	
7.5.3	满意度在60～80%之间		10	
8	**示范点的旅游安全（80）**			
8.1	**＊旅游安全教育防范制度和安全责任制健全，落实情况好**		**20**	
8.2	**＊开业以来无重大旅游安全事故发生**		**20**	
8.3	**区内有医疗救护点**		**20**	
8.4	**＊现场检查无安全隐患**		**20**	
9	**示范点周边环境可进入性（60）**			
9.1	**周边环境**	**20**		
9.1.1	＊周边环境协调和谐，无脏乱差问题		10	
9.1.2	＊周边无建设性破坏和污染单位		10	
9.2	**可进入性**	**40**		
9.2.1	＊有公路通达旅游点，公路状况良好		20	
9.2.2	附近有铁路车站，距旅游点车程在半小时内		10	
9.2.3	附近有水运码头，距旅游点车程在半小时内		5	
9.2.4	附近有民用机场，距旅游点车程在1小时内		5	
10	**示范点的发展后劲评估（30）**			
10.1	**还有许多旅游资源和旅游项目可以开发利用**		**10**	
10.2	**＊可持续发展态势良好**		**10**	

续表

序　号	检　查　项　目	最高得分	分档计分	检查得分
10.3	＊已经编制出具有指导性、前瞻性和可操作性的中长期旅游业发展规划		**10**	
附则	加分项目	50		
J1	示范点被评为 4A 景区		10	
J2	示范点被评为 3A 景区		8	
J3	示范点被评为 2A 景区		6	
J4	示范点被评为 1A 景区		4	
J5	示范点获得国家级精神文明建设先进称号		10	
J6	示范点获得省级精神文明建设先进称号		8	
J7	示范点获得地（市）级精神文明建设先进称号		6	
J8	示范点获得县（市）级精神文明建设先进称号		4	
J9	示范点获得"青年文明号"称号		10	
J10	示范点获得国家或国际组织颁发的生态环境或获得独特资源方面荣誉称号		10	
J11	示范点的规划、建设和产品设计在省（区、市）内有创新意义（检查组须附专门材料说明）		10	
合计得分：				

附录 2

全国工业旅游示范点名录
国家旅游局

第一批全国工业旅游示范点（2004 年，共 103 个）

北京市（2）：

　　首钢总公司

　　北京燕京啤酒集团公司

天津市（1）：

　　天津天士力集团

河北省（5）：

　　秦皇岛华夏葡萄酒有限公司

　　衡水老白干酿酒（集团）有限公司

　　承德华富玻璃器皿有限公司

　　唐山海格雷骨质瓷有限公司

　　河北华龙面业集团有限公司

山西省（5）：

　　太原东湖醋园

　　平朔煤炭工业公司

　　大同晋华宫煤矿

　　杏花村汾酒集团有限公司

　　运城盐湖（中国死海）养生城

内蒙古自治区（2）：

　　呼和浩特市蒙牛乳业（集团）工业旅游区

　　鄂尔多斯市神东煤海

辽宁省（9）：

　　沈飞航空博览园

大连珍奥生命园

大连路明发光科技股份有限公司

大连明清家具艺术品有限公司

鞍钢工业之旅

抚顺矿业集团西露天矿

辽宁五女山米兰酒业有限公司

丹东太平湾发电厂

辽宁道光廿五集团满族酿酒有限责任公司

吉林省（8）：

长春第一汽车集团

吉林丰满发电厂

吉林化纤集团

通化钢铁集团

通化东宝实业集团

通化振国药业

通化葡萄酒有限公司

靖宇矿泉城

黑龙江省（4）：

黑龙江华安工业（集团）公司

齐齐哈尔中国第一重型机械集团

大庆石油工业旅游中心

大庆华能新华电力有限公司

上海市（1）：

宝钢集团

江苏省（4）：

无锡中国海澜集团

常熟隆力奇集团

扬州第二发电有限公司

连云港港区

浙江省（11）：

安吉天荒坪电站

温州大虎打火机厂

浙江（永嘉）报喜鸟集团

浙江（永嘉）奥康集团

台州椒江飞跃集团

温岭钱江集团

淳安千岛湖农夫山泉生产基地

杭州娃哈哈集团下沙工业园

海盐秦山核电站

桐乡丰同裕蓝印布艺有限公司

浙江（宁波）吉利汽车有限公司

安徽省（6）：

芜湖市工艺美术厂

马鞍山钢铁厂

歙县老胡开文墨厂

安徽古井集团

东至县玩具工业城

安庆环新集团

福建省（3）：

福建马尾造船厂

上杭紫金矿业股份有限公司

惠安"中国雕艺城"

江西省（1）：

景德镇雕塑瓷厂明青园

山东省（6）：

青岛啤酒厂

青岛海尔工业园

青岛港

青岛华东葡萄酒庄园

烟台张裕集团

东阿阿胶集团

河南省（10）：

河南金星啤酒集团有限公司

郑州三全食品股份有限公司

郑州宇通客车股份有限公司

河南安彩集团

许继集团有限公司

河南瑞贝卡发制品股份有限公司

河南黄河旋风股份有限公司

中国洛阳一拖集团

中国南车集团洛阳机车厂

新乡新飞集团

湖北省（1）：

长江三峡工程坝区

湖南省（2）：

醴陵陶瓷基地

湘西州湘泉酒文化城

广东省（6）：

广州抽水蓄能电站

阳江十八子集团

佛山佛陶集团石湾美术陶瓷厂

佛山东鹏陶瓷股份有限公司

河源新丰江水电站

佛山华夏陶瓷博览城

广西自治区（2）：

柳州钢铁厂

柳州卷烟厂

重庆市（2）：

长安汽车工业园

太极集团涪陵医药工业园区

四川省（3）：

泸州老窖集团公司

绵阳长虹电器股份有限公司

乐山龚嘴水力发电总厂

贵州省（1）：

贵州醇酒厂

云南省（2）：

    弥勒县红河卷烟厂

    罗平县鲁布革电站

甘肃省（3）：

    酒泉钢铁（集团）有限责任公司

    刘家峡水电站

    玉门油田

宁夏自治区（1）：

    西夏王葡萄酒业集团公司

新疆自治区（2）：

    克拉玛依油田

    奇台古城酒业

第二批全国工业旅游示范点（2005 年，共 77 个）

北京（7 家）

    中国航空集团旅业有限公司（北京航空旅游）

    北京汇源饮料食品集团有限公司

    北京珐琅厂有限责任公司

    蒙牛乳业（北京）有限责任公司

    北京顺鑫农业股份有限公司牛栏山酒厂

    北京顺鑫鹏程食品分公司

    北京顺鑫牵手果蔬饮品股份有限公司

河北（5 家）

    河北药都制药集团

    中国长城葡萄酒有限公司

    遵化栗源食品有限公司

    蒙牛乳业（唐山）有限责任公司

    秦皇岛朗格斯酒庄

山西（3 家）

    忻州万家寨黄河水利枢纽

    太原中国煤炭博物馆

    运城宇达青铜文化产业园

内蒙古（5家）

　　鄂尔多斯羊绒集团

　　内蒙古北方重工业集团

　　包头钢铁集团

　　赤峰紫濛山庄风电场旅游景区

　　河套酒业集团

辽宁（7家）

　　大连港

　　大连长兴酒庄酒文化博物馆

　　大连华丰集团

　　沈阳老龙口酒博物馆

　　沈阳妙味食品有限公司

　　沈阳可口可乐饮料有限公司

　　阜新十家子镇玛瑙城

上海（2家）

　　卢湾区"8号桥"工业创意园区

　　上海大众汽车有限公司

江苏（10家）

　　南京市云锦研究所

　　南京卷烟厂

　　南京金泊集团

　　波司登股份有限公司

　　苏州市第一丝厂有限公司

　　江苏梦兰集团

　　苏州刺绣研究所

　　捷安特（中国）有限公司

　　常州天目湖水电科普园

　　连云港市板浦汪恕有滴醋厂

浙江（5家）

　　衢州黄坛口发电厂

　　温州正泰集团

　　温州红蜻蜓集团

台州吉利汽车工业有限公司

　　宁波卷烟厂

山东（16家）

　　日照港

　　兖矿集团济宁三号煤矿

　　兖矿集团兴隆庄煤矿

　　山东时风集团

　　山东凤祥集团

　　德州扒鸡集团

　　烟台中粮长城葡萄酿酒有限公司

　　烟台南山集团

　　海信集团

　　青岛贝雕厂

　　青岛可口可乐饮料有限公司

　　青州卷烟厂

　　威海宏安集团

　　威海艺达集团

　　威海金猴集团

　　德州皇明中国太阳谷

广西（1家）

　　广西燕京（桂林漓泉）啤酒股份有限公司

重庆（1家）

　　万州诗仙太白酒厂

四川（3家）

　　攀枝花钢铁公司

　　攀枝花二滩水电站

　　宜宾五粮液工业园区

贵州（4家）

　　贵州乌江渡发电厂

　　贵州海尔电器厂

　　贵州省茅台酒厂

　　安顺华泰绿色食品工业园

陕西（4家）

    陕西渭河发电有限公司

    榆林神府煤田

    神府锦界工业园

    西安开米股份有限公司

新疆（4家）

    新疆乡都酒业有限公司

    盐湖制盐有限责任公司

    中基红色产业工业园（新疆生产建设兵团）

    新天国际葡萄酒业有限公司（新疆生产建设兵团）

第三批全国工业旅游示范点（2006年，共91个）

北京（4家）

    北京现代汽车有限公司工业园

    北京高碑店污水处理厂工业园

    中电国华电力股份公司北京热电工业园

    北京龙徽酿酒有限公司工业园

天津（2家）

    王朝葡萄酿酒有限公司工业园

    海河乳业有限公司工业园

河北（2家）

    迁安贯头山酒业有限公司工业园

    唐山蓝猫饮品集团有限公司工业园

山西（3家）

    亚宝药业凤陵渡工业园

    大同太平家俬工业园

    山西鲁能河曲热电工业园

辽宁（5家）

    辽阳葠窝水库

    沈阳中顺汽车有限公司工业园

    沈阳乳业有限责任公司工业园

    锦州沟帮子尹家熏鸡总厂工业园

铁岭铁煤蒸汽机车博物馆

吉林（2家）

板石矿业工业园

长春皓月集团工业园

黑龙江（2家）

哈药集团三精制药股份有限公司工业园

齐齐哈尔第二机床厂工业园

上海（4家）

上海地质博物馆

美特斯邦威集团工业园

上海烟草集团工业园

M50现代创业园区

江苏（10家）

昆山富贵集团（明辉堂皮件）工业园

昆山三得利啤酒工业园

昆山通力电梯有限公司工业园

金东纸业工业园

江苏安惠生物科技旅游园

海尔曼斯工业园

扬州玉器工业园

扬州漆器工业园

宿迁洋河酒厂工业园

江苏田湾核电站

浙江（6家）

新安江水电站

浙江五芳斋工业园

浙江浪莎袜业工业园

浙江梦娜针织袜业工业园

温州康奈集团工业园

宁波永淦古玩旅游区

安徽（8家）

芜湖港

安徽丰原集团工业园

安徽沪儡中医药文化博览园

池州海螺有限公司工业园

泾县宣纸探秘文化园

泾县宣笔工艺厂工业园

屯溪老胡开文墨厂工业园

奇瑞汽车有限公司工业园

福建（5家）

厦门银鹭高科技园

石狮服装城

泉州豪翔石业有限公司工业园

福建水口电站

福建雪津啤酒有限公司工业园

山东（8家）

淄博中国陶瓷馆

威海清华紫光科技园区

威海云龙家纺工业园

蒙牛乳业泰安工业园

泰山抽水蓄能电站

国电山东石横发电厂工业园

禹城高新区工业旅游园区

平邑归来庄金矿地质公园

河南（4家）

新郑奥星实业有限公司工业园

许昌卷烟总厂工业园

神马集团有限责任公司工业园

平高集团有限责任公司工业园

湖北（3家）

宜昌葛洲坝船闸工业旅游区

鹤峰八峰药化工业园

黄石国家矿山公园大冶铁矿主园区

湖南（2家）

湘西老爹农业科技开发公司工业园
　　　　怀化沅陵凤滩水力发电厂工业园
广东（5 家）
　　　　中山伊泰莲娜 DIY 地带工业旅游区
　　　　广州羊城晚报报业集团印务中心
　　　　国华粤电台山发电有限公司工业园
　　　　潮州市中国瓷都陈列馆
　　　　中山咀香园工业旅游区
广西（3 家）
　　　　南宁横县西津发电厂工业园
　　　　玉柴机器集团有限公司工业园
　　　　燕京啤酒（玉林）有限公司工业园
重庆（1 家）
　　　　"周君记"火锅食品工业园
贵州（2 家）
　　　　遵义百花药厂工业园
　　　　水城钢铁集团公司旅游园区
云南（3 家）
　　　　玉溪市红塔区红塔烟草工业园
　　　　迪庆州香格里拉县香格里拉藏药文化城
　　　　云南澜沧江啤酒企业集团工业园
陕西（4 家）
　　　　安康水电站
　　　　西安银桥生物科技有限责任公司工业园
　　　　西安中萃可口可乐饮料有限公司工业园
　　　　渭南陕西富平陶艺村有限责任公司工业园
新疆（3 家）
　　　　八一钢铁股份有限公司工业园
　　　　麦趣尔乳业有限公司工业园
　　　　八师石河子市经济开发区工业旅游区（新疆生产建设兵团）

第四批全国工业旅游示范点（2007 年，共74 个）

北京（1 家）

　　首云铁矿

天津（3 家）

　　天狮集团有限公司工业旅游区

　　天津港集团有限公司工业旅游区

　　金威啤酒（天津）有限公司工业旅游区

河北（2 家）

　　唐山蒙牛乳业（滦南）有限责任公司工业旅游区

　　迁安市弘业地毯集团有限公司工业旅游区

山西（3 家）

　　长治潞宝集团

　　山西宏特煤化工有限公司工业旅游区

　　晋城丹朱岭煤矿安全培训基地

内蒙古（2 家）

　　伊利集团

　　力王工艺美术有限公司工业旅游区

吉林（3 家）

　　桦甸市白山发电厂工业旅游区

　　海沟金矿

　　敦化敖东集团

黑龙江（1 家）

　　大庆油田历史陈列馆

　　上海（8 家）

　　漕河泾新兴技术开发区

　　1933 老场坊

　　上海车墩影视基地

　　神仙酒城

　　上海益力多乳品有限公司工业旅游区

　　上海乳品八厂工业旅游区

　　上海高博特生物保健品有限公司工业旅游区

空间 188 创意产业园

江苏（5 家）

江苏高淳陶瓷股份有限公司工业旅游区

吴江华佳丝绸有限公司工业旅游区

苏州物流中心有限公司工业旅游区

中国南通家纺城

江苏今世缘酒业有限公司工业旅游区

浙江（3 家）

嘉兴丝绸园

丽水龙泉宝剑厂工业旅游区

宁波金田铜业

安徽（10 家）

黄山徽州竹艺轩雕刻工艺厂工业旅游区

黄山市砚雕世家暨王祖伟砚雕艺术中心

黄山佳龙土特产有限公司工业旅游区

蒙牛乳业（马鞍山）有限公司工业旅游区

安徽迎驾集团工业旅游区

寿县八公山豆制品厂工业旅游区

桐城市安徽鸿润（集团）股份有限公司工业旅游区

宣城志文工艺品有限公司工业旅游区

安徽宏祥织造有限公司工业旅游区

安徽亳州兴邦工业园

江西（3 家）

景德镇国际陶瓷交流中心

宜春靖安县金罗湾度假村

鹰潭江西铜业公司工业旅游区

山东（9 家）

青岛保税区

淄博周村烧饼有限公司工业旅游区

山东航天科技展馆

鲁花集团工业旅游区

新冷大集团工业旅游区

新郎欧美尔家居产业园

山东健人食品科技公司工业园

威海啤酒集团工业园

山东古贝春有限公司工业园

河南（5 家）

南阳宛西制药厂工业旅游区

信阳羚锐制药股份有限公司工业旅游区

西平县棠溪剑业有限公司工业旅游区

焦作蒙牛乳业集团公司工业旅游区

郑州卷烟总厂工业旅游区

湖南（1 家）

郴州市永兴县鑫达银业

广西（2 家）

广西丹泉酒业有限公司工业园

钦州坭兴陶艺有限公司坭兴陶艺术馆

海南（1 家）

海南亚洲太平洋酿酒有限公司工业旅游区

四川（2 家）

成都高新区金威啤酒厂工业旅游区

遂宁美宁生态食品科技园

陕西（3 家）

西安金威啤酒有限公司工业旅游区

陕西西凤酒股份有限公司工业旅游区

商洛刘湾产业项目区

新疆（7 家）

伊利地区肖尔布拉克酒业

伊犁地区山银哈达鹿业

阿勒泰地区阿舍勒铜业

巴州红帆生物科技有限公司工业旅游区

昌吉玛纳斯农业基地

和田古老艾德莱斯绸厂工业旅游区

和田地毯厂工业旅游区

附录 3

北京市地方标准《工业旅游区（点）服务质量要求及分类》

1 范围

本标准规定了工业旅游区（点）等级划分的依据、服务质量的基本要求以及旅游设施、服务项目、人员、环境、安全、卫生、管理等具体要求。

本标准适用于北京市行政区域内的工业旅游区（点）。

2 规范性引用文件

下列文件中的条款通过本标准的引用而成为本标准的条款。凡是注日期的引用文件，其随后所有的修改单（不包括勘误的内容）或修订版均不适用于本标准，然而，鼓励根据本标准达成协议的各方研究是否可使用这些文件的最新版本。凡是不注日期的引用文件，其最新版本适用于本标准。

GB 3095~1996 环境空气质量标准

GB 3096~1993 城市区域环境噪声标准

GB/T 10001.1~2000 标志用公共信息图形符号 第 1 部分：通用符号

GB/T10001.2 标志用公共信息图形符号 第 2 部分：旅游设施与服务符号

GB/T 15971~1995 导游服务质量

GB16153~1996 饭馆（餐厅）卫生标准

GB/T18973~2003 旅游厕所质量等级的划分与评定

DB11/T 334~2006 公共场所双语标识英文译法通则

3 术语和定义

下列术语和定义适用于本标准。

3.1

工业旅游 industrial tourism

以市场需求为导向，以工业生产和科研、工厂（工业园区）风貌、工人生活、工业遗产等与工业相关联的事物为主要吸引物，经过创意开发，满足旅游消费需求的专项旅游活动。

3.2

工业旅游区（点）industrial tourism spots

具有观赏、体验、教育、休闲、娱乐等功能，通过旅游服务设施和服务人员，提供相应旅游服务，开展工业旅游的活动场所，包括工业企业、工业集聚区、工业展示区域、工业历史遗迹以及反映重大事件、体现工业技术成果的特色工程和项目。

4　等级划分

4.1　工业旅游区（点）分为工业旅游区（点）达标区和工业旅游区（点）示范区。

4.2　工业旅游区（点）符合基础部分标准，被评定为"工业旅游区（点）达标区"；在符合基础部分标准的基础上，符合附录A的要求，可被评定为"工业旅游区（点）示范区"。

5　基本要求

5.1　有相应的经营管理机构和从业人员，能满足旅游接待要求。

5.2　彰显自身特色和品牌效应，反映独特主题，内容明确，关联度高，具有较强的旅游吸引力。

5.3　有明确的游览范围，并设有接待区（或游客服务中心）、参观游览（展示）区、参观通道、休憩点。

5.4　参观点不少于3个，具有特色鲜明、主题明确的游览线路。

5.5　游览线路总长度应不短于300米，设计合理。

5.6　有讲解的参观游览时间应不少于40分钟，全部游览时间应不低于1小时。

5.7　服务项目和相关信息应明示，服务和商品的收费应明码标价。

6　旅游设施要求

6.1　旅游标识系统

6.1.1　包括交通指示牌和景点说明牌。

6.1.2　标识醒目，特色突出，与工业旅游主题相符合。

6.1.3　文字准确规范，有相应的外文对照，符合DB11/T 334～2006的规定。

6.1.4　图形符号应符合GB/T10001.1和GB/T10001.2的规定。

6.1.5　数量适当，布局合理，指示明确。

6.1.6　采用无污染、可回收材料。

6.2　停车场

6.2.1　设有至少能停放两辆50座以上大客车的停车场或在距参观区域

200 米之内有社会停车场地。

6.2.2　游客车辆进出通道方便、通畅。

6.3　接待区（游客服务中心）

6.3.1　游客自由活动面积应不小于 50 平方米。

6.3.2　免费提供景点介绍、景点分布示意图，以及相关信息资料和宣传资料（多媒体、单片、画册、音像制品等）。

6.3.3　提供人工讲解预约服务。

6.3.4　能通过集中讲解及播放录像等方式，向游客较为系统地介绍参观内容及参观须知。

6.4　参观游览（展示）区

6.4.1　每个参观点应有中英文的名称标识和内容介绍。

6.4.2　应提供产品实物、生产流程、厂景厂貌、科技成果等展示，形式不少于 3 种。

6.5　参观通道

6.5.1　有专用的参观通道，通道相对封闭。

6.5.2　参观通道应平整、防滑、无障碍物，宽度不小于 1.2 米，楼梯净宽不小于 0.8 米、坡度不大于 45 度、栏杆高度不低于 1.1 米。

6.5.3　参观通道要有应急照明设备和相关指示。

6.6　旅游厕所

6.6.1　有供游客使用的公共厕所，分布合理，标识醒目。

6.6.2　游览范围内厕所达到 GB/T18973～2003 三星级以上旅游厕所的规定。

6.7　交通设施

提供内部交通服务的工业旅游区（点）应使用电瓶车等绿色环保交通工具。

7　服务项目要求

7.1　提供咨询、预订、接待、讲解及相关服务。

7.2　咨询服务应包括门市接待、电话咨询、网络咨询。

7.3　讲解服务包括人员讲解或电子语音讲解。应有规范讲解词，应能提供一种以上外语服务。

7.4　包含具有互动性、可参与性的游览活动，使每个游客都有参与相关主题活动的机会。

7.5 提供本单位产品或具有本景点特色的纪念品和旅游商品销售。

7.6 为特定人群（老年人、残疾人等）提供专项服务。

7.7 开设本单位特色商品的预订预购、商品邮寄等特色服务。

7.8 提供必要的餐饮设施和服务。

7.9 建立紧急救援机制，设立旅游医疗室。

8 人员要求

8.1 总体要求

8.1.1 遵守国家法律、法规，维护游客的合法权益。

8.1.2 对游客礼貌、热情，符合礼仪规范。

8.1.3 经过上岗培训，并在工作过程中不定期接受安全、卫生、消防及旅游相关岗位培训。

8.1.4 规范着装，佩戴标识。

8.1.5 仪容仪表应端庄、大方，举止行为符合岗位规范的要求。

8.2 接待人员应熟悉生产、布局和游览线路。

8.3 接待、讲解人员应讲普通话，语言文明、口齿清楚，具备相应的专业知识和讲解技能，讲解准确，通俗易懂。

8.4 参观游览区域的生产人员行为举止应文明规范。

8.5 销售人员应熟悉商品的特性，具有一定的销售技巧和服务意识。

8.6 服务人员数量与游客的比例应不小于1∶50。

9 环境要求

9.1 应符合相关产业的环保要求，落实环保责任人。

9.2 整体环境整洁美观，与主题特色相协调。

9.3 工业原材料、半成品摆放应合理，不影响游览，不有碍观瞻。

9.4 有人文历史价值的建筑物、工业遗存等，应有保护措施和文字标识。

9.5 游览范围内空气质量应达到 GB3095 中规定的二类区执行的二级标准。

9.6 接待区域应设置明显的警示性标志。

9.7 接待区、休憩区等区域噪声质量应达到 GB3096 城市区域环境噪声标准中规定的二级标准。

9.8 露天区域应有绿化。

10 安全要求

10.1 建立健全安全管理制度，落实安全责任人。

10.2 参观游览活动前对游客应有必要的安全教育,配备相应的安全设备及设施,生产区域内的游览应有服务人员引领和指导。

10.3 参观游览活动应不涉及非安全区域,危险或禁入区域应设立明显警示标志,并有物理隔离措施。

10.4 应根据景区(点)环境状况,为游客提供必要的防坠落物、防滑、防绊、防眩目、防噪音等防护装备和器具,要有足够的照明。

10.5 参与性项目应有切实的防范及安全措施及明确的文字性提示。

10.6 消防设施设备应齐全、有效,定期检查。消防通道应保持畅通,并有明显标识。

10.7 设立应急缓冲区和疏散区,有突发事件应急预案,能提供紧急救助服务,事故处理及时、妥当,档案记录准确、齐全。

11 卫生要求

11.1 建立健全卫生制度,落实卫生责任人。

11.2 建筑物墙面整洁,无污垢。参观游览场所地面和道路平整,无积水,无垃圾。

11.3 垃圾箱(桶)设置合理,标识明显。

11.4 公共厕所洁具应洁净、无污垢、堵塞、破损和异味。

12 管理要求

12.1 应有专门机构、专职人员负责工业旅游活动的开展。

12.2 应编制企业工业旅游发展规划。

12.3 建立旅游统计制度。

12.4 设立旅游咨询和质量监督部门,专人负责,开展服务质量调查,建立游客投诉制度,在醒目处公示旅游行政管理部门的旅游质量监督电话,及时妥善处理游客投诉,并整改和回复。

12.5 建立健全从业人员岗位责任制以及管理和服务规范。

附录 A

(规范性附录)

工业旅游区(点)服务质量要求及分类选择项目

A.1 基本要求

提供无障碍通道等设施,实现全游览线路无障碍。

A.2　功能分区

A.2.1　接待区

设置多媒体自助终端导览系统。

A.2.2　主题体验娱乐区

A.2.2.1　依托企业生产主题，通过创意和策划，提供可参与的活动项目。

A.2.2.2　布局合理，整洁、协调、方便，且不影响应急疏散。

A.2.2.3　设置企业博物馆，展示企业文化。

A.2.2.4　配置电子语音导览设备。

A.2.3　休憩区

A.2.3.1　游览线路沿途应设置一定的休憩点，布局合理，且不影响应急疏散。

A.2.3.2　布置时尚美观，方便舒适，配备一定数量的休憩设施。

A.2.4　展示区（点）

A.2.4.1　展示、销售与企业产品（服务）主题相符的个性化旅游纪念品和相关商品。

A.2.4.2　有专人负责商品售卖。

A.2.4.3　旅游纪念品质量符合所属门类相关标准。

A.3　基础设施

A.3.1　停车场

室外停车场采用树阵式或草坪式。

A.4　旅游经营

A.4.1　宣传促销

A.4.1.1　在国家、市（区）新闻媒体上进行信息推广。

A.4.1.2　在企业品牌的宣传中纳入工业旅游的相关信息。

A.4.1.3　每年至少参加一次政府有关部门组织的旅游宣传促销活动。

A.4.1.4　设置企业工业旅游宣传栏，提供相应宣传品和政府旅游公共服务信息。

A.4.2　客源招徕

已同旅行社建立良好业务合作关系，客源稳定。

A.5　服务项目要求

A.5.1　旅游医疗室配备专职医护人员。

A.5.2 至少配备一名英文讲解员。

A.5.3 讲解内容健康生动，积极普及工业科技知识。

A.6 其他内容

A.6.1 已编制具有指导性、前瞻性和可操作性的中长期旅游业发展规划。

A.6.2 获得市级及以上精神文明建设先进称号。

A.6.3 工业旅游的规划、建设和产品设计具有创新性（须附专门材料说明）。

附录 4

北京市关于推进工业旅游发展的指导意见

为进一步推动北京工业旅游规范、健康发展，以工业旅游展现工业风采，营造良好氛围，促进产业升级，丰富北京旅游产品，特制定本指导意见。

一、北京工业旅游的发展现状

近年来，工业旅游作为北京旅游市场上的一个新亮点正在迅速崛起。截至2007年底，北京工业旅游已形成了"都市工业类"、"现代制造业类"、"工艺美术类"、"高技术类"、"工业遗存开发利用类"、"循环经济类"、"老字号"等7大类工业旅游产品，约50多家企业开展了工业旅游活动，14家企业获得了"全国工业旅游示范点"称号，打造了"798"、"751"等一批拥有国际影响力的知名景点，累计参观游客达数百万人次。立足于丰富的旅游资源、多层次的旅游产品、高素质的消费群体，北京工业旅游发展前景广阔。

二、发展北京工业旅游的重要意义

（一）发展工业旅游有利于传播工业文明，展示工业风采。北京工业的发展历史是首都城市发展历程的重要组成部分。随着工业的布局调整和产业的优化升级，原有的工业建筑、设施已经成为宝贵的历史文化遗产，并且正在得到保护性开发利用；而新兴的现代化工业体系和品牌企业集群又构成了北京工业的新亮点。利用工业资源开展工业旅游，有利于让社会了解北京工业的过去和今天，进而共同展望北京工业更加美好的未来。

（二）发展工业旅游有利于促进制造业提升。通过开展工业旅游使企业进一步向社会开放，有利于促进制造业打造品牌形象、创新营销模式、发展增值服务、延伸产业价值链，推动工业企业由制造型向创造型、服务型转变，实现产业结构的高端化和轻型化。

（三）发展工业旅游有利于丰富首都旅游产品。工业资源是全市旅游资源的重要部分，发展工业旅游可以调动工业企业的积极性，推动工业资源向旅游资源延伸，促进产业资源优化配置，拓宽旅游业的外延，发展具有首都特色的大旅游。

（四）发展工业旅游有利于开展科普教育和爱国主义教育。制造业是人类进行物质生产的基本实践活动，是价值创造过程的集中体现，北京工业尤其具有科技、文化与物质生产紧密结合的突出特色，因此是进行科学技术普及和中小学生素质教育的重要基地。开展工业旅游有利于更好地利用工业资源进行科普教育。

三、发展北京工业旅游的指导思想和基本原则

（一）指导思想

发展北京工业旅游，要以科学发展观为统领，以促进北京工业产业结构升级和品牌建设为中心，坚持行业规范，创新发展模式，突出工业特色，展示工业风貌，努力实现工业旅游与产业发展的良好互动。

（二）基本原则

1. 坚持政府引导、企业为主体、市场化运作的原则。通过政府的规划和政策引导，调动企业参与的积极性，纳入全市旅游产品开发工作，并实行市场化运作。

2. 坚持专业化管理、规范化发展的原则。以《全国工（农）业旅游示范点检查标准（试行）》为指导，坚持统一标准，确保工业旅游景点的服务质量和水准。

3. 坚持经济效益与社会效益相统一的原则。工业旅游的发展要统筹兼顾正常生产与开放旅游、产业发展与保护环境的关系，实现经济效益和社会效益的统一。

四、北京工业旅游的发展目标

到 2010 年，工业旅游培育将成为展示北京工业风采的重要舞台，成为推动北京旅游产业发展的重要增长点。具体目标如下：

（1）建立专业化的工业旅游协调促进机制；

（2）形成规范化、标准化的工业旅游管理、服务体系；

（3）培育 50 家"北京市工业旅游示范点"企业；

（4）打造 10 条工业旅游精品线路；

（5）年旅游参观人数达到 300 万人次；

（6）扶持 20 个具有较高专业水平的工业旅游商品创意、设计、生产及销售企业。

五、发展北京工业旅游的推进措施

（一）成立北京工业旅游协调小组

由北京市工业促进局、市旅游局、市委宣传部、市教委、市财政局、市文化局等多个部门共同成立北京工业旅游协调小组，指导全市工业旅游工作健康发展。日常联络机构设在北京市工业促进局。

（二）编制北京市工业旅游发展规划

在对北京工业旅游的发展现状、资源、市场需求等进行充分调研的基础上，编制发展规划，提出明确的工业旅游发展思路、发展方向、发展重点，引导工业旅游规范、健康发展。

（三）成立北京工业旅游促进中心

北京工业旅游促进中心为市场化运作的企业性组织，具体承担工业旅游的规划制定、组织协调、宣传推广、产品策划、人员培训等项职能。

（四）推动北京市旅游行业协会工业旅游分会的成立

引导工业旅游相关企业成立北京市旅游行业协会工业旅游分会，在充分发挥政府引导作用的同时，建立工业旅游企业自律机制，进一步发挥企业积极性，鼓励和倡导诚信旅游、公平竞争，促进工业旅游市场规范化。

（五）拟定工业旅游地方标准（草案）

根据《全国工（农）业旅游示范点检查标准（试行）》等国家相关旅游管理规范，结合北京实际情况，拟定《北京市工业旅游景区服务质量标准（草案）》。

（六）组织工业旅游示范点的认定

工业旅游示范点的认定实行企业自愿申报原则，按照《北京市工业旅游景区服务质量标准（草案）》，由北京工业旅游协调小组统一组织认定。

（七）加强专业人才培训

加强工业旅游队伍建设，对认定为"工业旅游示范点"的企业相关人员进行专业培训。

（八）加大宣传推广力度

充分运用各类新闻媒体，采取多种宣传形式，大力宣传推介工业旅游项目，提高其社会影响力。建设工业旅游资源项目库和门户网站。

（九）与专业市场对接

实行工业旅游项目与全市常规旅游市场的对接。鼓励旅行社、酒店、游客集散中心等旅游中介将工业旅游纳入旅游市场的整体营销网络，并以"年度最佳工业旅游组织中介"评选等形式，对促进工业旅游市场发展有重要贡献的机构给予资金奖励。

（十）予以资金支持

在政府相关产业扶持专项资金中安排工业旅游项目，支持重点为：

1. 提升完善工业旅游基础设施和服务水平，加大景观环境建设、道路改造、标牌设置等景点固定资产投资力度；

2. 推动旅游中介机构将工业旅游纳入全市旅游市场整体营销网络；

3. 组织对企业相关人员的专业培训；

4. 开展工业旅游的整体宣传推广活动；

5. 鼓励和推进旅游商品、纪念品的设计、开发和生产。

参考文献

[1] 孙爱丽，朱海森. 我国工业旅游开发的现状及对策研究 [J]. 上海师范大学学报，2002（3）：80～85.

[2] 王宝恒. 我国工业旅游研究的回顾与思考 [J]. 厦门大学学报，2003（6）：108～114.

[3] Yoel Mansfeld. "Industrial landscapes" as positive settings for tourism development in declining industrial cities [J]. GeoJournal Issue，1992（4）：457～463.

[4] Peter Hall. Urban development and the future of tourism [J]. Tourism Management，1987（2）：129～130.

[5] 刘炎. 东北老工业基地发展工业旅游初探 [J]. 中国第三产业，2004（1）：31～33.

[6] 杨絮飞. 东北工业旅游发展的现状及对策 [J]. 经济纵横，2004（6）：41～44.

[7] 范英杰，谷松. 浅谈哈尔滨市工业旅游的开发 [J]. 商业研究，2003（3）：169～170.

[8] 唐顺英. 对长春市发展工业旅游的思考 [J]. 曲阜师范大学学报，2004（1）：92～94.

[9] 王伟伟，哈娜. 振兴老工业基地，开发沈阳工业旅游 [J]. 沈阳师范大学学报，2004（2）：119～122.

[10] 余志祥，熊伟. 重庆都市工业旅游资源开发初探 [J]. 重庆工业高等专科学校学报，2003（9）：65～69.

[11] Charles H. Strauss and Bruce E. Lord. Economic impacts of a heritage tourism system [J]. Journal of Retailing and Consumer Services，2001（4）：199～204.

[12] Miles K. Oglethorpe. Tourism and industrial Scotland [J]. Tourism Management，1987（3）：268～271.

［13］J. Arwel Edwards. Mines and quarries：Industrial heritage tourism ［J］. Annals of Tourism Research, 1996 (2)：341～363.

［14］Alison Caffyn and Jane Lutz. Developing the heritage tourism product in multi – ethnic cities ［J］. Tourism Management, 2001 (4)：199～204.

［15］Richard C. and Prentice Stephen. Tourism as experience：The case of heritage parks ［J］. Annals of Tourism Research, 1998 (1)：1～24.

［16］朱利青. 工业遗产旅游和鲁尔区 ［J］. 地理教学, 2003 (3)：6～7.

［17］Michael Pretes. Touring mines and mining tourists ［J］. Annals of Tourism Research, 2002 (2)：439～456.

［18］David Harrison. Tourism and prostitution：sleeping with the enemy?：The case of Swaziland ［J］. Tourism Management, 1994 (6)：435～443.

［19］王建兰. 关于促进金坛矿业与旅游开发协调发展的建议 ［J］. 江苏地矿信息, 2002 (2)：9～11.

［20］郭青霞, 贺斌, 白中科. 大型矿区工业旅游及生态旅游资源开发研究——以平朔矿为例 ［J］. 生产力研究, 2004 (4)：131～133.

［21］Andrew Bradley, Tim Hall and Margaret Harrison. Selling Cities：Promoting New Images for Meetings Tourism ［J］. Tourism and Hospitality Research, 2002 (1)：61～70.

［22］Charles H. Strauss and Bruce E. Lord. Economic impacts of a heritage tourism system ［J］. Journal of Retailing and Consumer Services, 2001 (4)：199～204.

［23］Nae – Wen Kuo, Teng – Yuan Hsiao and Chun – Fa Lan. Tourism management and industrial ecology：a case study of food service in Taiwan ［J］. Tourism and Hospitality Research, 2005 (4)：503～508.

［24］陈万蓉, 严华. 上海工业旅游发展战略与对策 ［J］. 上海城市规划, 2001 (1)：18～22.

［25］彭新沙. 试论中国工业旅游的发展现状和推进对策 ［J］. 湖南社会科学, 2005 (1)：129～131.

［26］陈文君. 广州工业旅游发展战略探讨 ［J］. 热带地理, 2004 (3)：275～279.

［27］董藩, 陈瑛娜. 从山东的实践看辽宁工业旅游的发展问题 ［J］. 工业技术经济, 2003 (5)：36～39.

［28］Alison J. Beeho and Richard C. Prentice. Evaluating the experiences and benefits gained by tourists visiting a socio – industrial heritage museum：An application of ASEB grid analysis to blists hill open – air museum, the ironbridge gorge museum, United Kingdom ［J］. Museum Management and Curatorship, 1995 (3)：229～251.

［29］J. B. Knight. The Pennsylvania museum and school of industrial art ［J］. Journal of the Franklin Institute, 1997 (4): 6～8.

［30］居伊·勒韦尔. 德国施佩耶工业博物馆 ［J］. 航空模型, 2003 (2): 45～46. ［31］莫里斯. 美国国家采矿名人堂和博物馆——采矿工业及其传奇故障的陈列馆 ［J］. 国外金属矿山, 2001 (6): 65～67.

［32］Geoff McBoyle. Green tourism and Scottish distilleries ［J］. Tourism Management, 1996 (4): 255～263.

［33］魏建新, 吴汉军. 企业开展工业旅游的思路探讨 ［J］. 武汉冶金管理干部学院学报, 2002 (4): 32～33.

［34］戴道平. 工业旅游: 增强企业活力的一种有益尝试 ［J］. 改革与战略, 2002 (10). 26～28.

［35］Bill Bramwell, Liz Rawding. Tourism marketing images of industrial cities ［J］. Annals of Tourism Research, 1996 (1): 201～221.

［36］Giuli Liebman Parrinello. Motivation and anticipation in post - industrial tourism ［J］. Annals of Tourism Research, 1993 (2): 233～249.

［37］戴道平. 工业旅游产品学生市场制约因素研究 ［D］. 浙江大学硕士学位论文, 2002.

［38］马文斌, 田穗文, 唐晓云等. 工业旅游现状及前景分析——以宝钢工业旅游项目为例 ［J］. 桂林工学院学报, 2004 (1): 118～112.

［39］Bill Bramwell, Liz Rawding. Tourism marketing organizations in industrial cities: Organizations, objectives and urban governance ［J］. Tourism Management, 1994 (6): 425～434.

［40］Wooder S. Industrial Tourism ［J］. Insight, 1992 (8): 63～70.

［41］Michael J, Keane. Quality and pricing in tourism destinations ［J］. Annals of Tourism Research, 1997 (1): 117～130.

［42］Brian Davies. Industrial organization the UK Hotel Sector ［J］. Annals of Tourism Research, 1999 (2): 294～311.

［43］Hjalager, Anne - Mette. Tourism Destinations and the Concept of Industrial Districts ［J］. Tourism and Hospitality Research, 2000 (2): 199～213.

［44］王宝恒. 工业旅游开发之工业企业主导模式浅析 ［N］. 中国旅游报, 2003 - 12 - 26.

［45］孙静, 姚大力. 上海历史文化资源开发的优势和不足 ［J］. 探索与争鸣, 2004 (4): 40.

［46］Yale P. From Tourist Attractions to Heritage Tourism ［M］. ELM

Publications, 1998.

［47］Hi－lager, Anne－Mette, Tourism Destinations and the Concept of Industrial Districts［J］. Tourism and Hospitality Research, 2000, 3（2）：199～213.

［48］熊元斌，曾凡涛. 工业旅游：武汉经济技术开发区功能创新构想［J］. 经济管理，2002（1）：23～25.

［49］黄羊山，任蔚蔚. 论产业旅游［J］. 南京化工大学学报，2000（2）：85～88.

［50］Jost Krippendorf. Tourism in the system of industrial society［J］. Annals of Tourism Research, 1986（4）：517～532.

［51］Gabriel P. Lee. Tourism as a factor in development cooperation［J］. Tourism Management, 1987（1）：2～19.

［52］Miles K. Oglethorpe. Tourism and industrial Scotland［J］. Tourism Management, 1987（3）：268～271.

［53］吴相利. 工业旅游产品个性特征的认知［J］. 旅游科学，2002（4）：28～30.

［54］国家旅游局：《全国农业旅游示范点、工业旅游示范点检查标准（试行)》［S］，2003.

［55］阎友兵，裴泽生. 工业旅游开发漫议［J］. 社会科学家，1997（5）：58～61.

［56］赵青. 发挥地区优势开展工业旅游［J］. 辽宁经济，1999（9）：43.

［57］张志军. 工业旅游：云南旅游产业后劲之一［J］. 经济视点，2002（1）：34.

［58］邓海云. 工业旅游前景看好［N］. 光明日报，2000－07－28.

［59］王宁. 甘肃工业旅游发展的研究［J］. 甘肃科技，2004，20（1）. 22～23.

［60］何振波. 工业旅游开发初探［J］. 武汉工业学院学报，2001（2）：45～48.

［61］佟春光. 工业旅游大创意［J］. 企业研究，2001（8）. 54～55.

［62］戴道平. 工业旅游：增强企业活力的一种有益尝试［J］. 改革与战略，2002（10）. 26～28.

［63］姚宏. 发展中国工业旅游的思考［J］. 资源开发与市场，1999，15（2）：117～118.

［64］曲薇薇，黄安民. 工业旅游时空开发层次分析［J］. 资源. 产业，2003，5（3）：31～33.

［65］何振波. 工业旅游开发初探［J］. 武汉工业学院学报，2001（2）：45～48.

［66］刘翠梅. 发展中的青岛工业旅游［J］. 武汉工业学院学报，2004（3）：

49～51.

[67] 王兴斌. 旅游产业规划指南 [M]. 北京：中国旅游出版社, 2000.

[68] 丁冬. 另辟蹊径的产业旅游 [J]. 中国第三产业, 1999 (6)：14～15.

[69] 陈业玮, 戴道平. 浅析工业旅游的基本特征 [J]. 技术经济与管理研究, 2003 (2)：84～85.

[70] 张涛. 工业旅游的三个卖点 [J]. 企业改革与管理, 2004 (2)：64～65.

[71] 黄芳. 我国工业旅游发展探析 [J]. 人文地理, 2004, 19 (1)：86～91.

[72] 于波. 工业旅游对名牌企业发展的影响 [D]. 对外经济贸易大学硕士学位论文, 2004.

[73] 兰镇民. 张裕公司志 [M]. 北京：人民日报出版社, 1999.

[74] 王永章. 中国文化产业典型案例选编 [M]. 北京：北京出版社, 2004.

[75] 余志祥, 熊伟. 重庆都市工业旅游资源开发初探 [J]. 重庆工业高等专科学校学报, 2003 (9)：65～69.

[76] 李跃军, 吴相利. 英国工业旅游景点开发管理案例研究 [J]. 社会科学家, 2003 (11)：109～115.

[77] AMS. Seeing Industry at Work [M]. The English Tourist Board. 1988.

[78] 李蕾蕾. 工业旅游与珠海金湾区旅游开发 [J]. 地域研究与开发, 2004 (2)：72～75.

[79] 付江. 工业旅游——煤炭企业多种经营新的经济增长点 [J]. 煤炭企业管理, 2000 (1)：42.

[80] 张坤. 魅力四射的工业旅游 [J]. 经营者, 2000 (2)：13.

[81] 朱利青. 鲁尔区的工业遗产旅游 [J]. 中学地理教学参考, 2003 (12)：56～57.

[82] 葛立成, 聂献忠. 旅游业的新增长点——浙江工农业旅游发展问题研究 [J]. 商业经济与管理, 2004 (5)：49～52.

[83] 都文. 工业旅游蕴藏巨大商机 [J]. 沿海经贸, 1999 (10)：37.

[84] 都文. 工业旅游名利双收 [J]. 企业研究, 1999 (12)：23.

[85] 张志军. 工业旅游——云南旅游产业后劲之一 [J]. 经济视点, 2002 (1)：34.

[86] 应月芳. 论工业产业旅游 [J]. 北方经贸, 2002 (2)：88～89.

[87] 瞿鸿模, 曹新向. 工业旅游开发初探——以河南省洛阳市吉利区为例 [J]. 南阳师范学院学报, 2001 (6)：68～71.

[88] 何京. 工业旅游也是旅游 [J]. 旅游行业导刊, 2003 (2)：8～9.

[89] 阎友兵, 裴泽生. 工业旅游开发漫议 [J]. 社会科学家, 1997 (5)：58

~61.

[90] 魏建新，吴汉军．企业开展工业旅游的思路探讨 [J]．武汉冶金管理干部学院学报，2002 (4)：32 ~ 33.

[91] 余明阳．企业视觉识别的规整 [J]．特区经济，1996 (9)：51 ~ 52.

[92] 唐湖．论企业视觉识别形象中的基础系统设计 [J]．株洲工学院学报，1994 (3)：42 ~ 46.

[93] 张芳婕．企业文化建设问题探析 [J]．湖北财经高等专科学校学报，2004 (4)：63 ~ 64.

[94] 马斌．构建我国企业文化的几点思考 [J]．焦作大学学报，2004 (4)：55 ~ 56.

[95] 王东波．新经济时代对企业文化建设的认识与思考 [J]．经济与管理，2004 (8)：34 ~ 35.

[96] 魏小安，韩键民．旅游强国之路 [M]．北京：中国旅游出版社，2003.

[97] 王宝恒．工业旅游的开发条件及风险提示 [J]．桂林旅游高等专科学校学报，2004 (2)：73 ~ 76.

[98] 黄芳，刘文俭．青岛工业旅游的相关因素分析与发展前景探讨 [J]．青岛行政学院学报，2003 (3)：56 ~ 60.

[99] 熊瑛，王珊，宛索春．大型主题公园评析 [J]．北京规划建设，2003 (5)：16 ~ 19.

[100] 曾丹．畅游中国郑州大型火车主题公园 [J]．世界轨道交通，2004 (2)：57.

[101] 庞伟．场所语境——中山岐江公园的再认识 [J]．建筑技术及设计，2004 (5)：46 ~ 51.

[102] 俞孔坚，庞伟．理解设计：中山岐江公园工业旧址再利用 [J]．建筑学报，2002 (8)：18 ~ 23.

[103] 许学强，周一星，宁越敏．城市地理学 [M]．北京：高等教育出版社，1997.

[104] 周一星．城市地理学 [M]．北京：商务印书馆，1995.

[105] 吴相利．中国工业旅游产品开发模式研究 [J]．桂林旅游高等专科学校学报，2003 (3)：43 ~ 47.

[106] 林上源．青岛高科技工业园高科技大旅游联动发展 [J]．中国科技产业，1994 (6)：12 ~ 13.

[107] 李梅．青岛开发区旅游发展的 SWOT 分析与总体战略 [J]．沿海经贸，2001 (11)：17 ~ 19.

[108] 赵增光. 青岛开发区旅游业发展刍议 [J]. 沿海经贸, 1997 (4): 22~24.

[109] 杨军. 青岛开发区旅游业发展构想 [J]. 沿海经贸, 1996 (4): 16~18.

[110] 贾佳. 科技旅游21世纪新热点 [J]. 中国经济信息, 2000 (3): 67~68.

[111] 蔡勤, 肖艳霞. 工业旅游——工业与旅游结合的时尚 [J]. 河南经济, 1999 (8): 46.

[112] 周小粒, 王涛. 论五粮液集团在工业旅游资源开发中的前景 [J]. 上饶师范学院学报, 2002 (6): 90~133.

[113] 景岗. 青岛港面向社会强力推介工业旅游 [J]. 中国港口, 2002 (3): 13.

[114] 任汉诗. 开发工业旅游纵深发展连云港旅游业 [J]. 淮海经济开发, 1999 (1): 35~36.

[115] 吴必虎. 区域旅游开发的RMP分析——以河南省洛阳市为例 [J]. 地理研究, 2001 (1): 103~110.

[116] 吴必虎. 区域旅游规划原理 [M]. 北京: 中国旅游出版社, 2001.

[117] 克拉玛依市独山子区地方志编纂委员会编. 独山子区志 [M]. 乌鲁木齐: 新疆人民出版社, 2003.

[118] 中国科学院新疆生态与地理研究所编制. 新疆维吾尔自治区旅游发展规划 (2003~2020年). 2003.

[119] 中国科学院新疆生态与地理研究所编制. 克拉玛依市旅游资源与旅游业发展规划. 2001.

[120] 独山子建设规划委员会、独山子石化设计院编制. 独山子区城市总体规划. 2004.

[121] 克拉玛依市政协文史资料工作委员会编. 克拉玛依文史资料选辑. 1986.

[122] Edith T. Penrose. The Theory of the Growth of the Firm [M]. Oxford University Press, 1997.

[123] Mill, Robert Christie. Second edition. Prentice Alastair M. Morrison. Tourism system: an introductory text Hall [M]. Englewood Cliffs New Jersey, 1992.

[124] Industrial Tourism [EB/OL]. [2002-02-13]. http://zululand. kzn. org. za/zululand/about/136 html

[125] http://info. hotel. hc360. com/2009/07/140948133864. shtml

[126] 刘馥馨, 刘洪利, 付华. 基于DLC理论探析工业旅游产品开发 [J]. 商业经济, 2008 (10): 27~29.

[127] 李诚固, 韩守庆等. 城市产业结构升级的城市化响应研究 [J]. 城市规划, 2004, 38 (4): 31~33.

[128] 任宣羽, 邓伟, 王敏等. 工业旅游效益探析 [J]. 攀枝花学院学报, 2007,

24（5）：29～33.

［129］安俊梅，吴相利，张维亮．工业旅游发展的驱动机制分析［J］．特区经济，2008（3）：166～167.

［130］李森焱，黄泓杰．中国工业旅游发展优势、问题及对策［J］．经济理论研究，2009（1）：5～6.

［131］贾英，孙根年．我国工业旅游发展现状分析［J］．经济理论研究，2008（10）：69～72.

［132］顾小光，汪德根．我国工业旅游的空间结构特征——以全国工业旅游示范点为分析对象［J］．经济管理，2006（19）：69～73.

［133］张洁，李同升．我国工业旅游发展的现状与趋势［J］．西北大学学报（自然科学版），2007（3）：493～496.

［134］罗自力，向明飞．中国工业旅游开发探析［J］．宜宾学院学报，2005（1）：38～40.

［135］郑耀星，储德平．区域旅游规划、开发与管理［M］．北京：高等教育出版社，2004.

［136］傅汉章，何永棋．旅游市场学［M］．广东：中山大学出版社，1991.

［137］林南枝，李天元．旅游市场学［M］．天津：南开大学出版社，1996.

［138］倪羽．重庆市工业旅游供求分析［D］．西南大学硕士学位论文，2007.

［139］安俊梅．工业旅游发展的驱动机制研究［D］．江南大学硕士学位论文，2008.

［140］李小建．经济地理学［M］．北京：高等教育出版社，1999.

［141］王倩，邹欣庆，葛晨东，刘青松．生态示范区内生态工业建设模式探讨［J］．工业经济，2000（12）：517～522.

［142］Ernest Lowe，耿勇．工业生态学和生态工业园［M］．北京：化学工业出版社，2003.

［143］刘馥馨．北京工业旅游营销策略研究［D］．首都师范大学硕士学位论文，2009.

［144］张亚芳．工业旅游开发的 RMP 分析［D］．兰州大学硕士学位论文，2007.

［145］张洁．工业旅游及其开发研究［D］．西北大学硕士学位论文，2007.

［146］高玲．工业旅游开发研究——以福州市马尾区为例［D］．福建师范大学硕士学位论文，2006.

［147］马文斌，田穗文．工业旅游现状与前景分析［J］．桂林工学院学报，2004（1）：119～120.

［148］吴必虎．旅游系统：对旅游活动与旅游科学的一种解释［J］．旅游学刊，

1998（1）：21～25.

　　［149］新疆盐湖城景区旅游总体规划．中国科学院新疆生态与地理研究所编制，2003.

　　［150］山东乳山黄金文化主题公园总体规划．北京华汉旅规划设计研究院编制，2008.

　　［151］独山子旅游发展总体规划．中国科学院新疆生态与地理研究所编制，2005.